Eduard Kastner

Die vergessene Esskastanie

Reife Kastanien.

In den Wintermonaten, genauer gesagt von Mitte November bis Ende Januar, treffen wir in Städten und Weihnachtsmärkten auf Stände, die heiße Maronen anbieten, in eine Tüte gepackt, 10–12 Stück zum sofortigen Verzehr. Eine saisonale Delikatesse für die, die sich des Abschälens nicht zu schade sind. Wer weiß, dass die Edel- oder Esskastanie im Mittelalter ein Grundnahrungsmittel für ganze Regionen darstellte, als „Brot der Armen"? In Südtirol und Norditalien sowie der französischen Ardèche, ja in ganz Südeuropa, wird die Erinnerung dankbar hochgehalten – mit Kastanienfesten zu Beginn der Erntezeit. Die Produkte rund um die Esskastanie werden immer noch in großer Vielfalt hergestellt, vom Kastanienmehl bis zu Kastanienpralinen. Selbst Bier wird aus Kastanien gebraut. Haben Sie schon einmal Maronensuppe genossen? Die Esskastanie bietet ideale Ernährungswerte, schützt u.a. vor Herzinfarkt und Bluthochdruck, ist glutenfrei und stärkt das Gehirn. Ein ideales Nahrungsmittel für das 21. Jahrhundert – es hätte das Zeug zum „neuen Brot der Gesunden".

Hildegard von Bingen verehrte die Edelkastanie sogar als Heilmittel. Der Baum des Jahres 2018 liefert edles Holz, wird aber wegen seiner Härte und klimatischer Unempfindlichkeit auch für Befestigungen an Berghängen bevorzugt eingesetzt. Es ist Zeit, das Bewusstsein, ja einen Kult um die Edelkastanie in ganz Europa wieder aufleben zu lassen, sie neu zu entdecken. Für die Franzosen wurde die Edelkastanie zum Symbol des Lebens.

Edelkastanie (Castanea sativa)

Die botanische Bestimmung der Edelkastanie

Hier stoßen wir auf die erste große Überraschung. Unsere in Biergärten so beliebte Kastanie gehört einer ganz anderen Pflanzengattung an als die Edelkastanie (lat. castanea sativa), die den Buchengewächsen zugeordnet ist, einer Schwester der Eiche. Unsere gewöhnliche Rosskastanie (lat. aesculus hippocastanum), ein Seifenbaumgewächs, unterscheidet sich deutlich in der Ausprägung der Blätter, der Schalen um die Kastanie und der Form der Kastanien selbst, die noch dazu durch einen weißen Punkt gut gekennzeichnet sind. Für den Menschen sind sie nicht genießbar. Der Name stammt daher, dass sie den Rössern (roh) als Futter gegeben wurden.

Die Rosskastanie unterscheidet sich deutlich in Blättern und Fruchtmantel

Die Edelkastanie oder Echte Kastanie hat eine mittlere Lebenserwartung von 750 Jahren, wenn Fröste und Schädlinge wie der Rindenkrebs oder die Tintenkrankheit sie verschonen. In einigen Fällen überstieg das Alter gar 1000 Jahre. Die Wuchshöhe beträgt durchschnittlich 25 Meter, wobei die Äste sehr niedrig beginnen, der Baum auslädt. Der Stammumfang misst bis zu 1 Meter, in besonderen Fällen sogar bis 2 Meter, wobei die Borke (Rinde) dann sehr dicht ausfällt und häufig einen Stammdreh zeigt. Mit dreißig Jahren beginnt die Esskastanie zweihäußig zu blühen, kann sich aber nicht selbst befruchten, so dass sie zur Fortpflanzung auf Wind, Insekten oder den Menschen angewiesen ist.

Im September beginnt die Reifung der Früchte. Die stachelige Hülle platzt auf, die Kastanien fallen auf den Boden, meist mit der Hülle. Die Ernte endet im Dezember. Die europäischen Esskastanien stammen aus dem Kaukasus, breiteten sich ab 900 v. Chr. aber schnell über Süd- und Mitteleuropa aus. Schon die Römer schätzten sie und nahmen sie mit bis Irland. Im Mittelalter war der Baum sehr verbreitet, stellte die Grundnahrung für ganze Regionen bis in die Alpen dar. Pro Person wurde ein Baum zur Vollernährung gerechnet.

Symbolkraft der Edelkastanie

Formuliert in Frankreich,
seit vielen Jahrhunderten,
gelebt in Südeuropa v.a. in Südtirol:
„Die Edelkastanie ist das Symbol der Hoffnung und des Lebens."
„Die Kastanien machen glücklich."

Männlicher Elütenstand der Esskastanie

Weiblicher Blütenstand der Esskastanie

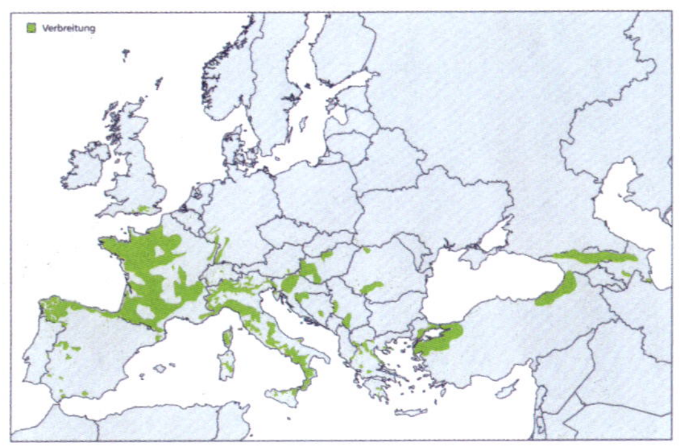

Heutiges Verbreitungsgebiet der Esskastanie (Castanea sativa)

Die Verbreitung entspricht der des Weinbaus. So treffen wir auf größere Bestände in der Pfalz und entlang des Rheins, im Taunus, Schwarz- sowie Odenwald. Die Hauptstandorte stellen Italien, Frankreich, Spanien und die Türkei. Durch Schädlinge sowie Umstellung der Ernährung auf Getreide und Kartoffel und der damit verbundenen Entwaldung verringerten sich die Flächen in den letzten zwei Jahrhunderten auf ein Drittel, kommen nun aber zurück, auch wegen der Hypovirulenz als Schutz der Bäume.

Kastanienfunde auf Island

Vor 16 000 Jahren kam die südliche Vegetation bis hinauf in den hohen Norden. So finden sich auf Island versteinerte Kastanien. Dann kehrte die Eiszeit zurück.

Ernte mit Netzen

Während die Franzosen die Edelkastanie allgemein als „Marron“ bezeichnen, sind die Maronen genau genommen eine spezielle europäische Art unter 30 Sorten. Sie zeichnen sich durch große, herzförmige (weniger runde) Nüsse aus, die sich leicht schälen lassen und intensiver, süßer schmecken. Die begriffliche Unterscheidung entspricht der zwischen Pflaume und Zwetschge.

Die Esskastanie liebt direkte Sonneneinstrahlung und hohe Temperaturen, benötigt wenig Wasser und ist so auf den Klimawandel bestens ausgerichtet. Pro Hektar erzeugen die Bäume mehr Nahrung als Getreidefelder. Die ausgezeichnete Speicherung von CO_2 wirkt dem Klimawandel entgegen. Die Unterscheidung der Sorten schwankt zwischen 13 und 30. Andere teilen die europäische Edelkastanie in nur drei Sorten ein: Kastanien, Maronen (Sonderform) und Dauermaronen (weil diese Maronen später reifen).

Global gesehen gibt es die asiatische, die europäische und die nordamerikanische Edelkastanie, mit jeweils eigenen Fortentwicklungen. Die größten Erntemengen liegen in China (mehr als 850 000 t), Südkorea und der Türkei, direkt gefolgt von Italien.

Goethes Gedicht zur Esskastanie

Ja, der geniale Dichter liebte die Edelkastanie und widmete ihr ein eigenes Gedicht (s. S. 97).

Die Edelkastanie als Holzbaum

Das Holz der Edelkastanie ist so hart wie das der Buche und sehr witterungsbeständig. So wird es eingesetzt, um in den Bergen Hänge abzusichern. Es könnte auch klimakritisches Tropenholz bei Outdoor-Möbeln und -Fußböden ersetzen. Wegen der Nähe zum Weinbau dient die Esskastanie für Stützstäbe der Reben und im Fassbau, wobei der hohe Tanningehalt in der Reife richtig abzuschätzen ist. Darüber hinaus eignet sich die Edelkastanie für alle Arten von Möbeln, erkennbar an der rötlichen Färbung, falls unbehandelt.

Kastanienholz im Außenbereich

Kastanienholz

IM FINNISCHEN SEENLAND

INHALT

FRÜHLING

LUSTER (NORWEGEN)

SOMMER

VORUPØR (DÄNEMARK)

HERBST

VIITASAARI (FINNLAND)

WINTER

SKIBOTN (NORWEGEN)

ÜBER DIESES BUCH

Braucht die Welt wirklich noch einen Reiseführer über Skandinavien? Vielleicht, vielleicht nicht. Ein Reiseführer ist dieses Buch aber ohnehin nicht. Es ist unsere Liebeserklärung an den Norden Europas, eine ganz besondere Welt, oft ganz nah und mitunter so fern. Man sagt, dass dort Elfen, Feen und Trolle leben – ein Mythos, den wir nur schwer glauben können, aber nach über 40 Reisen durch die unwirklich schönen Landschaften sind wir uns da nicht mehr so sicher ... Zu oft hatten wir das Gefühl, in einer Fantasiewelt unterwegs zu sein, die in märchenhaften Farben leuchtet, wenn im Sommer um Mitternacht die Sonne scheint oder im Winter das Zwielicht der Polarnacht den Tag erhellt. Kann es denn mit rechten Dingen zugehen, wenn Geysire unermüdlich aus der Erde zischen, Felsformationen wie versteinerte Fabelwesen in der Brandung des Atlantiks stehen, Eisbrocken wie Diamanten in der Sonne glitzern oder die grün-violetten Nordlichter am Himmel tanzen?

In diese Welt möchten wir euch auf den folgenden Seiten entführen und gleichzeitig dazu verführen, das Wohnmobil zu beladen, den Kompass auf Norden zu stellen und aufzubrechen. Neben den Anregungen für einige der schönsten Routen geben wir euch praxisnahe Tipps und wertvolle Informationen, damit eure Wohnmobilreise in den hohen Norden zu einem Erlebnis wird. Ob im Frühling, wenn die Natur förmlich explodiert, oder im Sommer, wenn die Sonne fast nicht untergeht, ob im Herbst, wenn alle Farbnuancen noch intensiver strahlen, oder im Winter, wenn der frische Schnee die Farben der Polarnacht reflektiert und Kerzenschein die Städte in warmes Licht taucht – jede Jahreszeit hat ihren besonderen Reiz und bietet unvergessliche Eindrücke, aber auch Einblicke in die reichhaltigen Kulturen und Traditionen der knapp 28 Millionen Nordeuropäer.

Daher ist dieses Buch zugleich eine Hommage an sie, denn die Begegnungen mit den Menschen haben uns auf allen Reisen am meisten beeindruckt und geprägt. Wohl in wenigen Gegenden unserer Erde lebt man in so engem Kontakt mit den Elementen wie in Skandinavien. Aus diesen Herausforderungen ist ein Gemeinsinn entstanden, den jede(r) Reisende heute als ausgeprägte Hilfsbereitschaft wahrnehmen wird. Unvergessen der Moment, als wir nachts an einem Tankautomaten nicht bezahlen konnten, weil die Kreditkarten-PIN fehlte, und ein Einheimischer uns den Betrag vertrauensvoll auslegte. Unglaublich der Augenblick, als wir in der Nebensaison auf einem nur beschränkt geöffneten Campingplatz die Geldscheine an der Pinnwand sahen, die dort bereits von den anderen Gästen als Bezahlung angeheftet wurden. Und so wird sich für Reisende bei Problemen fast immer eine Lösung ergeben oder ein Nachtlager finden lassen – der unaufgeregte Pragmatismus ist einfach tief verwurzelt in der nordischen Mentalität, und (auch) dafür lieben wir den Norden so.

Deshalb schreiben wir uns seit 2017, wenn wir nicht gerade mit dem Wohnmobil in Nordeuropa unterwegs sind, in unserem Nordlandblog das ewig währende Fernweh von der Seele. Unsere Bilder zeigen euch, wie überwältigt wir von den Landschaften im Norden sind, und wir stellen in ebenso persönlichen wie informativen Texten spektakuläre Orte, Wanderungen und Routen vor. 2018 haben wir schließlich unsere Leidenschaft zum Beruf gemacht, um fortan dauerhaft unsere Erlebnisse und die Erfahrungen auf unseren Reisen mit zunehmend mehr Lesern zu teilen – auf unserer Webseite, in verschiedenen Magazinen und nunmehr erstmals auch in Buchform.

Auf den nächsten Seiten nehmen wir euch mit auf einige offizielle, mehr oder weniger bekannte Touristenrouten. Traumstraßen wie die Nasjonale Turistveger, die Northern Lights Route, den Strandvägen oder den Arctic Coast Way. Klangvolle Namen, die eines gemeinsam haben: Sie machen den Weg zum Ziel und garantieren – oft fernab »angesagter« Hotspots – hinter jeder Kurve oder jedem Tunnel ein lautes »Ahhhhhhh«. Lasst euch auf der Reise einfach ohne Hektik treiben, taucht in das Leben ein und genießt das Gefühl fast grenzenloser Freiheit auf eurem Roadtrip.

Dazu läuft im Radio ganz passend »On the road again« – dreht es ganz laut und folgt der scheinbar endlosen Straße zum Horizont, wo die tief stehende Sonne das Ziel markiert. Wir wünschen euch jederzeit (eine) gute Reise und sagen: »Willkommen in unserer Welt.«

Conny und Sirko Trentsch
www.nordlandblog.de

↖ **Wir lieben die spektakulären Landschaften im magischen Licht des Nordens.**

»Das Gras ist dort grün, wo man ist, wenn man nur daran denkt, es zu genießen.« (NORWEGISCHES SPRICHWORT)

Frühling

LUPINENBLÜTE IN ISLAND

DER FRÜHLING – WENN IM NORDEN DIE NATUR ERWACHT

Zu keiner anderen Jahreszeit zeigt sich Nordeuropa so vielfältig wie im Frühjahr. Die Tage werden vor allem in Dänemark und im südlichen Skandinavien spürbar wärmer und länger, während der Winter in einigen Gebieten, insbesondere in den Gebirgen Norwegens, noch lange nicht aufgeben möchte. In den Regionen um den Polarkreis und nördlich davon beginnt erst spät, nach einem langen, harten Winter, fast übergangslos das Grün zu sprießen. Wer sich von eher frischem, wechselhaftem Wetter nicht abschrecken lässt, kann im Frühjahr in Skandinavien viel unternehmen.

Hobby-Ornithologen zieht es nun nach **Dänemark**, wo man im Südwesten Jütlands die *Sort Sol* (»Schwarze Sonne«) erleben kann: Unzählige Stare versammeln sich hier, um kurz vor Sonnenuntergang ihre Flugkünste zu zeigen. Gegen die Rot- und Orangetöne der untergehenden Sonne entstehen dabei unwirklich schöne Fotos. Tagsüber kann man an den endlosen Stränden des Landes um diese Jahreszeit stundenlang fast allein spazieren gehen.

Auch nach **Schweden** und **Finnland** zieht es einheimische Vögel zurück. Und obwohl die wärmere Jahreszeit sich ganz offensichtlich schon gegen den Winter durchsetzt, kann man in vielen Regionen noch Skilaufen. Einige Unerschrockene brechen dagegen in Gummistiefeln zu ihren ersten Wanderungen auf, obwohl die Böden vom Schmelzwasser aufgeweicht sind. Zur Entspannung der müden Muskeln folgt dann vielleicht ein Besuch in der Sauna mit anschließender Abkühlung in einem der eiskalten Seen. Bis etwa Mitte April hat man manchmal das Glück, nördlich vom Polarkreis die letzten Nordlichter der Saison zu sehen, bevor die Nächte zu hell werden.

An der langen Küstenlinie **Norwegens** geht es im Frühjahr ebenfalls besonders lebhaft zu. Zahlreiche Zugvögel kehren dann in ihre Brutgebiete zurück. Viele Vogelliebhaber besuchen jetzt die Inseln Runde, Lovund und Røst, denn dort belagern Abertausende der niedlichen Papageitaucher die Klippen. Zur gleichen Zeit bieten der Osten, der Norden und die Gebirge des Landes noch beste Bedingungen zum Skilaufen – eine Skitour zu Ostern hat bei den Norwegern eine lange Tradition. Die Möglichkeiten zum Wandern sind allerdings noch extrem eingeschränkt, da die Böden aufgeweicht, die Gipfel meist noch schneebedeckt und die Wasserläufe mit Schmelzwasser überfüllt sind. Die Wasserfälle sind dadurch umso gewaltiger und jederzeit einen Abstecher wert. Jetzt ist eine perfekte Zeit, um eine Gletscherwanderung zu unternehmen oder im Norden des Landes bis etwa Mitte April nach Nordlichtern Ausschau zu halten.

Wer Lust hat, Regenbögen zu »jagen«, ist auf **Island** im Frühjahr genau richtig. Die ständigen Wetterwechsel bescheren Fotografen einzigartige Motive. Gut sind die Bedingungen auch für Touren auf Gletscher, in Eishöhlen, zu den vorgelagerten Vogelinseln und für Wal-Beobachtungen. Auch auf Island kann man bis in die erste Aprilhälfte die magischen Nordlichter beobachten.

Wir reisen besonders gern im Frühling, weil wir dann die traumhafte Landschaft und die Sehenswürdigkeiten oft noch für uns haben. Natürlich gibt es ein paar Einschränkungen: Nicht alle touristischen Angebote stehen so früh im Jahr schon zur Verfügung, und das Wetter spielt nicht immer mit. Doch wer das bei der Vorbereitung seiner Tour berücksichtigt und sich vorab informiert, wird Nordeuropa von seiner schönsten Seite kennenlernen.

↖ **Die Stabkirche von Urnes am Sognefjord ist die älteste Norwegens und UNESCO-Welterbe.**

UNSERE TIPPS FÜRS FRÜHJAHR

DAS WETTER IM FRÜHJAHR

Ein Frühlingstrip nach **Dänemark** ist ein Genuss, unabhängig davon, ob man sich für die Ostseeküste oder die Nordseeküste entscheidet. Die Tage werden schnell länger und wärmer, und im Mai können die Temperaturen bereits auf bis zu 16 °C klettern. Die Wetterlage ist gerade im Mai und Juni gut und stabil.

In **Schweden** und **Finnland** steht dem Frühling meist nicht viel Zeit zur Verfügung. Der Winter hält sich lange Zeit, bis schlagartig die Temperaturen ansteigen und die Natur förmlich explodiert, sodass schon bald nichts mehr an die kalte Jahreszeit erinnert.

Auch in **Norwegen** hält der Frühling erst relativ spät Einzug. Im Osten und Norden des Landes ist im April noch Winter, während im Süden schon längst die ersten Vorboten des Sommers zu erkennen sind. An der Westküste ist das Klima aufgrund des Golfstromes bereits recht mild, dafür aber auch sehr wechselhaft und niederschlagsreich. Im Mai ist es entlang der Fjorde besonders schön, da auf den grünen Uferwiesen zahlreiche Obstbäume blühen, während die Berggipfel noch mit Schnee bedeckt sind.

Der Frühling in **Island** ist mehr als launisch, deswegen sollte man jederzeit auf alle Wetterlagen vorbereitet sein. Die Temperaturen steigen nur allmählich an und liegen zwischen 0 und etwa 10 Grad. Wenn die Tage ab Mai deutlich mehr Sonnenstunden bieten, wird die Insel allmählich grüner. Während die Frühlingszeit im Süden Islands eher wechselhaft und regnerisch ist, kann man im Norden mit weniger Niederschlag rechnen. Dafür ist es an der Nordküste aber noch deutlich kühler.

CAMPEN IM FRÜHJAHR

Viele Campingplätze in **Dänemark** haben schon geöffnet, und im Frühling muss man selbst an beliebten Orten nicht vorab reservieren – das lässt Raum für spontane Entscheidungen.

Auch in den südlichen Landesteilen von **Norwegen**, **Schweden** und **Finnland** findet ihr schon viele geöffnete Camping- oder Stellplätze, teils mit eingeschränktem Service. In den nördlicheren Regionen ist das Angebot an Plätzen zu dieser Zeit noch reduziert. Es ist daher ratsam, die Betreiber vor der Reise zu kontaktieren.

In **Island** sind viele Campingplätze bis in den Mai geschlossen. Da wildes Campen verboten ist, müssen einige Stell- und Campingplätze dennoch zum Übernachten genutzt werden. Allerdings stehen dann die Einrichtungen des Platzes nicht oder nur eingeschränkt zur Verfügung.

IM FRÜHJAHR UNTERWEGS

Während für **Dänemark** keine besonderen Vorkehrungen zu treffen sind, sollte ihr in den übrigen nordischen Ländern je nach Region und Reisemonat noch auf Allwetter- oder Winterreifen setzen.

In **Schweden** und **Finnland** ist wegen der Schneeschmelze immer wieder mit lokalen Überschwemmungen zu rechnen. Gerade in den nördlichen Landesteilen muss man sich bis ins späte Frühjahr auf Straßenglätte einstellen. In Finnland wird in der Regel kein Salz gestreut, sodass man auf geschlossener Schneedecke fährt. Ähnlich verhält es sich in Schweden, wo allerdings auf einigen Hauptstraßen – meist in Ballungsgebieten – teilweise Salz eingesetzt wird.

In **Norwegen** sind bis ins späte Frühjahr noch viele Pässe gesperrt – ein wichtiges Kriterium für die Routenplanung! Immer wieder kommt es zu Überschwemmungen wegen der Schneeschmelze, und in den Gebirgsregionen besteht die Gefahr von Lawinen oder Erdrutschen. Je weiter man sich nach Norden bewegt, umso häufiger muss man noch mit Schneefall und Straßenglätte rechnen.

Auf der Ringstraße 1 in **Island** sind die Straßenverhältnisse weitgehend passabel. Wenn ihr diese Hauptverkehrsstraße allerdings verlasst, werden die Straßenverhältnisse teilweise recht anspruchsvoll. Fast alle Zufahrtsstraßen in das Hochland sind im Frühjahr noch geschlossen.

↗ Auf der Wanderung zum Gipfel des Molden am norwegischen Sognefjord öffnet sich der Blick auf Marifjora.

Island

Húsavík
Blönduós
Aykureyri
Hvammstangi
Varmahlíð
Hlíð Camping
Egilsstaðir
Seyðisfjörður
Ólafsvík
Arnarstapi
Stöðvarfjörður
Djúpivogur
Borgarnes
Reykjavík
Skaftafell Camping
Höfn
Reykjavík Campsite
Núpsstaður
Vík í Mýrdal

Die eingezeichneten Campingplätze sind unsere Lieblingsplätze. Den Überblick über alle Plätze auf der Route findet ihr auf → Seite 36–37.

Sehenswertes unterwegs:

1. **Blabjörg** Felsformation
2. **Vestrahorn** Berg
3. **Vatnajökull** Gletscher
4. **Diamond Beach**
5. **Skaftafellsjökull** Gletscher
6. **Svartifoss** Wasserfall
7. **Reynisdrangar** Felsformation
8. **Kap Dyrhólaey**
9. **Skógafoss** Wasserfall
10. **Gullfoss** Wasserfall
11. **Geysir Center**
12. **Nationalpark Þingvellir**
13. **Snæfellsnes** Halbinsel
14. **Gatklettur** Felsformation
15. **Reykjafoss** Wasserfall
16. **Mývatn** See

1

GLETSCHER, STRÄNDE, FISCHERDÖRFER, LAVAFELSEN – EINE ISLAND-UMRUNDUNG

Obwohl bereits ein neuer Tag angebrochen ist, scheint die Nacht kein Ende zu nehmen. Es wird kaum richtig hell, und dichte Nebelschwaden wabern über den grauen Atlantik. Doch das hält die Passagiere an Bord der »Norröna« nicht davon ab, erwartungsvoll an der Reling und den Fenstern Ausschau zu halten: Nach drei Tagen auf See sollen wir in Kürze endlich Island erreichen. Bisher ließ sich die Insel aus Feuer und Eis nur in der Ferne erahnen, doch gerade kann man tatsächlich erste Umrisse am Horizont ausmachen. Fast etwas gespenstisch ragen scheinbar aus dem Nichts karge, schneebedeckte Berge in eine Mischung aus Nebel und Wolken empor. Unbeirrt hält die »Norröna« direkt darauf zu und gleitet durch den Fjord Seyðisfjörður, um wenig später in der gleichnamigen Hafenstadt festzumachen.

War es tatsächlich eine gute Idee, unsere Reise rund um Island mitten im April zu beginnen? Als wir die Fähre in unserem Kastenwagen durch die überdimensionale Heckklappe verlassen, kommen uns Zweifel: Aus dem Nieselregen ist inzwischen Schneefall geworden. So reihen wir uns mit gemischten Gefühlen in die Warteschlange vor dem Zoll ein. Die einnehmende und unkomplizierte Art des Zöllners entschädigt uns ein wenig für das miese Wetter. Wir versuchen, ihm zu erklären, dass wir Mehrmengen an Lebensmitteln einführen und diese selbstverständlich auch gern verzollen – doch er winkt uns schließlich mit einem Augenzwinkern durch: »Ich wünsche euch einen schönen Aufenthalt in Island.« Nur einen Augenblick später folgen wir dem Konvoi der neu angekommenen Fahrzeuge auf der Straße 93, dem Seyðisfjarðarvegur, hinauf zur Hochebene Fjarðarheiði. Hier, auf dem Pass in 620 m Höhe, herrscht tatsächlich noch tiefster Winter.

An diesem zerklüfteten Küstenabschnitt bricht sich die Brandung des Nordatlantiks besonders spektakulär, die aufspritzende Gischt erinnert uns an kleine Geysire.

Nach etwa 30 Minuten erreichen wir die größte Stadt Ostislands, Egilsstaðir, und damit die legendäre Ringstraße 1. Diese führt einmal komplett um Island und ist seit Ende 2019 durchgehend asphaltiert. Doch bevor wir unseren Roadtrip beginnen, wollen wir uns in einem der größeren Supermärkte in Egilsstaðir mit ausreichend Proviant bevorraten: Ein vergleichbares Warenangebot und ähnlich attraktive Preise findet man erst wieder in beachtlicher Entfernung. Außerdem ziehen wir am Bankautomaten einige Isländische Kronen, denn Kreditkarten werden zwar vielerorts akzeptiert, aber manchmal hinterlegt man einfach Bargeld an einer »Kasse des Vertrauens«.

Nach diesen letzten Besorgungen ist es so weit – wir geben unser erstes Ziel ins Navi ein: Fáskrúðsfjörður, ein Fischerdorf, das etwa 50 km entfernt in südlicher Richtung liegt. Aufgrund unserer Reisezeit von April bis Juni haben wir uns bewusst dafür entschieden, Island im Uhrzeigersinn zu umrunden. So können wir zunächst den touristisch stärker erschlossenen Süden weit vor der Hauptsaison bereisen. Mit dem Einzug des Sommers werden wir dann im klimatisch etwas raueren Norden unterwegs sein.

ENTLANG DER OSTFJORDE AN DIE SÜDKÜSTE

Wir verlassen Egilsstaðir und folgen der Ringstraße durch eine weitläufige Landschaft, die uns sofort in ihren Bann zieht. Vergessen sind die lange Anreise, die Enge auf dem Fährschiff und das miserable Wetter während unserer Ankunft – zumal der Nebel sich inzwischen verzogen hat. Nach einigen Fotopausen und einem Umweg über die Nebenstraße 955 zum Leuchtturm von Vattarnes erreichen wir den kommunalen Campingplatz in Fáskrúðsfjörður. Obwohl dessen Einrichtungen in der Nebensaison noch geschlossen sind, kann man ihn als Stellplatz nutzen. Bei einem Spaziergang durch den Ort fällt uns auf, dass auf den Straßenschildern auch französische Namen stehen. Im kleinen Fáskrúðsfjörður haben von 1880–1920 jedes Jahr Tausende von französischen und belgischen Fischern ihr Auskommen gesucht. Straßennamen, Grabsteine und viele Details erinnern bis heute daran.

Am nächsten Morgen liegt der Fjord spiegelglatt im Sonnenlicht vor uns – perfekte Bedingungen für den nächsten Abschnitt der Tour. Er führt uns zuerst nach Stöðvarfjörður, einem weiteren kleinen Dorf in den Ostfjorden. Kurz vor dem Ort kann man auf einer Landzunge mit imposanten Klippen parken. An diesem zerklüfteten Küstenabschnitt bricht sich die Brandung des Nordatlantiks besonders spektakulär. Die aufspritzende Gischt erinnert uns an kleine Geysire. Bei einer kurzen Wanderung über die Wiesen oberhalb des Meeres kann man hier manchmal sogar Robben beobachten! In Stöðvarfjörður steht Petras Steinsammlung Besuchern aus der ganzen Welt offen. Auf dem privaten Gartengrundstück kann man von Juni bis August viele der zum Teil einzigartigen Mineralien bestaunen, die vom geologischen Reichtum Islands zeugen.

Unsere weitere Route führt uns durch eine zunehmend imposantere Landschaft. Während sich links von der Straße im Licht der Frühlingssonne die Wellen des Atlantiks brechen, erheben sich auf der Beifahrerseite mächtige Bergformationen, die uns mit ihrer bizarren Schönheit faszinieren. Den entsprechenden Sound zu dieser Kulisse liefern die vielen

← Bis zu 1100 m hoch sind die Berge am Ufer des Berufjörður, eines Fjords im Osten Islands.

Seevögel, die hier aufgeregt nach Brutplätzen suchen, im Chor mit dem Rauschen der ewig tosenden Brandung. Wir erreichen den Fjord Berufjörður, der auf einer Länge von 35 km die bis zu 1100 m hohen Berge durchschneidet.

Die Ringstraße folgt unterhalb der Gipfel weiterhin der Küstenlinie, sodass sich der Fjord bequem umrunden lässt. Entlang der Strecke gibt es immer wieder Parkplätze, und eigentlich möchte man an jedem einzelnen halten, um eine Fotopause zu machen oder beim Picknick in die Landschaft zu schauen. Am Nordufer des Fjords treffen wir auf die Blabjörg (»Blauberge«). Die Felsen sind durch vulkanisch-geologische Prozesse entstanden und aufgrund ihrer unglaublich türkisgrünen Farbe ein bekanntes und beliebtes Fotomotiv – auch wir können einem Fotostopp nicht widerstehen. Doch schon wenig später parken wir erneut, dieses Mal neben dem tosenden Wasserfall Nykurhylsfoss. Über eine Höhe von 15 m stürzen hier die Wassermassen der Fossá talwärts, bevor der Fluss in den Fjord mündet. Vom Parkplatz unterhalb der Kaskaden biegt eine steile Straße in das oberhalb liegende Hochtal Fossárdalur ab. Wer die Zeit und mit seinem Fahrzeug die Möglichkeit hat, sollte diesen kurzen Abstecher unbedingt einplanen, denn nur einige Höhenmeter oberhalb der isländischen Hauptverkehrsader kann man hier ein fast unberührtes Idyll voller natürlicher Schönheit entdecken.

Auf einer Landzunge am südlichen Fjordufer liegt Djúpivogur. Man erreicht den Ort mit seinen charakteristischen, bunten Holzhäusern und dem traditionellen Hafen über eine kurze Verbindungsstraße von der Ringstraße. In Djúpivogur gibt es einige kleine Geschäfte und Galerien mit lokalem Kunsthandwerk sowie die weithin bekannte Skulptur Eggin í Gleðivík – übergroße steinerne Nachbildungen der Eier von 34 einheimischen Vogelarten. Im ältesten Gebäude des Dorfes, dem Langhaus Langabúð am Hafen, befindet sich heute ein Museum ... und ein Café mit Kuchenspezialitäten, von denen wir natürlich kosten müssen.

↓ Blick auf das Vestrahorn und die Lavastrände auf der Halbinsel Stokksnes bei Sonnenuntergang

↑ Die Gischt an den Klippen erinnert uns an kleine Geysire – kein Wunder, wir sind in Island.

Nach einer Übernachtung auf dem Campingplatz in Djúpivogur entscheiden wir uns schweren Herzens, das wohl schönste Dorf Ostislands zu verlassen. Entlang der Ringstraße geht es nun durch eine zunehmend menschenleere, bizarre Landschaft. Die Ostfjorde gehören bis heute zu den touristisch weniger erschlossenen Gebieten Islands. Vielleicht macht diese Abgeschiedenheit den besonderen Reiz aus, den die Region auf uns ausübt? Oder ist es die vulkanisch geprägte Landschaft mit ihrem unglaublichen Farbenspiel aus dem Blau des Meeres, dem Grün des Mooses und dem Schwarz des Lavasands? Wir fühlen uns jedenfalls, als wären wir auf einem anderen Planeten unterwegs und kämen viel schneller voran, wenn wir nicht immer wieder Fotopausen einlegen würden.

Irgendwann erreichen wir dennoch die Halbinsel Stokksnes im äußersten Südosten von Island. Über ihren schwarzen Stränden aus Lavasand erhebt sich die Bergformation Klifatindur mit dem Vestrahorn – ein beliebtes Fotomotiv und ein Highlight entlang der Route. Da große Teile des Areals Privatland sind, muss man beim Besitzer für das Betreten einen Obolus entrichten. Zugleich bietet er vor seinem hölzernen Viking Café einige einfache Stellplätze für Wohnmobile an – eine Option, die wir ganz spontan für die kommende Nacht nutzen, denn inzwischen peitschen immer häufiger heftige Sturmböen über das Meer.

Unweit vom Vestrahorn liegt der größte Ort im Südosten Islands, die Hafenstadt Höfn. Obwohl in Höfn nicht einmal 2000 Einwohner leben, bietet die kleine Stadt eine erstaunliche Infrastruktur mit einem großen Supermarkt, einer Apotheke und sogar einem *vínbúð* (Alkohol-Shop). Beste Voraussetzungen, um die Vorräte aufzufüllen! Außerdem kann man auf dem weitläufigen Campingplatz übernachten, das Schwimmbad oder eines der empfehlenswerten Restaurants besuchen. Neben den üblichen Angeboten wird in fast allen eine lokale Spezialität und Delikatesse serviert: Lobster. Höfn ist daher auch der jährliche Austragungsort des isländischen Lobster-Festivals. Wir verbringen hier einen ganzen Tag und erkunden den Ort sowie das Erholungsgebiet Ósland unweit des Hafens.

ENTLANG DER SÜDKÜSTE VON HÖFN NACH REYKJAVÍK

Etwas mehr als 300 km haben wir bis Höfn zurückgelegt – vor uns liegt nun Islands Südküste mit ihren Highlights. Der Südosten ist durch den Gletscher Vatnajökull und den gleichnamigen Nationalpark geprägt. Der Vatnajökull ist der größte Gletscher Europas außerhalb der Polargebiete. Seine verschiedenen Arme, die bis auf Meereshöhe reichen, lassen seine gigantischen Ausmaße zumindest erahnen. Über Nebenstraßen kann man sich einzelnen Gletscherzungen nähern. Von etwa Mitte Oktober bis Ende März werden geführte Touren auf den Gletscher, in die Eishöhlen und zu den Gletscherlagunen angeboten. Wir jedoch möchten zum Strand Diamond Beach, den wir bequem über die Ringstraße erreichen. Der Diamond Beach ist ein Paradies für Fotografen. Hier spült die Meeresbrandung abgebrochene Eisbrocken des Gletschers auf den schwarzen Lavasandstrand. Mit Gummistiefeln und Fotorucksack machen wir uns auf den Weg, um dieses Naturschauspiel zu fotografieren, und tatsächlich glitzern die Eiskristalle auf dem schwarzen Sand wie Diamanten – faszinierend. Auf der Suche nach

↙ Die schwarzen Basaltsäulen am Wasserfall Svartifoss sehen aus wie Orgelpfeifen.

↓ Glitzernde Eisstücke am Strand Diamond Beach, in ihnen spiegelt sich das graue Meer.

immer schöneren Motiven vergeht die Zeit schnell, und so ist es bereits früher Abend, als wir uns zum nahe gelegenen Gletschersee Jökulsárlón aufmachen. Im letzten Licht des Tages gehen wir, dank der späten Stunde nun fast allein, ein Stück am Ufer entlang und machen noch einige Aufnahmen von dieser magischen Kulisse. Mächtige, blau schimmernde Eisbrocken treiben lautlos im Schmelzwasser und werden, wie von Geisterhand bewegt, in den Atlantik getrieben. Wir können uns kaum davon trennen, reißen uns aber trotzdem los, denn wir haben geplant, die Nacht auf dem etwa 60 km entfernten Campingplatz neben dem Nationalpark-Zentrum am Skaftafell zu verbringen.

Der Nationalpark Skaftafell liegt neben dem Gletscherarm Skaftafellsjökull und gehört inzwischen zum riesigen Vatnajökull-Nationalpark. Auf dem weitläufigen Areal neben dem Besucherzentrum befindet sich ein perfekt ausgestatteter Campingplatz – ein optimales Basislager, um zu Fuß einige Highlights der Umgebung zu erkunden. So gelangt man beispielsweise auf einem gut ausgebauten Wegenetz zur Lagune am Skaftafellsjökull, in deren milchkaffeebraunem Wasser blaue Eisbrocken treiben. Eine weitere abwechslungsreiche Tour führt zum Wasserfall Svartifoss, dem schwarze Basaltsäulen eine ganz besondere Ausstrahlung verleihen.

Nach einem aktiven und erlebnisreichen Tag im Nationalpark durchqueren wir auf unserem weiteren Roadtrip ein scheinbar endloses Schwemmland. In dem über 1000 km² großen Gebiet aus schwarzem Lavasand, türkisfarbenen

↓ Für Wände und Dächer der alten Kirche in Núpsstaður wurden Torf- und Grassoden verwendet.

NORDLANDBLOG
GRH PD 155

DIE LANDSCHAFT UM DEN TAFELBERG HJÖRLEIFSHÖFÐI

Gletscherflüssen und Geröll ereignete sich 1996 ein massiver Gletscherlauf, bei dem sich ein unter dem Gletscher befindlicher See in einer Flutwelle entleerte. Dabei wurden mehr als 6 km der Ringstraße zerstört und weitere Teile schwer beschädigt. Eine Katastrophe, an die noch heute ein verbogener Stahlträger der alten Brücke als Mahnmal am Straßenrand erinnert.

Auf 30 km begleitet uns diese Landschaft, bis wir die historische Torfsiedlung Núpsstaður erreichen. Die sehenswerte, bereits 1657 erbaute Torfkirche kann besichtigt werden, obwohl der Zutritt zu den umliegenden Torfhäusern seit geraumer Zeit untersagt ist. Die historischen Häuser stehen verloren im Schutz der Felsen und zeugen von der früheren Lebensweise in und mit der rauen Natur Islands.

Auf unserer nächsten Etappe verändert sich die Landschaft erneut: Der Vulkanismus hat hier Pseudokrater, eng eingeschnittene Schluchten, Lavasäulen und moosbedeckte Lavafelder zurückgelassen. Ein Wegweiser macht uns auf die Dverghamrar (»Zwergenklippen«) aufmerksam. Wir biegen auf den Parkplatz ab, von dem aus diese Felsformationen zunächst etwas unscheinbar wirken. Doch bei näherem Hinsehen entdeckt man die besonders regelmäßig geformten Basaltsäulen der Klippen, um die sich einige Mythen ranken. Und wir gönnen uns noch einen zweiten Abstecher: 15 km vor Vík í Mýrdal verlassen wir die Ringstraße, um einem unbefestigten Weg durch eine schwarze Lavasteppe zum Inselberg Hjörleifshöfði zu folgen. Der 221 m hohe Berg wirkt in der ansonsten flachen Landschaft fast etwas verloren. Im Lavagestein an seiner Südflanke findet man die bizarre Grotte Gýgagjá, die in einer Star-Wars-Produktion als Kulisse diente. Wir stehen schon bald im Zugang der Höhle und blicken hinaus auf die endlos schwarze Sandwüste, die nur durch einige grüne und gelbe Farben der Vegetation unterbrochen wird. Bizarr!

Nicht einmal eine Stunde später sitzen wir in unserem Wohnmobil auf dem Campingplatz in Vík í Mýrdal. Die »Hauptstadt« Südislands scheint uns nach der Abgeschiedenheit

↓ Hier sieht's fast aus wie am Mittelmeer: das Felsentor am Kap Dyrhólaey an der Südküste.

↑ Das Flugzeugwrack der US Navy am Strand Sólheimasandur wirkt ein bisschen verloren.

und der Natur in den letzten Tagen fast etwas quirlig. Auf einem abendlichen Spaziergang sehen wir uns die Kirche an, die auf einer Anhöhe den Ort überragt. Und wir erhaschen noch einen ersten Blick auf die Felsnadeln Reynisdrangar. Gleich am nächsten Morgen fahren wir wenige Minuten bis zum Parkplatz am langen Sandstrand Reynisfjara, vor dem die bekannten Felsnadeln aus dem Meer ragen. Der Strand ist von ungewöhnlichen Bergformationen umgeben, und an den Abhängen tummeln sich Abertausende Seevögel, unter ihnen auch die possierlichen Papageitaucher. Bei aller Freude an tollen Bildern sollte man an diesem Strand vorsichtig sein: Die Brandung des Nordatlantiks ist gewaltig, und die Warnschilder haben durchaus ihre Berechtigung.

Vom Sandstrand Reynisfjara ist in westlicher Richtung schon die 115 m hohe Klippe des Kaps Dyrhólaey auszumachen. Der Leuchtturm auf dem Vulkanfelsen weist seit 1927 den Seefahrern den Weg. Über verschiedene Nebenstrecken erreichen wir dann nach etwa 20 km den neu angelegten und auch für 2 × 4 Fahrzeuge geeigneten Parkplatz Dyrhólaey View auf einem Plateau. Eine kurze Wanderung über einen reizvollen Küstenwanderweg führt direkt zum Leuchtturm. Am Ziel werden wir mit einem fantastischen Blick über die Südküste und hinab zum Felsentor belohnt. Stürme und das Meer haben hier ganze Arbeit geleistet und ein riesiges Loch in dem Felsen hinterlassen, durch das sogar Boote fahren können.

Noch einmal geht's nur 20 km weiter, denn dort wartet ein weiteres Highlight – zumindest für viele Fotografen aus aller Welt, ein Flugzeugwrack der US Navy. Vom Parkplatz direkt

neben der Ringstraße läuft man etwa 3 km oder nutzt in der Saison den kostenpflichtigen Shuttlebus bis zum Wrack. Wie ein UFO in einem Science-Fiction-Film liegt es seit seinem Absturz 1973 in der schwarzen Sandwüste.

Natürlich kann man diesen Fotospot im wahrsten Sinne des Wortes auch links liegen lassen und bis zum gigantischen Wasserfall Skógafoss weiterfahren. Hier rauschen die Wassermassen des Flusses Skógá frei fallend auf einer Breite von 25 m etwa 60 m in die Tiefe, bevor sie das Meer erreichen. Von einem großen, befestigten Parkplatz führen markierte Wege zum Becken des Wasserfalls, hinauf zu seiner Fallkante und auch weiter ins Hochland.

> In diese Grotte des Gljúfrabúi gelangt man nur durch seinen Wasserlauf – also mit Gummistiefeln oder eben barfuß …

Da sich ein spektakulärer Sonnenuntergang ankündigt, fahren wir noch ein Stück weiter, denn in etwa 30 km Entfernung ergießt sich ebenso aufsehenerregend der Fluss Seljalandsá am Seljalandsfoss 66 m in die Tiefe. Tatsächlich wird er gerade bei unserer Ankunft vom warmen Licht der untergehenden Sonne angestrahlt.

● **TIPP** ***Da man hier sogar hinter den Wasserfall gehen und durch den gigantischen Wasserschleier schauen kann, bietet sich ein atemberaubendes Motiv. Man sollte allerdings nicht darauf hoffen, von der Gischt verschont zu bleiben …***

Nach dem großen Schauspiel verbringen wir die Nacht auf dem gepflegten Campingplatz nebenan.

Nur fünf Fußminuten vom Stellplatz entfernt erkunden wir am nächsten Morgen einen weiteren Wasserfall: Der Gljúfrabúi hat sich seinen Weg direkt durch eine höhlenähnliche, enge Felsschlucht gebahnt. In diese Grotte gelangt man nur durch seinen Wasserlauf – also mit Gummistiefeln oder eben barfuß … Nachdem wir auf diese Weise ungewollt noch einmal in der Gischt des Wasserfalls geduscht haben, brechen wir anschließend bei sonnigem Wetter auf.

AUF DEM »GOLDENEN RING« IN DIE HAUPTSTADT REYKJAVÍK

Inzwischen ist zumindest im Süden von Island etwas vom beginnenden Frühling zu spüren – perfekte Voraussetzungen für die Highlights der nächsten Tage, denn vor uns liegt der sogenannte »Golden Circle«, eine beliebte Tour mit vielen Sehenswürdigkeiten unweit der Hauptstadt Reykjavik. Je näher wir dieser Region kommen, umso europäischer wirkt Island auf uns. Die Besiedlung nimmt erkennbar zu, es gibt mehr touristische Infrastruktur, und die Landschaft erscheint weniger extrem. Um die erste Sehenswürdigkeit des Golden Circle zu erreichen, biegen wir von der Ringstraße auf die Straße 30 ab. Über einige Nebenstrecken kommen wir zum Wasserfall Gullfoss. Hier stürzen die Wassermassen über zwei Kaskaden im bis zu 70 m tiefen Gullfossgjúfur-Canyon talwärts. Wegen der gewaltigen Dimensionen und seiner einzigartigen Schönheit ziert der »Goldene Wasserfall« zu Recht viele Prospekte und Ansichtskarten.

Im einsetzenden Dämmerlicht fahren wir zum Campingplatz neben dem nahen Geysir Center. Die meisten Tagestouristen verlassen bereits das Areal, und der große Parkplatz neben dem Besucherzentrum mit Souvenirladen, Restaurant und Hotel leert sich. Am nächsten Morgen stehen wir zeitig auf und sind daher fast alleine im Thermalgebiet Haukaladur unterwegs. Hier gibt es zahlreiche heiße Quellen, dampfende Seen, Mineralien in allen Farben … und die immer wieder in die Luft zischende Wassersäule des Strokkur, ein kleinerer Bruder des benachbarten Großen Geysir, der seine Aktivitäten fast eingestellt hat. Dazu riecht es penetrant nach Schwefel.

Den Geruch haben wir noch in der Nase, als wir unsere Fahrt zum UNESCO-Weltkulturerbe Nationalpark Þingvellir fortsetzen. Das Gebiet nahe der isländischen Hauptstadt begeistert mit seiner landschaftlichen Schönheit und ist geologisch bedeutsam, weil es im Grenzbereich zweier tektonischer Platten liegt. Uns fasziniert ganz besonders die Geschichte von Þingvellir, denn bereits ab 930 wurde in der Schlucht Almannagjá jährlich ein *althing* abgehalten, eine demokratische Volksversammlung der Isländer. Diese sind stolz auf den Ort, an dem am 17. Juni 1944 auch die Republik Island ausgerufen wurde. Neben dem Besucherzentrum am Nationalpark finden wir einen Campingplatz, perfekt gelegen, wenn man das Gebiet auf gut markierten Wanderwegen näher erkunden oder in einer Felsspalte zwischen den Kontinentalplatten tauchen möchte.

← Geduscht hatten wir heute eigentlich schon … Conny bei einer unfreiwilligen Dusche unter dem Wasserfall Gljúfrabúi.

Nach einer Nacht auf diesem Platz erreichen wir am Vormittag Reykjavik. Wir sind schon sehr gespannt auf die isländische Hauptstadt, die wir in den kommenden zwei Tagen als moderne und pulsierende europäische Metropole erleben – ein krasser Gegensatz zu den Eindrücken unserer bisherigen Reise. Die Stadt hat einen unverwechselbaren Charme und eine ganz eigene Atmosphäre: Sie ist einerseits internationaler Hotspot, liberal-weltoffene Stadt mit urbaner Kultur, und wirkt andererseits wie eine Kleinstadt. Richtig lebendig wird es in den Abendstunden, wenn sich die Pubs füllen und die Einheimischen feiern. In jedem Fall sollte man einige der ausgefallenen Köstlichkeiten in einem der Restaurants probieren sowie die originellen Museen besuchen. Ein Muss ist zudem ein Bummel entlang der Promenade am Meer bis zum Konzerthaus Harpa und in den Hafen. Nach dem intensiven Stadtleben zieht es uns jedoch wieder in die Natur. Wir verlassen Reykjavik.

HALBINSEL SNÆFELLSNES – ISLAND IM KLEINFORMAT

Vor uns liegt als Nächstes »Island im Kleinformat«, wie die Halbinsel Snæfellsnes auch genannt wird: Schneebedeckte Berge, Vulkankegel, Gletscher, Lavafelder, Wasserfälle, Basaltformationen, Strände und kleine Fischerdörfer drängen sich hier auf engem Raum.

Nach einigen Kilometern entlang der Küste verlassen wir in Borgarnes die Ringstraße 1 und erreichen auf der Straße 54 den südlichen Teil von Snæfellsnes. Tatsächlich reihen sich hier die landschaftlichen Sehenswürdigkeiten wie an einer Perlenschnur aneinander. Wir halten an den Stränden von Ytri

↓ **Wir sammeln jetzt Wasserfälle! Hier stürzt der Seljalandsfoss dem Sonnenuntergang entgegen.**

Tunga, fotografieren dort Robben und ungezählte Seevögel, legen einen Fotostopp am Wasserfall Bjarnarfoss ein und gönnen uns ein Picknick auf dem Parkplatz der Holzkirche Búðakirkja aus dem Jahr 1848. Die wohl am meisten fotografierte, markante dunkle Kirche am Meer gehört inzwischen zu den inoffiziellen Wahrzeichen des Landes. Im Hintergrund ist bereits der schneebedeckte Gipfel des 1446 m hohen Vulkans Snæfellsjökull auszumachen.

Unterhalb seiner ganzjährig weißen, vergletscherten Kuppe liegt das Fischerdorf Arnarstapi. Man erreicht es, wenn man, statt der Straße 54 zur Nordseite der Halbinsel zu folgen, seine Fahrt auf der Nebenstrecke 574 entlang der Küste fortsetzt. Von dem Küstenwanderweg oberhalb der bizarren Klippen des Fischerdorfes hat man einen grandiosen Blick auf das imposante Felsentor Gatklettur und die zerklüftete Küste aus Lavagestein.

Nach der weiteren Fahrt durch das weitläufige Lavafeld entlang der Küste, einem Halt an der Kirche von Ingjaldshóll und einem weiteren Stopp am Wasserfall Svöðufoss erreichen wir schließlich den kommunalen Campingplatz in Ólafsvík auf der Nordseite der Halbinsel. Vom Meer peitscht der Sturm plötzlich Regenwolken heran, sodass wir die nächsten Tage nutzen, um unsere Ausrüstung zu ordnen, zu waschen und etwas Leckeres in der Bordküche zu kochen. Als sich die Sonne endlich durch die dunklen Wolken kämpft, setzen wir unsere Reise fort, auf der wir schon bald wieder die Straße 54 erreichen. Sie verläuft hier zwischen dem Meer und den Bergen an der Nordseite der Halbinsel. Pures

↓ Nach unseren Naturerlebnissen ist Reykjavik ein starker Kontrast – so viele Häuser, so viele Autos.

↘ Wer früh genug aufsteht, kann den Geysir Strokkur im milden Morgenlicht fotografieren.

↑ Der Snæfellsjökull ist ein 1446 m hoher Stratovulkan am westlichen Ende der Halbinsel Snæfellsnes.

Roadtrip-Feeling! Die Zeit bis zum legendären Kirkjufell und den umliegenden Stränden vergeht fast zu schnell. Spitz erhebt sich der steile Berg aus der Küstenlinie. Hier trifft man Heerscharen an Fotografen aus aller Welt, immer auf der Suche nach der perfekten Aufnahme. Nachdem wir am Abend ebenfalls Glück mit dem Licht und dem Motiv hatten, übernachten wir auf einem Campingplatz in der Nähe.

● TIPP *Freunde ausgefallener Delikatessen sollten im nahe gelegenen Bjarnarhöfn Shark Museum die isländische Spezialität* hákarl *(Gammelhai) probieren, fermentiertes Fleisch vom Grönlandhai – sehr geruchsintensiv!*

Wir setzen unsere Fahrt an der Nordküste von Snæfellsnes fort und folgen weiter der Straße 54. Sie führt als Rollsplittpiste über etwa 70 km durch eine dünn besiedelte, wunderschöne Landschaft, in der wir nur auf einige Islandpferde und Schafe treffen, ehe wir die Straße 60 erreichen. Endlich wieder Asphalt! Wer viel Zeit hat, kann von hier aus zu einer mehrtägigen Rundfahrt durch die abgelegenen Westfjorde aufbrechen. Oder man biegt an der übernächsten Abzweigung rechts auf die Straße 59 ab, um so beim Küstenort Borðeyri wieder die Ringstraße 1 zu erreichen. Allerdings verläuft sie hier im Norden hauptsächlich im Landesinnern, sodass wir für die nächsten Etappen eine Kombination mit dem Arctic Coast Way empfehlen. Diese offizielle isländische Touristenroute verbindet auf 900 km Borðeyri im Nordwesten mit Bakkafjörður im Nordosten und umrundet dabei sechs Halbinseln. Wir verlassen bei Hvammstangi die Ringstraße, um dem Arctic Coast Way zu folgen.

FRÜHLING AN DER WILDEN NORDKÜSTE

Wer sich für einen original Islandpullover interessiert, sollte den KIDKA Fabrikverkauf in Hvammstangi aufsuchen. Hier findet man eine riesige Auswahl der begehrten Wollpullover zu (relativ) günstigen Preisen. Nördlich von Hvammstangi liegt an der Küste der Campingplatz Illugastadir Camping, unser nächstes Ziel. Doch wir stehen vor verschlossenen Türen: »Campingplatz wegen Vogelbrut im Mai geschlossen« steht auf einem Schild. Jetzt wird es spannend: Ohne Aussicht auf einen Übernachtungsplatz fahren wir weiter zur Felsformation Hvítserkur auf der anderen Seite der Halbinsel Vatnsnes. Was auch immer man in dem Felsen erkennt: Er ist in jedem Fall einen Besuch wert. Wir machen hier im letzten Tageslicht eine herrliche Wanderung auf den Klippen und den schwarzen Lavasandstränden. Anschließend irren wir auf der Suche nach einem geöffneten Campingplatz durch die Nacht, bis wir gegen 3 Uhr endlich Gladheimar Camping in Blönduós entdecken. Nachtruhe!

Am nächsten Tag fahren wir ein kurzes Stück zurück, denn wir haben bei unserer nächtlichen Suchaktion den Kolugljúfur Canyon ausgelassen. Dort strömt über mehrere Kaskaden der Fluss Víðidalsá durch einen tief eingeschnittenen Canyon, an dessen Kante ein markierter Wanderweg entlangführt. Glaubt man den isländischen Sagen, so hat das Trollweib Kola die Schlucht erschaffen ... Tatsächlich mutet die ganze Landschaft an wie aus einer anderen Welt, ebenso wie die unzähligen Grashügel am Eingang zum Tal Vatnsdalur, die auf den nächsten Kilometern neben der Ringstraße im warmen Licht des späten Nachmittags leuchten. Wenn es wirklich Elfen und Trolle in Island gibt, müssen sie hier leben.

So erreichen wir Varmahlíð, einen kleineren Ort mit einem etwas oberhalb gelegenen Campingplatz, auf dem wir eine ruhige Nacht verbringen. Gerade einmal 8 km entfernt liegt der Museumshof Glaumbær, der einen nachhaltigen Eindruck vom beschwerlichen Leben im 19. Jh. vermittelt. Mit dem Smartphone in der Tasche und dem Allrad-Wohnmobil vor dem Gelände entwickeln wir vor den Leistungen und

↓ Die Isländer lieben ihre berühmten Pferde. Weit mehr als 70 000 zottelige Exemplare sind auf der Insel zu finden.

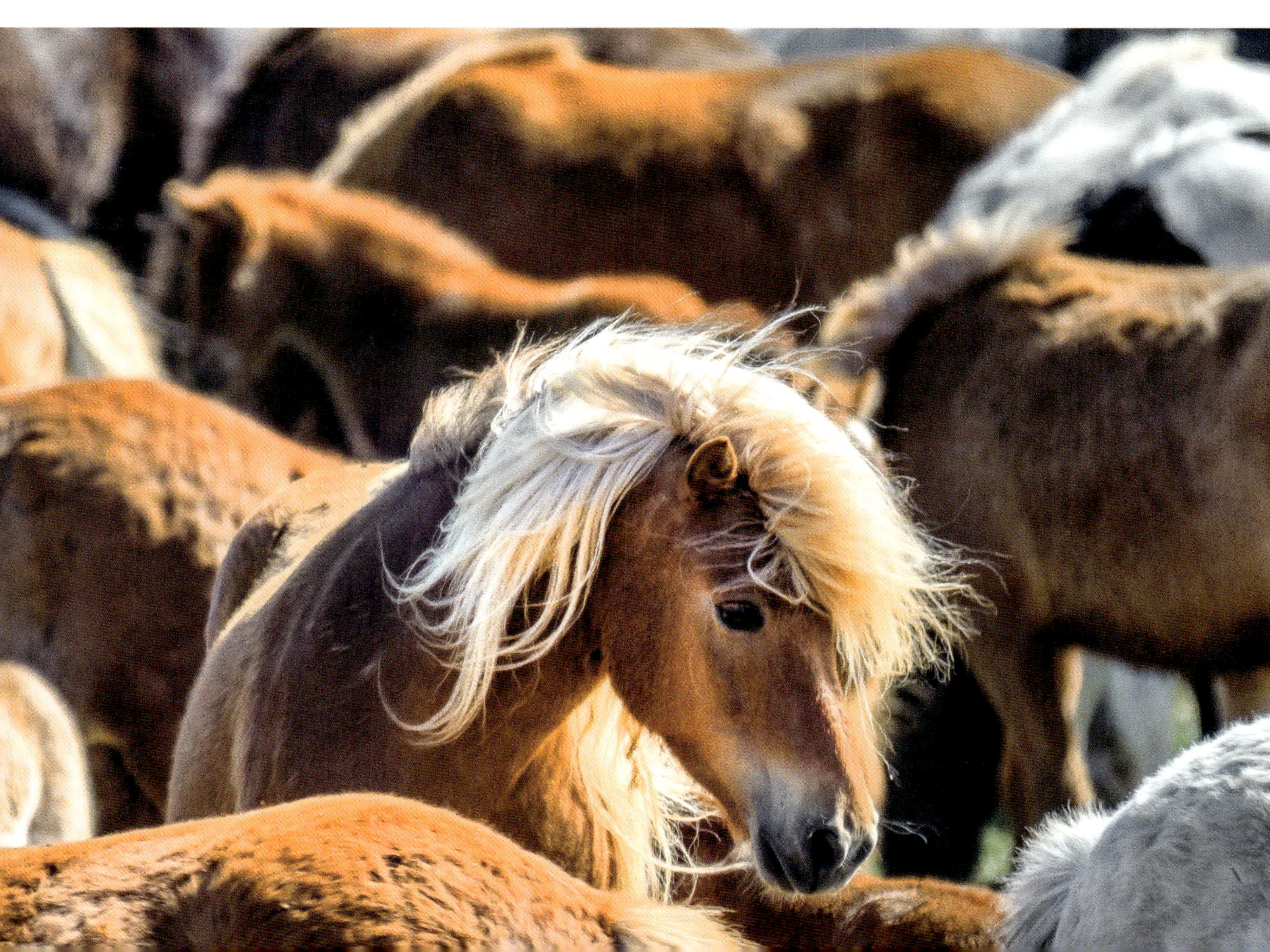

Entbehrungen jener Zeit große Achtung. Uns wird wieder einmal klar, mit welchen Annehmlichkeiten wir heute leben. Wie zur Bestätigung sitzen wir nur wenig später im warmen Wasser der Thermalquelle neben dem Wasserfall Reykjafoss etwas südlich von Varmahlíð neben der Straße 752. Wir sind hier tatsächlich allein und genießen die Auszeit im natürlichen Quellwasser – ein unbezahlbares Wellness-Vergnügen.

Entlang der weiteren Route hat man erneut die Wahl: Entweder man umrundet auf dem Arctic Coast Way die Halbinsel Tröllaskagi oder man folgt der Ringstraße über den Pass Öxnadalsheiði. Beide Strecken sind abwechslungsreich und treffen kurz vor der Hafenstadt Akureyri wieder aufeinander. Der 19 000-Einwohner-Ort ist die viertgrößte Stadt Islands – eine gute Gelegenheit, unsere Vorräte in den Supermärkten aufzufüllen. Beim Bummel durch die Stadt entdecken wir die weltweit einzigartigen Herzen in den roten Ampellichtern, die einmal mehr auf die Freundlichkeit der Isländer hinweisen. Die bunten Häuser der »Hauptstadt Nordislands« sind fröhliche Farbtupfer in der weitläufigen Landschaft der Region. Anschließend geht es weiter zum Wasserfall Goðafoss. Den großen Parkplatz am Wasserfall erreichen wir nach etwa einer halben Stunde. Von dort gibt es markierte Wege durch das Naturschutzgebiet zu den Aussichtspunkten, die ganz unterschiedliche Perspektiven auf den Goðafoss ermöglichen. Auf einer schwer vorstellbaren Breite von 158 m stürzen die türkisblauen Wassermassen über die 11 m hohe Felskante.

● TIPP *Entlang dieser Etappe gibt es im Übrigen mehrere Camping- und Stellplätze, sodass ihr euer Reisetempo individuell bestimmen könnt.*

↙ Blubbernde Schlammtöpfe und Schwefeldämpfe im Geothermalgebiet Hverarönd

↓ Glaubt man den isländischen Sagen, dann handelt es sich beim Felsen Hvítserkur um einen versteinerten Troll.

Wer die Gelegenheit nutzen und an einer Wal-Safari teilnehmen möchte, sollte anschließend in nördlicher Richtung nach Húsavík abbiegen. Hier werden die meisten Touren an der isländischen Küste angeboten. Die perfekten Bedingungen in der Bucht Skjálfandi führen zu einer Erfolgsquote von etwa 98 % bei der Sichtung von Minkwalen, Tümmlern, Pottwalen sowie Buckelwalen. Seltener sieht man hier auch einige Orcas oder die riesigen Blauwale. Zudem ist die Holzkirche Húsavíkurkirkja aus dem Jahr 1907 ebenso sehenswert. Den großzügig angelegten Campingplatz am Ortsrand empfehlen wir für eine weitere Übernachtung. Und ganz unter uns: Im Hafen gibt es sündhaft leckere Fish and Chips …

Ob ihr auf direktem Weg der Ringstraße folgt oder den Umweg über Húsavík wählt – das nächste Ziel darf in der Planung nicht fehlen: Der viertgrößte See Islands, der Mývatn (»Mückensee«), verdankt seinen Namen … genau, den Unmengen von Mücken, die sich in der kurzen Sommersaison hier tummeln. Allerdings handelt es sich dabei meist um die eher harmlosen Zuckmücken, die glücklicherweise nicht stechen. Sie sind ein elementarer Bestandteil dieses Ökosystems mit seinem Fischreichtum und den Populationen teilweise seltener Vogel- und Entenarten. Die unmittelbare Umgebung ist von einzigartigen Lavaformationen und einem aktiven Vulkanismus geprägt. Eigentlich glaubten wir, inzwischen alle Ausprägungen der vielseitigen Landschaftsformen und Naturphänomene zu kennen – doch am Mývatn werden wir eines Besseren belehrt: Am See stehen schwarze Lavasäulen wie versteinerte Fabelwesen im geradezu karibikblauen Wasser. Vervollständigt wird

↓ Im Fischerort Húsavik, Zentrum der Walbeobachtung in Island, gibt es auch ein interessantes Walmuseum.

diese Szenerie vom Kegel des Kraters Hverfjall und den unwirklichen Farben der Landstriche am Ufer, die es zu erkunden gilt.

Das Wetter klart auf, und so entscheiden wir uns, zunächst das Geothermalgebiet Hveraröndn nordöstlich vom Myvatn aufzusuchen. Vom Parkplatz am Pass Námaskarð brechen wir auf, um die surreale Landschaft zu erkunden. Schnell steht für uns fest: So muss es auf dem Mars aussehen. Um uns herum sprudelt, blubbert und zischt es in und aus Schlammtöpfen, Fumarolen und Solfataren. Die lehmige Erde dazwischen leuchtet gelb, grün, rot und blau, während die Schwefeldämpfe an den Gestank fauler Eier erinnern.

Weniger außerirdisch geht es auf dem 8 km entfernten Campingplatz am Nordufer des Sees zu. Von hier aus erkunden wir am nächsten Morgen die Halbinsel Höfði. Auf einem gut markierten Wegenetz kann man sich den Felsskulpturen aus Lavagestein nähern und die zahlreichen Enten auf dem See beobachten. Nach einem Picknick setzen wir unsere Entdeckungen in dem 4 km entfernten Lavafeld Dimmuborgir fort. In der isländischen Mythologie erzählt man sich, dass zwischen den skurrilen Felsen Elfen und Trolle leben – ein Glaube, der sich bis heute hält. Auch hier gibt es verschiedene Wege zu den Höhlen, durch die Schluchten und über schwarze Steinhügel, deren fantasievolle Namen man auf mehrsprachigen Schildern lesen kann. Vom nordöstlichen Ende dieser Fabelwelt führt ein markierter Weg bis zum Fuß des Tuffrings des Kraters Hverfjall. Nach einem anspruchsvollen Aufstieg erreicht man den Höhenweg, der einmal um den mächtigen Krater führt. Aus einer Höhe von etwa 120 m bietet sich ein weites Panorama. Wer sich nach so vielen Aktivitäten belohnen möchte, kann das bei einem erholsamen Bad im Thermalbad Jarðböð tun.

● **TIPP** ***Jarðböð ist deutlich günstiger und weniger überlaufen als die schon legendäre Bláa Lónið (»Blaue Lagune«) in der Nähe von Reykjavík.***

Vom Myvatn sind es nur noch etwa 170 km auf der Ringstraße bis nach Egilsstaðir, dem Ausgangspunkt unserer Island Umrundung. Auf diesem letzten Abschnitt solltet ihr aber keinesfalls den Wasserfall Dettifoss verpassen. Man erreicht ihn wahlweise über einen der Parkplätze an seiner Westseite (Asphaltstraße 862) oder auf der Ostseite (Schotterstraße 864). Es scheint schwer vorstellbar, dass inmitten dieser Steinwüste einer der mächtigsten Wasserfälle Europas jedes Jahr unzählige Besucher in seinen Bann zieht. Doch bereits am Parkplatz hört man das gewaltige Rauschen in der Ferne und kann die Gischt in der Luft erkennen. Dann öffnet sich plötzlich der Blick auf einen mächtigen, 100 m tiefen Canyon mit senkrecht aufragenden Felswänden und dem Fluss Jökulsá á Fjöllum. Auf dem Weg zum Atlantik stürzen seine Wassermassen über mehrere Kaskaden brüllend durch die Schlucht. Der Dettifoss ist der größte dieser Wasserfälle und vermittelt einen Eindruck von der Urgewalt des Wassers.

Bis heute hält sich der Glaube, dass zwischen den skurrilen Felsen Elfen und Trolle leben.

Wie man die restlichen Tage bis zur Abfahrt der Fähre optimal nutzt, hängt nun von den jeweiligen Interessen, der Wetterlage sowie dem verfügbaren Zeitkontingent ab.
Variante 1: Man folgt vom Dettifoss aus in den nächsten 2–3 Tagen dem Arctic Coast Way (Straße 85) mit Aufenthalten am Ásbyrgi Canyon (Jökulsárgljúfur-Nationalpark), am Steinkreis The Arctic Henge in Raufarhöfn sowie dem Felsentor Raudanes am gleichnamigen Kap.
Variante 2: Man fährt auf der Ringstraße zunächst bis nach Egilsstaðir, um von hier aus entweder einen zweitägigen Ausflug zur Papageitaucher-Kolonie bei Borgarfjarðarhöfn oder in das Waldgebiet von Hallormsstaður mit dem bekannten Wasserfall Hengifoss zu unternehmen.
Natürlich lassen sich auch beide Optionen miteinander kombinieren. Wir haben uns diese Möglichkeiten bis zum Schluss unserer Reise offen gelassen, um rechtzeitig an der Fähre zu sein – irgendwann legt schließlich die »MS Norröna« nach Dänemark ab ...

Am Ende einer unvergesslichen Wohnmobil-Rundreise blicken wir auf unzählige Eindrücke und Erlebnisse zurück. Wir verlassen eine Inselwelt, die uns in den letzten Wochen ans Herz gewachsen ist, die wir im Schneefall erreicht haben und nun im warmen Schein der Sommersonne zurücklassen. Inzwischen zaubern Lupinen leuchtende Farbtupfer in die Landschaft ... Es gäbe noch viel zu entdecken, und so verabschieden wir uns ganz bewusst nicht mit einem lockeren »Tschüs«, sondern mit einem stillen »Auf Wiedersehen«.

→ Die Gischt des Dettifoss bildet einen Regenbogen, wenn die Sonne richtig steht.

ROUTENINFO

↑ Auf dem Campingplatz in Fáskrúðsfjörður stehen wir ganz allein.

LÄNGE

Ca. 1700 km für die Umrundung, die zum großen Teil der Ringstraße 1 folgt. Hinzu kommen beliebig viele Ausflüge oder Abstecher auf verschiedenen Nebenstrecken – am besten geht ihr von ca. 2000 km aus.

DAUER

Minimum: 1–2 Wochen.

Ideal: 3 Wochen. So bleibt ausreichend Zeit für Besichtigungen und Aktivitäten.

Slow Travel: 4 Wochen. Dann könntet ihr auch die Küstenstraße entlang der Westfjorde und weitere Nebenstrecken nehmen. Im Sommer, sobald die Straßen freigegeben sind, bieten sich auch Fahrten ins isländische Hochland an.

REISEZEIT

Unsere Empfehlung: zwischen Anfang Mai und Ende September. Dann haben die meisten Campingplätze geöffnet, und ihr könnt touristische Angebote nutzen.

Wir haben uns für die Umrundung im Uhrzeigersinn entschieden, da wir den touristischeren Süden weit vor der Hauptsaison bereisen wollten. Im milderen Süden ist die Natur schon etwas weiter, sodass wir dem Frühling in den Westen und Norden hinterherreisen konnten.

FAHRZEUG

Die beschriebene Route kann bei normaler Witterung mit allen Wohnmobilen gefahren werden. Ein Allradantrieb ist nicht notwendig. Wer hauptsächlich auf der Ringstraße 1 bleibt, kann die Tour auch mit dem Wohnanhänger machen. Wenn ihr aber im Sommer einen Abstecher ins Hochland oder andere abgelegene Regionen unternehmen möchtet, braucht ihr auf den meisten Strecken ein Allradfahrzeug.

SPARTIPP REYKJAVÍK

Wer die Kultur- und Freizeitangebote der Hauptstadt nutzen möchte, sollte den Kauf der Reykjavík City Card erwägen. Schon beim Besuch von nur zwei Museen lohnt sich die Investition. Außerdem bietet die Karte verschiedene Rabatte und Gratis-Angebote.

ERLEBNIS HEISSE QUELLEN

Bäder in den natürlichen heißen Quellen – auch Hot Pot genannt – sind Teil der isländischen Alltagskultur und ein tolles Erlebnis für Besucher. Durch die geothermischen Aktivitäten findet man Hot Pots in vielen Regionen der Insel. Die teilweise durchweg natürlich belassenen Quellen sind angenehm temperiert. Eine kleine Auswahl isländischer Hot Pots wird auf www.nordlandblog.de/hotpots-in-island vorgestellt.

CAMPING- & STELLPLÄTZE

OSTISLAND

1 Fáskrúðsfjörður
▶ Óseyri 750, Fáskrúðsfjörður
GPS: 64.93655, -14.03636
Tel: +354 470 90 00
www.fjardabyggd.is

2 Fossardalur Campsite
▶ Eyjolfsstadir, 765 Djúpivogur
GPS: 64.75577, -14.49915
Tel. +354 820 4379
www.fossardalur.is

3 Camping Djúpivogur – Hótel Framtíð
▶ Búland 1, 765 Djúpivogur
GPS: 64.65566, -14.28526
Tel. +354 478 88 87
www.hotelframtid.com

SÜDISLAND

4 Vestrahorn Camping
▶ Horni, 781 Höfn í Hornafirði
GPS: 64.25508, -14.9949
Tel. +354 849 46 27
www.vikingcafe.is

5 Camping Höfn
▶ Hafnarbraut 52, 781 Höfn í Hornafirði
GPS: 64.25818, -15.20341
Tel. +354 478 16 06

6 Skaftafell Camping
♥ Perfekt markierte Wanderwege führen von diesem Platz im Nationalpark Vatnajökull direkt zu den einzigartigen Naturattraktionen. Im Besucherzentrum des Nationalparks gibt's Infos und Tipps für weitere Unternehmungen.
▶ Möðruvellir 4, Möðruvallavegur
GPS: 64.01596, -16.97127
Tel. +354 470 83 00
■ pincamp.de/pin_236317

7 Vik i Myrdal Camping
▶ Suðurvegur 5, 870 Vík
GPS: 63.4194, -18.99578
Tel. +354 487 13 45
www.vikcamping.is

8 Hamragarðar Camping
▶ Road 249 (Seljalandsfoss)
GPS: 63.62048, -19.98912
Tel. +354 771 17 03
■ pincamp.de/pin_236305

9 Camping Geysir
▶ Geysir Haukadalur, 801 Selfoss
GPS: 64.309778, -20.305028
Tel. +354 480 68 00
www.hotelgeysir.is/geysir-center/geysir-camping

10 Þingvellir – Nyrðri Leirar
▶ Vallarvegur, Thingvellir, 801 Selfoss
GPS: 64.28031, -21.0848
Tel. +354 482 26 60
www.thingvellir.is

11 Reykjavík Campsite
♥ Der erst kürzlich modernisierte Platz ist ziemlich zentral und dennoch ruhig gelegen. Von hier aus erreicht ihr zu Fuß in 30 Minuten oder mit dem Bus der Linie 14 bequem das Zentrum. Nach einem Tag in der City kann man im Badeland und Spa direkt nebenan perfekt entspannen.
▶ Sundlaugavegur 32, 105 Reykjavík
GPS: 64.14523, -21.87421
Tel. +354 568 69 44
■ pincamp.de/pin_236325

WESTISLAND

12 Camps te Ólafsvik
▶ Dalbraut, 355 Ólafsvík
GPS: 64.88867, -23.68857
Tel. +354 433 69 29
■ pincamp.de/pin_236321

13 Tjaldsvæði Grundarfjarðar
▶ Borgarbraut, 350 Grundarfirði
GPS: 64.92054, -23.25792
Tel. +354 831 72 42
■ pincamp.de/pin_236307

14 Borgarnes Camping Ground
▶ Granatstaðir, 310 Borgarnes
GPS: 64.5523, -21.90741
Tel. +354 775 10 12
www.facebook.com/campinborgarnes

NORDISLAND

15 Kirkjuhvammur Campingplatz
▶ Kirkjuhvammsvegur, 530 Hvammstangi
GPS: 65.40224, -20.92806
Tel. +354 615 37 79
■ pincamp.de/pin_236313

16 Glaðheimar campsite
▶ Brautarhvammi, 540 Blönduós
GPS: 65.6591, -20.27531
Tel. +354 690 31 30
■ pincamp.de/pin_236303

17 Camping Varmahlíð
▶ Reykjarhóll, 560 Varmahlíð
GPS: 65.55221, -19.45505
Tel. +354 899 32 31
■ pincamp.de/pin_236301

18 Húsavík Campground
▶ Héðinsbraut 4, 640 Húsavík
GPS: 66.05224, -17.34365
Tel. +354 840 00 25
www.northiceland.is/en

19 Hlíð Camping
♥ Der Campingplatz ist terrassenförmig etwas oberhalb des Sees Mývatn angelegt – von hier bietet sich ein weites Panorama. Durch seine zentrale Lage ist er der perfekte Ausgangsort, um die vielen Highlights der Umgebung zu erkunden. Unvergessliche Erlebnisse versprechen Touren auf Island-Pferden, die vom Campingplatz angeboten werden. Auch schön: ein Fahrrad auf dem Platz ausleihen und den See umrunden.
▶ Hraunbrú, 660 Mývatn
GPS: 65.64905, -16.91599
Tel. +354 464 41 03
■ pincamp.de/pin_236315

20 Þórshöfn Camping
▶ Sunnuvegur 2, 680 Þórshöfn
GPS: 66.19871, -15.32836
Tel. +354 468 12 20
www.langanesbyggd.is

FÜR ABSTECHER AM ENDE DER TOUR

21 Borgarfjörður eystra Campsite
▶ Borgarfjarðarvegur, Borgarfjörður
GPS: 65.5240845, -13.8085835
Tel. +354 857 20 05
www.borgarfjordureystri.is

22 Seyðisfjörður Camping
▶ Ránargata 5, Seyðisfjörður
GPS: 65.26029, -14.01189
Tel. +354 472 15 21
■ pincamp.de/pin_236323

Weitere Informationen zu Island
→ Seite 228

Vögel & Wale beobachten

Extreme klimatische Bedingungen und die abgeschiedene Lage Islands bieten nur angepassten Tierarten einen Lebensraum. Fast 5000 km Küstenlinie, zahllose Felsenklippen und der Fischreichtum in den Gewässern sind ideale Voraussetzungen für riesige Populationen von über 200 Seevögelarten und verschiedenen Robbenarten. Island ist also ein wahres Paradies, um die Fauna Nordeuropas zu beobachten oder zu fotografieren.

PAPAGEITAUCHER UND ANDERE SEEVÖGEL

Die possierlichen, stets etwas tollpatschig wirkenden Papageitaucher mit ihren bunten Schnäbeln und traurigen Augen haben uns auf unseren Reisen im Frühjahr und Frühsommer begeistert. Die 3–5 Millionen Paare in Island bilden die weltweit größte Population und sind eines der nationalen Wahrzeichen. Von Mitte April bis Mitte August kann man sie an ausgewählten Orten entlang der Küste beobachten. Den Tag verbringen sie auf der Suche nach Nahrung meist auf und im Meer, doch am späten Nachmittag kehren sie zu ihren Bruthöhlen in den Grashängen auf den Klippen zurück, um dort im Abendlicht förmlich zu posieren.

↑ In Island sollte man sein Fernglas immer griffbereit haben.

Die bekanntesten und aussichtsreichsten Plätze, um Papageitaucher – idealerweise am Abend – zu beobachten und zu fotografieren:

- Klippen am Kap Látrabjarg in den Westfjorden
- Vogelfelsen Hafnarholmi in Borgarfjörður Eystri (Nordosten)
- Felseninsel Lundey (einstündige Bootsfahrt ab Reykjavík)
- Aussichtspunkt bei Stórhöfði auf den Westmännerinseln vor der Südküste
- Insel Grimsey
- Klippen bei Dyrholaey (Südküste)

Je nach Ort und Jahreszeit kann man die Tiere problemlos mit einem Standardobjektiv oder einem Smartphone aus nächster Nähe aufnehmen. Doch in einigen Regionen oder bei Zutrittsbeschränkungen lassen sich die Papageitaucher nur aus der Ferne oder im Flug fotografieren. Dann ist es sinnvoll, ein entsprechend lichtempfindliches Teleobjektiv mit einer hohen Brennweite dabeizuhaben. Wir nutzen in diesen Fällen am liebsten unser 500-mm-Objektiv, das wir auf einem Einbeinstativ abstützen.

Entlang der isländischen Küste und auf den umliegenden Inseln gibt es viele weitere Seevögel. Insbesondere Möwen, Küstenseeschwalben, Austernfischer, Enten, Adler, Basstölpel und andere Populationen sind hier angesiedelt. Die Vogelfelsen werden meist von Abertausenden Vögeln verschiedener Arten bevölkert. Ihr Geschrei sowie der scheinbar stete Kampf um Brutplätze und Futter sind ein beeindruckendes Schauspiel. Auf keinen Fall sollte man sich diese Eindrücke entgehen lassen – sie gehören zu Island wie die Wasserfälle, Elfen und Vulkane.

↑ An der Flosse sieht man: Hier taucht ein riesiger Buckelwal.

Die meisten Seevögel sind entlang der gesamten Küste in der Regel von April bis etwa September zu sehen, einige Arten können auch ganzjährig beobachtet werden. Eine extreme Vielzahl unterschiedlicher Entenarten findet man im gleichen Zeitraum hauptsächlich am See Mývatn im Norden.

Wie bei den Papageitauchern ist auch bei allen anderen Vogelarten im Frühjahr, während der Brutzeit, Rücksicht geboten. Damit die Tiere nicht zu sehr gestört werden, sind um diese Zeit einige Brutgebiete vorübergehend gesperrt oder der Zugang ist eingeschränkt.

Um die Seevögel im Flug zu fotografieren, benötigt man ein professionelles Equipment, vor allem eine Kamera mit schnellem Autofokus. Kurze Belichtungszeiten sind essentiell, um Bewegungsunschärfen zu vermeiden. Alternativ kann man die Tiere an Land ablichten, was an den meisten Plätzen bereits mit einem einfachen Zoom-Objektiv mit einer Brennweite ab 200 mm möglich ist. Das Gleiche gilt auch für die langsam dahingleitenden Enten.

WALE

Der prominenteste isländische Wal ist sicherlich Keiko, vielen besser als Hauptdarsteller aus der Hollywood-Produktion »Free Willy« bekannt. Seine Artgenossen kann man rund um Island auf Touren mit einem der professionellen Anbieter ganzjährig beobachten. Die beste Zeit dafür ist von April bis September, denn dann tummeln sich die meisten Wale in den Gewässern, und die Wetterbedingungen sind in der Regel besser. Allerdings ist in der Sommersaison die Nachfrage entsprechend hoch, daher empfehlen wir euch, die Tour rechtzeitig vorab zu reservieren.

↓ Kein Model kann schöner posieren als Papageitaucher im Abendlicht.

Auch im Winter kann man in ausgewählten Gebieten Wale beobachten, vor allem im Meer vor der Westküste und in den Westfjorden sind dann mit ein wenig Glück riesige Pottwale und Orcas zu sehen.

Von folgenden Orten und Regionen kann man zur Walbeobachtung hinausfahren:

- Húsavík – die »Hauptstadt der Walbeobachtung« (Norden)
- Akureyri am Eyjafjörður (Norden)
- Reykjavík (Touren beginnen im Hafen)
- Verschiedene Häfen auf der Halbinsel Snæfellsnes

Um die meist kurzen Augenblicke, in denen der Wal zu sehen ist, optimal festzuhalten, sollte man ein lichtempfindliches Teleobjektiv mit einer Brennweite größer als 100 mm nutzen und auf sehr kurze Belichtungszeiten achten. Dadurch werden Unschärfen durch die Bewegung der Tiere und das Schaukeln des Bootes vermieden. Eventuell muss man dafür die ISO-Zahl an seiner Kamera auf den maximal vertretbaren Wert erhöhen, bevor das damit einhergehende Bildrauschen überwiegt.

● **TIPP** *Wer nicht mit Kamera, Stativ und Teleobjektiv losziehen möchte, sollte zumindest ein Fernglas dabeihaben, um keinen dieser Eindrücke zu verpassen.*

Sehenswertes unterwegs

1. **Risin og Kellingin**
   Felsformation
2. **Föroya Bjór**
   Lokalbrauerei
3. **Drangarnir**
   Felsformation
4. **Tindhólmur**
   Insel
5. **Múlafossur**
   Wasserfall
6. **Bøsdalafossur**
   Wasserfall
7. **Trøllkonufingurin**
   Felsformation

Die eingezeichneten Campingplätze sind unsere Lieblingsplätze. Den Überblick über alle Plätze auf der Route findet ihr auf → Seite 52–53.

2

DIE UNGLAUBLICHE WELT DER FÄRÖER INSELN

Das typische Zwielicht einer nordeuropäischen Juninacht lässt die Silhouette von Tórshavn fast unwirklich erscheinen, die umliegenden Berge werden von den Wolken verschlungen. Die kleinste Hauptstadt Europas liegt verschlafen vor uns, während unsere Fähre sanft in das Hafenbecken gleitet. Nach dem Anlegen am Pier durchbricht das Geräusch von Fahrzeugmotoren die nächtliche Ruhe, und nur wenig später verlassen wir mit unserem Wohnmobil das Autodeck.

DIE MS NORRÖNA KURZ VOR DEM ANLEGEN IN TÓRSHAVN

Wir legen auf der Fährpassage von Island nach Dänemark einen mehrtägigen Zwischenstopp auf den Färöer Inseln ein, denn die 18 europäischen Vulkaninseln erscheinen uns bisher gleichermaßen vertraut und fremd. Vertraut, weil wir schon so viele spektakuläre Geschichten, lustige Anekdoten und spannende Überlieferungen gehört haben – und fremd, weil wir selbst noch nie dort waren. Doch nun wollen wir sehen, ob unsere Vorstellungen tatsächlich der Wirklichkeit entsprechen, und so brechen wir voller Neugier zu dieser Tour auf.

UNTERWEGS AUF EYSTUROY

Im anhaltenden Dämmerlicht machen wir uns auf den Weg von Tórshavn auf der Insel Streymoy in das Fischerdorf Gjógv auf Eysturoy. Wir wissen nur wenig über Gjógv: Der kleine Ort liegt mitten im Nirgendwo, am Ende einer Sackgasse. Gjógv wurde erstmals im Jahr 1584 erwähnt, doch die Geschichte der kleinen Ansiedlung reicht bis in die frühe Zeit der Wikinger zurück. Sie wussten bereits die natürlichen Häfen der zerklüfteten Küste ebenso wie den Fischreichtum der Gewässer zu schätzen. Etwa eine Stunde folgen wir größtenteils der Straße 10 und fahren über die Streymin-Brücke nach Eysturoy. Seit im Jahr 2020 der neue Unterwassertunnel zwischen der Hauptinsel Streymoy und Eysturoy in Betrieb genommen wurde, hat sich die Verbindung zwischen den Inseln übrigens um fast 20 km verkürzt.

↓ **Wolken liegen auf den Bergen – so sieht sie aus, die Landschaft auf der Fahrt nach Gjógv.**

↑ Fuglafjørður am gleichnamigen Fjord ist mit gut 1500 Einwohnern einer der größeren Orte der Färöer Inseln.

Die letzten Kilometer der Route sind einfach spektakulär: Die Berghänge leuchten im ersten Tageslicht in einem unwirklichen Grün, während der Nordatlantik unentwegt seine Wellen gegen die Küste peitscht. Oberhalb einer Felsspalte, die Gjógv seinen Namen gab und die seit Menschengedenken als Hafen genutzt wird, finden wir eine Bank und genießen den unvergesslichen Blick über diese Szenerie. Augenscheinlich sind wir in prominenter Gesellschaft, denn eine Inschrift sagt uns, dass bereits Kronprinzessin Mary von Dänemark 2005 dieses Panorama bewundert hat.

Anschließend bummeln wir durch die schmalen Gassen des Dorfes mit den bunten Holzhäusern. Rund 50 Einwohner leben hier, und hier befindet sich auch die einzige Eisenbahn der Färöer Inseln: Mithilfe einer Winde werden auf ihren Schienen sperrige Güter vom Hafen in die oberhalb liegenden Bootshäuser transportiert. Außerdem hat der Ort ein eigenes Postamt, das immerhin an fünf Tagen in der Woche für zweimal 30 Minuten öffnet … Was für eine faszinierende und friedvolle kleine Welt, so nah und eben doch so fremd.

Da es auf den Färöer Inseln viel zu entdecken gibt, brechen wir bald auf und fahren zunächst einen kleinen Umweg durch das beschauliche Dorf Eiði. Die schmale Straße führt wieder durch eine fabelhafte Landschaft und zu einem Aussichtspunkt, von dem man die bekannte Felsformation Risin og Kellingin (»Der Riese und das Weib«) bewundern kann. Die bizarren Felsnadeln mitten im Atlantik regen von jeher die Fantasie an und spielen immer wieder eine Rolle in den einheimischen Sagen.

Nach der kurzen Nacht und den Erlebnissen des Vormittags übermannt uns schon bald bleierne Müdigkeit. Doch sollen wir wirklich schon jetzt einen Campingplatz aufsuchen? Als wir die Tankstelle in Oyrarbakki erreichen, ist spontan eine Lösung in Sicht: »Natürlich könnt ihr mit eurem Wohnmobil ein Stündchen auf unserem Parkplatz stehen«, entgegnet die freundliche Dame auf unsere Nachfrage. Nach etwa einer Stunde Schlaf und einem stärkenden Kaffee an der Tankstelle sind wir schon wieder fit und unterwegs.

EIN MORGEN IN GJÓGV

Unser nächstes Ziel ist der Küstenort Norðragøta, der für sein liebevoll gestaltetes Heimatmuseum und die typischen schwarzen Holzhäuser mit den grünen Dächern bekannt ist. Ebenso sehenswert sind die traditionelle Kirche des Ortes sowie die Skulptur, die man zu Ehren des legendären Wikinger-Häuptlings Tróndur í Gøtu errichtet hat. Nach der Besichtigung von Norðragøta hat man die Wahl: Entweder folgt man der Straße 10 durch einen Unterwassertunnel auf die nordöstlichen Inseln, fährt über die Straße 15 in den südlichen Inselteil oder unternimmt einen Abstecher in das Dorf Fuglafjørður am gleichnamigen Fjord. Wir entscheiden uns für die letzte Option, schauen uns in Fuglafjørður um und nutzen gleich noch die Gelegenheit, im Verkauf der Brauerei Föroya Bjór in Leirvik erstmals Färöer Bier zu erstehen. Die sprichwörtlich gute Qualität des Brauwassers macht es zu einem begehrten Getränk bei Fans in aller Welt – und nun auch bei uns.

Für die Übernachtung kann man auf Eysturoy zwischen verschiedenen Campingplätzen wählen. Wir entscheiden uns für den privaten Platz Æðuvík Camping im Süden der Insel, so lernen wir diese Region auch noch kennen. Außerdem liegt der Platz wunderschön am Meer und bietet eine tolle Aussicht.

RUND UM GÁSADALUR AUF VÁGAR

Tatsächlich ist die Kulisse gewaltig und das Wetter so wechselhaft, wie man es den Färöer Inseln nachsagt: Sturm und Regen am Abend – und am nächsten Morgen liegt das Meer still in der Morgensonne. Perfekt, um Gásadalur auf der Insel Vágar zu besuchen. Der Ort ist für seine markante

↙ Auf den Färöer Inseln leben mehr Schafe als Menschen, und heute zerzaust der Wind ihnen das Fell.

↓ In der schönen Sandavágs kirkja wird auch ein bedeutender Runenstein aus dem 12. Jh. aufbewahrt.

Skyline bekannt, geprägt vom Wasserfall Múlafossur und dem unverwechselbaren Adlerberg Árnafjall. Gásadalur steht, wie einige andere abgelegene Ortschaften, für die besonderen Herausforderungen, denen die Menschen auf den Färöer Inseln bis in die heutige Zeit ausgesetzt sind. Erst seit dem Bau eines Tunnels im Jahr 2004 ist das kleine Dorf überhaupt über eine Straßenverbindung erreichbar. Bis dahin überquerte der Postbote dreimal in der Woche einen 400 m hohen Bergpass zu Fuß, um die etwa 15 Einwohner mit Post zu versorgen. Als Dank dafür durfte er den Tunnel schon während der Bauzeit nutzen– und ihn natürlich nach der Fertigstellung als Erster durchschreiten. Wir folgen den letzten Kilometern der sagenhaft schönen Strecke über die Straße 45 nach Gásadalur und versuchen, uns ein Leben in solcher Abgeschiedenheit vorzustellen. Die Sonne lässt das saftige Grün an den mächtigen Berghängen leuchten, die Brandung des Atlantiks schlägt unaufhörlich gegen die Klippen, und am Horizont sind immer beeindruckendere Felsformationen wie das Felsentor Drangarnir und die Insel Tindhólmur auszumachen. Einen herrlichen Blick auf die Felsen hat man im Fischerdorf Bøur. Wir halten kurz oberhalb des Dorfes und machen einen kleinen Spaziergang zwischen den alten Häusern bis hinunter zum Strand.

Von Bøur sind es nur noch etwa 5 km bis nach Gásadalur, wo die Straße auch endet. Dort parken wir auf dem befestigten Platz am Rand des Ortes und brechen zu einer Erkundung der näheren Umgebung auf. Entlang der Steilküste gibt es einige markierte und befestigte Wege. Einer

↓ Blick auf die Insel Tindhólmur und die Felsformation Drangarnir

von ihnen führt – immer mit schönem Blick auf die See – zum Wasserfall Múlafossur. Über 30 m stürzt das Wasser hier von den Klippen direkt ins Meer. Der Dreiklang von Meeresbucht, Wasserfall und den markanten Umrissen des Adlerberges Árnafjall im Hintergrund macht dieses Motiv einzigartig. Daher drängen sich, besonders in den Morgen- und Abendstunden, viele Fotografen auf den Felsen gegenüber vom Wasserfall, stets auf der Jagd nach dem besten Bild von dieser großartigen Landschaft.

Wir sind nun um die Mittagszeit hier, und das Wetter ist tatsächlich gut – zu gut, um uns das spektakuläre Licht für eine ganz besondere Aufnahme zu bieten. Doch da wir auf unserem kurzen Trip über die Färöer Inseln noch viel sehen wollen, möchten wir nicht auf das wärmere Abendlicht warten und kehren ins Dorf zurück. Dort herrscht inzwischen rege Betriebsamkeit, denn die Einheimischen haben einen Frühjahrsputz organisiert. Daher wird überall gewerkelt, geputzt und gemalert – alle helfen mit, damit »ihr« Dorf im neuen Glanz erstrahlt. Wenn wir im Norden Europas unterwegs sind, beeindruckt uns dieser Gemeinsinn immer wieder aufs Neue. Überraschend werden wir gleich einbezogen: Ehe wir uns versehen, bekommen wir einen Kaffee und Gebäck angeboten. Gänsehautgefühl!

Auf der Rückfahrt von Gásadalur passieren wir erneut den größeren Ort Sørvágur. Die Straße folgt nun der Uferlinie des Leitisvatn, des größten Binnensees auf dem Archipel.

● **WANDERUNG** ***Hier beginnt eine der beliebtesten Wanderungen auf den Färöer Inseln. Der Weg führt etwa 45 Minuten am Seeufer entlang zum Wasserfall Bøsdalafossur. Aus dem Leitisvatn, oberhalb des Atlantiks, ergießt sich das Wasser über die Klippen direkt ins Meer. Eine sagenhafte Naturkulisse, die jedes Jahr mehr Besucher anzog, sodass die Landbesitzer seit 2019 für die Wanderung über ihre Ländereien etwa 25 € pro Person verlangen.***

Wir verzichten, denn in der wenigen verbleibenden Zeit auf den Inseln gibt es auch so noch viel zu entdecken. So biegen wir im nächsten größeren Ort, in Sandavágur, von der Hauptstraße ab. Eine durchaus »spannende« schmale Straße führt von dort entlang der Steilküste zu einem Parkplatz in luftiger Höhe. Nach einer sehr kurzen Wanderung auf einem befestigten Pfad werden wir mit einem Blick auf die 313 m hohe Felsnadel Trøllkonufingurin (»Finger der Trollfrau«) belohnt.

Am Múlafossur stürzt das Wasser mehr als 30 m tief von den Klippen direkt ins Meer. Das allein wäre schon ein Schauspiel ..., der Árnafjall im Hintergrund macht es perfekt.

Zurück im Zentrum von Sandavágur bestaunen wir noch die reich verzierte Kirche, die uns regelrecht magisch anzieht. Es ist inzwischen später Nachmittag, und nach einem kurzen Blick auf die Uhr entscheiden wir uns spontan, Vágar heute noch zu verlassen und zur Hauptinsel Streymoy zurückzufahren. An der Westküste von Streymoy liegt in einer geschützten Bucht die kleine Stadt Vestmanna mit einem gut geführten Campingplatz. Dort werden wir von zwei freundlichen Damen herzlich begrüßt und genießen nur wenig später bei einem leckeren Färöer Bier das Abendessen in unserem Kastenwagen.

DIE HAUPTINSEL STREYMOY

Ein neuer Morgen ... und eine neue Wetterlage. Uns wird langsam klar, warum die Färöer Inseln auch *The Land of Maybe* (»Das Land des Vielleicht«) genannt werden: Auf viele Fragen gibt es hier nur die Antwort »Maybe ...«, und ganz besonders gilt das für Fragen nach Regen oder Sonnenschein. Viele Dinge des täglichen Lebens werden durch das Wetter bestimmt, und das wechselt hier eben von Insel zu Insel und von Minute zu Minute. Ob sich der graue Nebel heute wohl bald verziehen wird? *Maybe*. Egal, wir machen uns trotzdem auf den Weg, um noch mehr von der Fantasiewelt aus bizarren Felsen, mächtigen Basaltklippen und saftig grünen Wiesen inmitten des Atlantiks zu entdecken.

Da unsere Fähre bereits heute Abend in der Hauptstadt Tórshavn ablegt und wir sie auf keinen Fall verpassen möchten, haben wir uns für den letzten Tag auf den Färöer Inseln einige Ziele in der näheren Umgebung von Tórshavn ausgesucht. Zunächst fahren wir auf einer spektakulären Küstenstraße nach Tjørnuvík, einem abgelegenen Dorf in einer wunderschönen Bucht. Die einspurige Straße

→ Der Wasserfall Múlafossur in Gásadalur stürzt direkt von den grün bemoosten Klippen ins türkisfarbene Meer.

schmiegt sich herausfordernd an den Steilhang oberhalb des Meeres. Wir sind froh, dass der Linienbus uns nicht entgegenkommt! Nach der letzten Kurve verfliegt die Aufregung schlagartig, denn der Blick öffnet sich, und unter uns liegt, wie die Kulisse eines Fantasyfilms, das Dorf Tjørnuvík. Die weißen Schaumkronen der Brandung bilden einen herrlichen Kontrast zu dem schwarzen Sandstrand. Leuchtend grüne Berghänge rahmen dieses Bild ein, und über allem hängt ein Nebelschleier – was für ein Anblick!

Tjørnuvík ist ein kleines Paradies und inzwischen auch ein Geheimtipp in der internationalen Surfszene, denn die Bedingungen hier gelten als perfekt. Kaum haben wir das Wohnmobil am Ortsrand abgestellt, schlendern wie schon durch die Gassen zwischen den dicht gedrängten Häuschen mit den grünen Grasdächern. Die dunklen Häuser ducken sich vor dem Wind, der hier fortwährend über den Atlantik peitscht. In einem kleinen Laden genießen wir einen Kaffee und sind begeistert von den Souvenirs, die sich auf so wohltuende Weise vom weltweit erhältlichen Kunststoffeinerlei unterscheiden: Einheimisches Kunsthandwerk und die unterschiedlichsten Schafhörner sollen den Käufer ewig an diesen abgelegenen Ort erinnern.

● **WANDERUNG** *Von Tjørnuvík kann man auf einer anspruchsvollen, etwa dreistündigen Wanderung über einen Bergpass den Weiler Saksun erreichen. Über viele Jahrhunderte war das die einzige Verbindung zwischen beiden Orten.*

↓ Der »Finger der Trollfrau« bei Sandavágur weist geradewegs zum Himmel. Was will sie uns wohl zeigen?

↑ Grün in allen Schattierungen prägt den Eindruck von der Landschaft rund um die historischen Häuser von Saksun.

Heute nutzen wir nach Saksun lieber die Straße, fahren den schmalen Weg also zurück bis zur Abzweigung und folgen der Route weitere 10 km durch das Tal bis zu einem Parkplatz oberhalb der Kirche von Saksun. Auf beiden Talseiten erheben sich mächtige Bergmassive mit saftig grünen Hängen und kräftig rauschenden Wasserfällen. Unterhalb des Dorfes liegt eine geschützte Bucht, die durch einen gewaltigen Sturm versandet ist und deren Sandbänke eine natürliche Lagune erschaffen haben. Die alten Häuser der Ansiedlung liegen verstreut und wirken in dieser mächtigen Landschaft fast ein wenig verloren. Wir haben den Eindruck, nicht nur in eine andere Zeit, sondern auch in eine ganz andere Welt gereist zu sein. Die malerische Kirche sowie der gut erhaltene Bauernhof aus dem 17. Jh. passen genau hinein, wir hingegen wirken mit unserer modernen Ausrüstung fast ein wenig deplatziert. Weitab vom Trubel entfaltet sich in dieser rauen Landschaft ein beruhigendes Gefühl der Stille.

● WANDERUNG *Die Wanderung über die Sandstrände hinaus in die Lagune ist bei Ebbe gegen eine Gebühr von etwa 10 € pro Person möglich und bietet unvergessliche Momente – hier, irgendwo im Nirgendwo.*

Mit diesen Eindrücken im Gepäck machen wir uns nach einem kurzen Aufenthalt auch schon auf den Weg zurück nach Tórshavn. Ein letzter Einkauf, noch einmal volltanken, denn die Färöer Inseln haben die günstigsten Benzinpreise Skandinaviens … und dann stehen wir bereits am Pier im Fährhafen. Knapp drei Tage auf den Färöer Inseln liegen hinter uns. In Restaurants nennt man so etwas wohl den »Gruß aus der Küche« und in der Werbebranche einen »Teaser« – egal, wir haben in jedem Fall Lust bekommen, die Färöer Inseln noch intensiver und besser kennenzulernen. Daher stehen sie bei unserer Abreise schon wieder auf unserer Reise-Wunschliste.

ROUTENINFO

↑ Wer Mitbringsel sucht, könnte in diesem Souvenirladen in Tjørnuvík fündig werden.

LÄNGE

Die 18 Inseln, von denen 17 bewohnt sind, liegen wie übergroße Streusel verteilt im Meer. Ein Besuch auf den Färöer Inseln ist also vielmehr ein Insel-Hopping als eine Rundreise. Dabei könnt ihr – abhängig vom Wetter und eurer Zeit – einige attraktive Regionen kennenlernen. Auf unserer Route haben wir in drei Tagen 380 km zurückgelegt.

DAUER

Minimum: 3 Tage

Slow Travel: 1–2 Wochen

REISEZEIT

Die Monate Mai und Juni haben, zumindest laut Statistik, die meisten trockenen Tage. Die Durchschnittstemperaturen steigen im **Sommer** auf 12–13 °C – die Inseln sind also kein Reiseziel für Wärmehungrige. Doch in den Sommermonaten ist es bis zu 20 Stunden hell, sodass man viel unternehmen kann. Im **Winter** ist es ebenso lang dunkel. Aufgrund der geringen Lichtverschmutzung auf den Färöer Inseln sind dann die Bedingungen perfekt, um Polarlichter zu sehen. Die Temperaturen sind mit etwa 3–4 °C durch den Golfstrom für diese geografische Breite erstaunlich mild. In den Monaten Oktober, Dezember und Januar ist mit den meisten Niederschlägen zu rechnen. Bei unserem Aufenthalt haben wir alle vier Jahreszeiten in drei Tagen erlebt. Warme sowie windschützende und wasserabweisende Kleidung gehört also auf jeden Fall ins Reisegepäck.

FAHRZEUG

Die Hauptverkehrsstraßen sind befestigt und für alle Wohnmobile geeignet. Die teilweise sehr schmalen und mitunter nicht asphaltierten Nebenstrecken sind für Gespanne und besonders große Wohnmobile aber nur eingeschränkt nutzbar.

CAMPING- & STELLPLÄTZE

INSEL EYSTUROY

1 Æðuvík Camping

♥ Am Ende einer schmalen Straße liegt der kleine Campingplatz für etwa 15 Wohnmobile zwischen imposanten Klippen in einer abgeschiedenen Bucht. Untermalt von den Rufen der Möwen und der ewig tosenden Brandung konnten wir in der ersten Reihe eine unbezahlbare Aussicht über den Nordatlantik genießen. Prädikat: unscheinbar und zugleich traumhaft!

▶ Fjøruvegur, 645 Æðuvík
GPS: 62.06695, -6.69131
Tel. +298 22 17 68 oder +298 79 11 96
■ pincamp.de/pin_236299

2 Camping by Gjógv

▶ Flatnagarður, 476 Gjógv
GPS: 62.32393, -6.94187
Tel. +298 42 31 71
■ pincamp.de/pin_236297

3 Fuglafjørður

▶ Karvatoftir 4, 530 Fuglafjørður
GPS: 62.24253, -6.81606
Tel. +298 23 30 15
www.visiteysturoy.fo

INSEL STREYMOY

4 Vestmanna Camping

♥ Dieser Campingplatz ist aufgrund seiner zentralen Lage als Ausgangspunkt für viele Aktivitäten in der Umgebung zu empfehlen. Er liegt auf einem ehemaligen Fußballfeld, bietet aber dank seiner pragmatischen Ausstattung alles, was man für einen angenehmen Aufenthalt braucht. Den fehlenden Romantikfaktor gleichen die zwei netten Inhaberinnen durch ihren Charme und ihre Freundlichkeit aus.

▶ Fjarðarvegur 1, 350 Vestmanna
GPS: 62.15311, -7.1477
Tel. +298 21 22 45
■ pincamp.de/pin_236311

5 Tórshavn Camping

▶ Yviri við Strond 22, 100 Tórshavn
GPS: 62.01752, -6.75526
Tel: +298 30 24 25 oder +298 22 70 39
■ pincamp.de/pin_236309

INSEL VÁGAR

6 Giljanes Campsite

Kleiner Platz für Camper mit max. 7 m Länge.

▶ á Hillingartanga 8, 360 Sandavágur
GPS: 62.04705, -7.16369
Tel: +298 33 34 65 oder +298 27 11 42
www.giljanes.fo

Weitere Informationen zu den Färöer Inseln → Seite 225

VIELE WEITERE TOLLE PLÄTZE FINDET IHR AUF PINCAMP.DE!

↓ Auf dem Platz Æðuvík Camping wiegt uns das stetige Rauschen der Brandung in den Schlaf.

»Wer ins kalte Wasser springt, taucht ins Meer der Möglichkeiten.«

(FINNISCHES SPRICHWORT)

BLICK ÜBER DEN SOGNEFJORD AUF DEN MOLDEN

DER SOMMER – NÄCHTE VOLLER SCHATTEN

Weit im Norden, oberhalb des Polarkreises, mitten in der Nacht: Die tief stehende Sonne schwebt über dem Horizont und ruht sich nur kurz aus, um schon bald wieder aufzusteigen. Sie lässt die Natur in goldenen, warmen Farben leuchten. In diesen weißen Nächten kommt das Leben nicht zur Ruhe, Menschen und Tiere genießen den kurzen intensiven Sommer. Ihn feiert man in ganz Nordeuropa Ende Juni, am längsten Tag des Jahres, mit traditionellen Festen. In den folgenden Wochen mit viel Licht und Wärme blüht und duftet die Natur von Dänemark bis zum Nordkap. Ab Mitte August wird es dann in vielen Regionen schon wieder etwas ruhiger, und der Spätsommer kann seinen ganz besonderen Reiz entfalten: Die ersten reifen Beeren und leckere Pilze kündigen den Herbst an. Mit etwas Glück kann man ab Ende August in den nördlicheren Regionen bereits die ersten Nordlichter beobachten ... Der Sommer ist eine wunderbare Zeit, um den Norden zu entdecken – insbesondere, wenn man die Wochen im Frühsommer oder im Spätsommer nutzen kann.

In **Dänemark** sind die langen Tage perfekt zum Segeln, Angeln, Rad- oder Kajakfahren, Surfen, Baden und Wandern. Wer es einrichten kann, sollte sich die eindrucksvollen Feierlichkeiten zur Sommersonnenwende mit den riesigen Sankt-Hans-Feuern am Abend des 23. Juni nicht entgehen lassen.

Schweden und **Finnland** bieten im Sommer ein kontrastreiches Programm: An den Ostseeküsten und den großen Seen bieten sich die Buchten und Strände zum Baden, Bootfahren sowie für alle weiteren Aktivitäten im und am Wasser an. Jetzt ist die optimale Zeit für Wanderungen und Kajaktouren in den Nationalparks und Gebirgsregionen. Die traditionellen Feste zur Sonnenwende mit ihren Tänzen, Feuern und geschmückten Baumstämmen finden in Schweden am Freitagabend und Samstag zwischen dem 20. und 26. Juni statt. Am gleichen Samstag feiern die Finnen in ähnlicher Weise Juhannus. Im August findet man in den Wäldern die ersten Pilze und Beeren. Gegen Ende des Monats, spätestens im September, beginnt die Jagdsaison. Man sollte dann zum eigenen Schutz nur noch mit auffälliger Kleidung (Warnweste) durch die Wälder streifen und Warnschilder beachten.

Ab Ende August, Anfang September kann man mit etwas Glück nördlich vom Polarkreis wieder einige Nordlichter beobachten – so auch in **Norwegen**. Die Wochen davor sind perfekt, um im Licht der Mitternachtssonne rund um die Uhr die Landschaft zu erkunden und den ganzen Sommer das norwegische *friluftsliv* (Outdoor-Leben) zu genießen. Den Sommerbeginn feiern die Norweger am 23. Juni unter anderem mit riesigen Feuern an den Ufern und Küsten. Ein kleiner Wermutstropfen für Besucher: Einige der rauschenden Wasserfälle Norwegens werden im Früh- und Spätsommer zur Energiegewinnung reguliert – dann ist mitunter nur ein Rinnsal zu sehen. Informationen gibt es jeweils online. Auch in den norwegischen Wäldern und den weiten Flächen im Norden des Landes wachsen ab August aromatische Pilze und saftige Beeren. Ab Anfang September gilt auch hier: Vorsicht in den Wäldern, denn die Elchjagd beginnt. Mit auffälliger Kleidung schützt man sich am besten vor gefährlichen Verwechslungen.

In **Island** beginnt im Juni ein kurzer und intensiver Sommer, in dem viel gefeiert und in der Natur unternommen wird. Die Straßen in das raue Hochland werden in der Regel zu dieser Zeit geöffnet, und wer längere Touren zu Fuß oder mit dem Geländewagen plant, ist jetzt genau richtig. Um den längsten Tag des Jahres geht die Sonne zwar kurz unter, taucht aber die Nächte in ein faszinierendes Dämmerlicht, sodass man fast ganztägig aktiv sein kann.

Da im Sommer in **Skandinavien** viele Menschen in der Natur aktiv sind und teilweise fragile Ökosysteme geschützt werden müssen, gelten in fast allen Ländern regionale, saisonale und temporäre Einschränkungen. So sind an vielen Orten Norwegens Lagerfeuer verboten, und in Finnland sowie in einigen Gegenden Norwegens dürfen die leckeren Moltebeeren von Besuchern nur mit Einschränkungen gepflückt werden. Als Gast sollte man sich daher im Vorfeld genauer über die einzelnen Regelungen informieren.

↖ Sommerabend an einem Fjord. Wer möchte da nicht sofort ins Boot steigen und hinausfahren?

UNSERE TIPPS FÜR DEN SOMMER

DAS WETTER IM SOMMER

In **Dänemark** ist das Wetter im Sommer meist etwas kühler und wechselhafter als in Deutschland. Die durchschnittlichen Temperaturen von Juni bis August steigen auf etwa 19–21 °C, wobei es wenig heiße Tage gibt. Dafür ist es im Norden von Dänemark Anfang Juli rund zwei Stunden länger hell als zum Beispiel in München.

Im Norden von **Schweden** und **Finnland** sind die durchschnittlichen Temperaturen mit etwa 12–14 °C rund 4 °C niedriger als im Süden, obwohl es durch die längeren Tage meistens mehr Sonnenstunden gibt. Trotz der geografischen Lage ist das Klima erstaunlich mild und die Wetterlage meist recht stabil, da die Gebirgszüge im Westen von Schweden beide Länder vor feuchten Luftmassen etwas abschirmen, während der Golfstrom und die Ostsee für angenehme Temperaturen sorgen.

In **Norwegen** ist immer und in allen Regionen mit Extremen zu rechnen, auch wenn die Temperaturen im Schnitt mit 14–17 °C deutlich höher liegen, als die meisten Reisenden es erwarten. Die Küstenregionen sind vom Golfstrom geprägt, der in der Regel für höhere Temperaturen aber eben auch sehr wechselhaftes Wetter verantwortlich ist. In den östlichen Landesteilen, im Wetterschatten der Küstengebirge, ist es im Gegensatz dazu bei stabilen Wetterlagen meist sehr trocken. In den höheren Gebirgslagen muss man selbst im Sommer durchaus mit vereinzelten Schneefällen rechnen.

In **Island** prägt auch im Sommer die Lage im Atlantik mit dem Golfstrom die Wetterlage. So ist es hier an den Küsten mit bis zu 15 °C recht mild, wobei sich das Wetter stündlich und abhängig vom Ort immer schnell ändern kann. Im Hochland und insbesondere im Umfeld der Gletscher ist auch im Sommer immer wieder mit winterlichen Bedingungen zu rechnen – die Winterjacke gehört also ebenso ins Gepäck wie die Sonnencreme.

CAMPEN IM SOMMER

Die Hochsaison beginnt, und damit sind in den Ländern Nordeuropas alle Campingplätze und Stellplätze durchweg geöffnet. Natürlich sind während der Ferienzeit der Skandinavier einige beliebte Plätze schnell überfüllt und oft auch teurer.

Allerdings ist es in **Skandinavien** – mit Ausnahme von Dänemark – nicht üblich und meistens auch gar nicht möglich, Stellplätze für Wohnmobile, Wohnanhänger oder Zelte vorab zu reservieren. Die Anbieter gehen davon aus, dass man entsprechend flexibel ist und gegebenenfalls zum nächsten Campingplatz weiterfährt. Daher sollte man seine Route so planen, dass man Stellplätze in der Nähe besonders angesagter Highlights sehr frühzeitig am Tag erreicht – denn hier gilt: Zeitiges Kommen sichert gute Plätze …

Während des Hochsommers stellen die zahlreichen Mücken und Beißfliegen vor allem in der Umgebung der vielen Seen in Schweden und Finnland an manchen Abenden eine echte Plage dar. Sie lassen sich im Übrigen von den bei uns bekannten Mückenschutzmitteln in keiner Weise beeindrucken. In Sportgeschäften, dem Landhandel und einigen Supermärkten vor Ort gibt es aber tatsächlich wirksame Mittel gegen diese Plagegeister. Darüber hinaus sind die viel kleineren Knots und Gnitzen auch entlang der Küste in Norwegen ein echtes Ärgernis, da sie durch die Maschen der meisten Mückenschutznetze passen und daher auch schon mal zu Hunderten in ein Wohnmobil eindringen können. Sie mögen allerdings keinen Wind bzw. Luftzug, und so helfen meist Ventilatoren, Lüfter oder entsprechend engmaschige Schutzvorhänge.

IM SOMMER UNTERWEGS

Grundsätzlich kann man im Sommer die Infrastruktur weitestgehend ohne Einschränkungen nutzen. Nach einem harten Winter werden einige Pässe erst spät im Juni wieder geöffnet, was man bei der Routenplanung berücksichtigen sollte. Lediglich in den Gebirgen von **Norwegen** und im Hochland von **Island** sowie bei besonders extremen Wetterbedingungen kann es auch in den Sommermonaten mitunter zur vorübergehenden Sperrung einzelner Straßen kommen.

In **Norwegen** verkehren in der Hochsaison einige Fähren auf sogenannten Sommerrouten. Nur während der Sommermonate hat man auf diesen Strecken die Chance auf perfekte Abkürzungen bzw. Verbindungen zwischen einigen Inseln, wie zum Beispiel von den Vesterålen nach Senja. Man sollte diesen Umstand frühzeitig bei der eigenen Planung berücksichtigen.

Die klassische Sommerreise in den Norden ist für uns vor allem wegen der langen Tage und kurzen Nächte immer wieder schön. Den längsten Tag des Jahres mit den Einheimischen zu feiern und die warmen Sommertage zu genießen ist ein tolles Erlebnis, das kein Skandinavienreisender so schnell vergisst.

↗ **Nach einem langen Sommertag wartet eine Surferin in Dänemark auf die perfekte Welle.**

Die eingezeichneten Campingplätze sind unsere Lieblingsplätze. Den Überblick über alle Plätze auf der Route findet ihr auf → Seite 78–79.

Sehenswertes unterwegs:

1. **Raseborg** Festung
2. **Teijo Nationalpark**
3. **Rokua Nationalpark**
4. **»Kleine Bärenrunde«** Wanderung
5. **Oulanka-Nationalpark**
6. **Inarisee**
7. **Pielpajärvi** Holzkirche

3 KURS AUF NORDEN – ENTLANG DER FINNISCHEN OSTSEEKÜSTE UND NACH LAPPLAND

Wir sind auf dem Weg in das Land der tausend Seen, zum offiziell glücklichsten Volk der Welt – nach Finnland. Bereits viermal belegten die Finnen den 1. Platz im UN World Happiness Report. Liegt es an den vielen Saunen, den traditionellen *fika* (Kaffeepausen), der beliebten Metal-Musik oder einfach nur an der weiten Natur? An Bord der Fähre von Finnlines können wir einen Teil der Antwort erahnen, denn hier geht es auffallend entspannt und fast familiär zu. Daher kommen wir 29 Stunden nach dem Ablegemanöver in Travemünde geradezu erholt im Fährhafen Helsinki-Vuosaari an.

Voller Neugier verlassen wir das Hafengelände, umfahren (nur) dieses Mal das Zentrum von Helsinki und folgen fortan knapp 120 km der Straße 51 nach Fiskars. Fiskars ...? Genau, in dem kleinen Ort werden seit 1648 die weltweit bekannten Werkzeuge, Äxte und Messer der gleichnamigen Marke gefertigt. Das Dorf wirkt wie ein riesiges Freiluftmuseum, geprägt von seiner jahrhundertealten Tradition. In den letzten Jahren hat es sich zu einer alternativen Künstlerkolonie entwickelt: Handwerker, Künstler und Idealisten engagieren sich für den Erhalt der alten Häuser, die bis heute den Charme von Fiskars ausmachen.

Neben den vielen kleinen Geschäften, Cafés, Manufakturen und einigen Museen befindet sich natürlich auch der Fabrikverkauf des Unternehmens Fiskars im Ort. Eine Pilgerstätte, in der viele Männerherzen höher schlagen und Sirko voller Freude die Kreditkarte zum Glühen bringt.

Auf unserer weiteren Fahrt zur Festung Raseborg entdecken wir eher zufällig eine erstaunliche Kirche, die bereits im Jahre 1470 geweiht wurde. Die altertümliche Karis Kyrka ist von einem prachtvollen Garten umgeben und steht ganz idyllisch an einem Seeufer – ein perfektes Plätzchen für eine längere Pause. Nur etwa 15 km entfernt liegen die nicht weniger beeindruckenden Ruinen der Festung Raseborg aus dem Jahr 1378. Kaum zu glauben, dass die alte Festung einst komplett von Wasser umgeben gewesen sein soll!

Am späten Nachmittag erreichen wir die südlichste Stadt Finnlands. Hanko, eine der typischen finnischen Sommerstädte, liegt an der Südspitze der Halbinsel Hankoniemi

↓ Der frei stehende Glockenturm neben der Karis Kyrka ist nicht höher als die Kirche selbst.

und lockt mit seinem fast schon südländischen Flair seit Hunderten von Jahren Reisende an. Wir sind ebenfalls auf Anhieb in den malerischen Ort verliebt. Vielleicht liegt es an den vielen kleinen Buchten, den herrlichen Sandstränden und den zahlreichen prachtvollen Jugendstilvillen aus Holz, die wir während unseres Stadtbummels entdecken. Diese Villen, historische Badehäuschen, ein altes Casino und die größte Marina Finnlands verleihen Hanko bis heute eine mondäne Atmosphäre. Ein herrliches Panorama über die südfinnische Stadt bietet sich im warmen Licht der tiefer stehenden Sonne vom etwa 65 m hohen Wasserturm gleich neben der Kirche. Auf dem Rückweg zum Parkplatz am Jachthafen schlendern wir über die Hafenpromenade. Es herrscht eine ausgelassene Stimmung in den vielen kleinen Restaurants, und es duftet so lecker nach gegrilltem Fisch, dass wir spontan einkehren. So lassen wir den ersten Abend in Finnland entspannt ausklingen.

Auf dem etwa 4 km entfernten Campingplatz Hanko Camping Silversand oder einem der Stellplätze neben dem Hafen kann man dann die Nacht verbringen und am nächsten Tag eine Wanderung in der Region unternehmen.

● **WANDERUNG** *Bei herrlichem Sommerwetter folgen wir dem Küstenwanderweg zum finnischen Südkap, Kap Tulliniemi. Die abwechslungsreiche und familienfreundliche Tour führt etwa 3,5 km auf einem gut markierten, befestigten Weg größtenteils an der Ostsee entlang, bis man den südlichsten Punkt Finnlands auf den blank gescheuerten Felsen erreicht.*

↓ Im typischen Falunrot sind die Boots- und Lagerhäuser am Strand von Hanko gestrichen.

↘ Ein wunderschöner Dreimaster liegt im Hafen von Hanko.

Die Finnen scheinen dem südlichsten Punkt ihres Landes keine weitere Bedeutung beizumessen, doch für uns ist hier ein Meilenstein erreicht, denn fortan dreht sich unsere Kompassnadel gen Norden.

● **TIPP** ***Wenn es euch noch weiter aufs Meer hinauszieht, könnt ihr eine Bootsfahrt zur vorgelagerten Insel Bengtkär buchen. Die Insel ist eigentlich nur ein großer, kahler Granitfelsen inmitten der Ostsee – allerdings mit einem imposanten Leuchtturm. Dort haben im Sommer ein Café und ein Museum geöffnet. Wer möchte, kann hier draußen sogar eine Nacht im Leuchtturm verbringen.***

Unser nächstes Ziel ist eigentlich die ehemalige Hauptstadt Finnlands, die geschichtsträchtige Stadt Turku. Doch wir kommen nicht weit, denn auf unserer Route liegt noch der unfassbar schöne Teijo-Nationalpark. Als wir in der Nationalpark-Gemeinde Mathildedal ankommen, sind wir sofort fasziniert von der Anziehungskraft dieses Ortes, und wir entscheiden uns spontan für einen Aufenthalt in dieser märchenhaften Umgebung.

Am Hafen finden wir einen größeren Parkplatz, der gegen eine entsprechende Gebühr auch als Stellplatz für Wohnmobile genutzt werden kann. Allerdings bleibt unsere Bordküche kalt, denn wir sitzen kurze Zeit später auf der Terrasse des Restaurants Ruukin Krouvi, wo man sich an einem reichhaltigen Lunchbüfett bedienen kann. Gestärkt erkunden wir den kleinen Ort, der wie Fiskars einem übergroßen, lebendigen Museum ähnelt. Wir entdecken eine bezaubernde Mischung aus kleinen Cafés, einladenden Restaurants, liebevoll geführten Geschäften mit Handwerksprodukten, einer Schokoladenmanufaktur (leckere Schokolade!) und Museen rund um den Jachthafen ... Ein Ort, der in der Reiseplanung nicht fehlen sollte und von dem man sich nur schwer wieder trennen kann.

Irgendwann brechen wir dennoch auf ... allerdings nur, um zum nahe gelegenen Besucherzentrum des Teijo-Nationalparks zu fahren.

● **WANDERUNG** ***Wir entschließen uns spontan, die Wanderung um den wunderschönen See Matildanjärvi zu gehen. Zwei Stunden benötigen wir für diese Tour auf dem befestigten Uferweg durch die teilweise ursprüngliche Natur, bevor wir im milden Abendlicht unser Wohnmobil auf dem Parkplatz neben dem Besucherzentrum wieder erreichen.***

● **TIPP** ***Die anschließende Nacht kann man gleich auf dem offiziellen Campingplatz mitten im Nationalpark verbringen. Wer der Natur noch näher sein möchte, kann eines der coolen Baumzelte mieten, die hier zwischen den Bäumen am Seeufer aufgespannt sind.***

Am nächsten Morgen starten wir den zweiten Versuch, und dieses Mal erreichen wir tatsächlich unser Ziel: Turku – die älteste Stadt Finnlands. Ganz in der Nähe der Burg Turku finden wir am Fährterminal der Viking Line einen Parkplatz, auf dem man sogar für vier Stunden kostenlos mit dem Wohnmobil stehen darf. Perfekt!

Wir entdecken eine bezaubernde Mischung aus kleinen Cafés, einladenden Restaurants ... und eine Schokoladenmanufaktur!

In Turku gehört ein Besuch der monumentalen Burganlage einfach dazu, und wir können diesen Ausflug in die Vergangenheit aus voller Überzeugung empfehlen. Entgegen unserer Planung haben wir hier gleich volle zwei Stunden verbracht. Mit viel Liebe zum Detail und sehr anschaulich wird die Geschichte der gut erhaltenen Festung sowie der ganzen Region erzählt. Direkt nach der Burgbesichtigung steht ein Besuch im Marinemuseum auf dem Plan, zu dessen großartigen Exponaten auch mehrere Museumsschiffe gehören. Anschließend bummeln wir bei herrlichem Wetter auf der Promenade am alten Hafen und weiter am Fluss Aurajoki entlang. Dort liegen zahlreiche Schiffe vor Anker, von denen einige als Restaurant genutzt werden. So erreicht man zu Fuß das Zentrum der Stadt, wo man sich unter anderem die alte Markthalle sowie Turkus Wahrzeichen, den spätromanischen Dom, anschauen sollte.

Wer genügend Zeit hat und die Inselwelt vor der südwestlichen Ostseeküste Finnlands genießen möchte, sollte diese Gelegenheit nutzen: Von Turku aus kann man mit dem Wohnmobil, dem Auto, dem Rad oder dem Kajak die unzähligen Schären, Holme und Inseln entdecken oder eben den unglaublichen Straßen folgen, die hier teilweise quasi durchs Meer führen.

→ Der Matildanjärvi ist von Wäldern umgeben, so weit das Auge reicht.

FINNLANDS SONNIGER SÜDOSTEN – IMMER AN DER OSTSEE ENTLANG

Für die Weiterreise von Turku nach Rauma stehen gleich zwei Strecken zur Auswahl: Wenn es etwas schneller gehen soll, folgt man der gut ausgebauten Europastraße E 8, oder man nimmt, so wie wir, die Touristenroute Strandvägen nahe der Küste. Auf dieser Route kann man auch einige Ausflüge auf die vorgelagerten Inseln oder zu einem der vielen Strände einplanen. Die Landschaft in der Region erinnert uns an eine perfekte Sommerfrische: Blumen, Wiesen, Felder und immer mal wieder ein Blick auf die glitzernden Wellen der Ostsee – so lassen wir uns gern treiben und könnten noch ewig so weiterfahren, doch schon bald erreichen wir über die Nebenstraßen 196 und 1960 unser Ziel.

Rauma wurde bereits 1442 gegründet und ist somit die drittälteste Stadt Finnlands. Der Ort ist für die gut erhaltenen Holzhäuser seiner Altstadt, für seine Spitzenklöppelei und einen besonderen Dialekt bekannt. Die etwa 600 bunten Holzhäuser zählen inzwischen zum UNESCO-Weltkulturerbe und werden von ihren Bewohnern mit viel Engagement erhalten. Jeder Balken, jedes Brett und jeder Stein scheinen hier Geschichte(n) erzählen zu können, sodass man sich in eine andere Zeit zurückversetzt fühlt.

↓ Hier ein Straßenzug in harmonischen Beige- und Ockertönen – in anderen Straßen in Rauma geht es bunter zu.

↑ »On the road« bedeutet zwischen den vielen Inseln vor der Ostseeküste meist »across the bridge«.

Im Café Sali auf dem Marktplatz lassen wir das altertümliche Ambiente noch etwas auf uns wirken. Anschließend fahren wir auf direktem Weg bis nach Pori. Hier kann man das alte Leuchtfeuer Kalle Lighthouse auf den Schären besuchen oder an den traumhaften Stränden bei Kaanaa relaxen. Zu unserer Verwunderung ist der riesige, breite Strand Yyterin Hiekkarannat fast menschenleer. Natürlich können wir da nicht widerstehen, legen einen Strandtag ein und gönnen uns – im wahrsten Sinne des Wortes – eine Abkühlung in der Ostsee.

Unser nächstes Ziel ist Kristinestad, das auf halber Strecke zwischen Pori und Vaasa auf einer kleinen Halbinsel liegt. Seit 2011 gehört die Stadt mit den bunten Holzhäusern der Vereinigung Cittaslow an, einem Netzwerk, das weltweit besonders liebens- und lebenswerte Städte vereint. Die gut erhaltene Altstadt aus dem 17. Jh. lässt eine längst vergangene Zeit fortleben und macht den unverwechselbaren Charme des idyllischen Örtchens aus.

Die Ausläufer der Halbinsel münden in eine Landschaft mit abgelegenen Buchten, vielen kleinen Schären, plattgescheuerten Felsen, markierten Wanderwegen und einladenden Picknickplätzen. Hier kann man selbst in den Sommermonaten ein lauschiges Plätzchen finden, um weitab von den Touristenströmen die finnische Ostseeküste zu genießen.

Unsere Route führt uns weiter in Richtung Norden, wir nähern uns Vaasa. Für diesen Streckenabschnitt empfehlen wir ebenfalls den küstennahen Strandvägen auf der Nebenstrecke 673 westlich der Europastraße E 8. Malerische Dörfer mit uralten Windmühlen sowie die vielen bunten Bootshäuser am Ostseeufer machen diese Region ebenso unverwechselbar wie die weiten Felder und Waldgebiete. Hier kann man sich entspannt treiben lassen.

MAAKALLA, EINE HEILE KLEINE WELT

GESCHICHTE UND SANDSTRÄNDE – AN DER NÖRDLICHEN OSTSEEKÜSTE

Nach etwas mehr als 100 km erreichen wir die Stadt Vaasa, die wir bereits von einer früheren Herbsttour kennen. Daher verzichten wir dieses Mal auf einen längeren Aufenthalt sowie auf einen Abstecher in das vorgelagerte Kvarken-Archipel. Es bleibt bei einer kleinen Pause auf dem wunderschönen Rastplatz im Wald an der Replot-Brücke, übrigens der längsten Hängebrücke Finnlands. Im Fischladen Kala Fisk auf der anderen Straßenseite füllen wir gleich noch unsere Vorräte auf.

Dann geht es stracks weiter, denn wir möchten uns mehr Zeit nehmen für die Gegend nördlich von Vaasa mit ihren vielen Sandstränden, einsamen Buchten, Dünen und imposanten Sandbänken. Hiekkarannat Storsand ist einer dieser zauberhaften Strände. Ob ihr lediglich ein Sonnenbad nehmen wollt oder eine echte Abkühlung in der frischen Ostsee braucht – hier lässt es sich aushalten ... Spontan verbringen wir die folgende Nacht auf dem kommunalen Platz hinter den Dünen, wo das rhythmische Rauschen der Wellen uns sanft in den Schlaf wiegt.

Nicht minder bezaubernd ist der Strand Laajalahden Uimaranta mit seinen kleinen umliegenden Buchten. Obendrein kann man im angrenzenden Vogelschutzgebiet von einem Aussichtsturm unzählige Vögel beobachten, beispielsweise Bartmeisen, Wasserrallen, Rohrdommeln und noch einige mehr. Außerdem gibt es Wanderwege durch den Küstenwald und einige Picknickplätze mit Feuerstellen.

↙ Auch wer keine Vögel beobachtet, hat vom Turm im Vogelschutzgebiet einen tollen Blick über die Landschaft.

↓ Frisch, köstlich und eigentlich unbezahlbar: Pasi räuchert Fisch im Hafen von Maakalla.

Bevor man auf dem weiteren Weg nach Norden den beliebten finnischen Badeort Kalajoki erreicht, empfiehlt sich ein kleiner Abstecher auf die Insel Ohtakari. Die leuchtend roten Fischerhäuschen am Meer sind ein beliebtes Fotomotiv. Wir erkunden das kleine Eiland zu Fuß und gönnen uns anschließend im Café am Hafen einige Leckereien.

Nach diesem Abstecher folgen wir der Europastraße E 8, um im weiteren Tagesverlauf nach Kalajoki zu gelangen. Dort erfahren wir erstmals von der kleinen Insel Maakalla, die 18 km von der finnischen Küste entfernt in der Ostsee liegt. Die Insel mit dem melodischen Namen war früher eine wichtige Basis für die Fischer und hatte große Bedeutung für den Heringsfang. Aufgrund ihrer isolierten Lage erhielt die Insel vom König einen Sonderstatus zur autonomen Selbstverwaltung, den sie bis heute hat. Nach einer einstündigen Bootsfahrt erreichen wir die autofreie Insel und werden sofort von der himmlischen Ruhe, Abgeschiedenheit und dem ursprünglichen Flair gefangen genommen. Begeistert erkunden wir dieses kleine Paradies und entdecken dabei viele Spuren der spannenden Vergangenheit sowie des harten Lebens der damaligen Bewohner.

● **TIPP** *Seit etwa 50 Jahren räuchert der Fischer Pasi jeden Sommer im Hafen den leckersten Fisch weit und breit.*

Nach unserer Auszeit auf Maakalla erscheint uns das Strandleben in Kalajoki nun umso quirliger. Der Badeort mit seinen endlosen Sandstränden ist in den letzten Jahren stark gewachsen und ein beliebtes Urlaubsziel mit einem breiten Angebot an Aktivitäten, wie Segeln, Rad fahren oder SUP.

↓ Den Strand Laajalahden Uimaranta hat man manchmal ganz für sich allein.

Uns zieht es dennoch weiter: Die Stadt Raahe ist unser nächstes Ziel. Nach dem entspannten Strandleben der letzten Tage geht es auf einen weiteren unvergesslichen Ausflug in die finnische Geschichte: Raahe wurde bereits 1649 vom Generalgouverneur Per Brahe gegründet und vollständig aus Holz erbaut. In der Ära der Segelschiffe waren namhafte Hafenstädte wie Lübeck, Stockholm und Tallinn die wichtigsten Handelspartner von Raahe. Doch leider zerstörte ein Großbrand 1810 beinahe alle Holzhäuser der Hafenstadt. Kurze Zeit später, inspiriert durch den Stil der Renaissance, wurde Raahe um den zentralen Platz (Pekkatori) komplett neu aufgebaut. Nur wenige Schritte vom Pekkatori entfernt liegt der Hafen mit einem Museum, dem Badestrand und der Anlegestelle für das kleine Schiff, das im Sommer mehrmals täglich Besucher auf die vorgelagerten Inseln bringt.

Das nächste Ziel auf unserer Route ist Hailuoto. Die größte Insel im Bottnischen Meerbusen mit dem leicht japanisch angehauchten Namen erreicht man nur mit einer Autofähre, die tagsüber stündlich den Hafen von Oulunsalo verlässt. Als wir mit der Fähre übersetzen, taucht die Sonne die Umgebung bereits in warmes, fast goldenes Licht. Daher entschließen wir uns, gleich nach der Ankunft auf Hailuoto den Campingplatz aufzusuchen und erst am nächsten Tag die Insel zu erkunden. Im Abendlicht machen wir noch einen kleinen Spaziergang zum Leuchtturm oberhalb vom Campingplatz. Das Geschrei der Möwen vermischt sich mit dem Plätschern der Ostseewellen zu einer perfekten Melodie, die einen der schönsten Sonnenuntergänge unserer Reise untermalt. Im letzten Licht des Tages erscheint der Alltag auf dem Festland ganz weit entfernt. Was für ein Idyll.

Vor ungefähr 2000 Jahren begann die Insel Hailuoto aus dem Meer emporzusteigen. Dieser Prozess der Landhebung ist bis heute nicht abgeschlossen, und so gibt es Prognosen, dass irgendwann eine feste Verbindung zum Festland entstehen wird. Für die Finnen ist Hailuoto ein beliebtes Naherholungsgebiet. Verständlich, denn hier findet man unendliche Sandstrände, viele schöne Wanderwege und ursprünglich maritime Fischerdörfer. Außerdem gehört ungefähr ein Drittel der Gesamtfläche Hailuotos zu einem Vogelschutzgebiet – ein absolutes Paradies für Adler, Falken und Bussarde, die man in dieser unberührten Umgebung beobachten kann.

Ganz stolz sind die Insulaner auf ihre lokale Bio-Brauerei Panimo. Das Bier wird mit lokal angebauter und gemälzter Bio-Gerste nach dem deutschen Reinheitsgebot gebraut. Vom Pilsner bis zum Schwarzbier ist für jeden Geschmack etwas dabei. Im Sommer gibt's an vielen Abenden Livemusik auf der Terrasse der Brauerei – dazu ein kühles Pils, etwas Leckeres vom Grill und natürlich die traumhafte Umgebung. Was will man eigentlich mehr?

Nach zwei Tagen auf Hailuoto bringt uns die kostenlose Fähre zurück zum Festland. Vom Fähranleger ist es nicht weit bis ins Zentrum von Oulu. Auf dem Weg zur historischen Markthalle kommen wir am wohl bekanntesten Wahrzeichen der Stadt vorbei, an der Statue des Marktpolizisten, der dort bei Wind und Wetter seinen Dienst verrichtet. Wir schlendern durch die einladende Fußgängerzone Rotuaari mit ihren vielen Einkaufsmöglichkeiten, Cafés und Restaurants. Obwohl die Stadt etwa 250 000 Einwohner zählt, wirkt sie nicht hektisch. Vielleicht liegt das an den vielen Parkanlagen und der Weitläufigkeit? Beeindruckend ist überdies Oulus gut ausgebautes Fahrradwegenetz, das zu den besten in ganz Finnland zählt.

Das Geschrei der Möwen vermischt sich mit dem Plätschern der Ostseewellen zu einer perfekten Melodie.

Unweit vom Stadtzentrum befindet sich rund um den Nallikari Strand das Naherholungsgebiet von Oulu. Immer wieder fällt uns die hohe Lebensqualität in den finnischen Städten auf: eine perfekte Symbiose aus den kulturellen Angeboten einer Großstadt, wunderschöner Natur und den vielfältigen Möglichkeiten für Aktivitäten am und im Wasser. Sicherlich ein weiterer Grund dafür, dass die Finnen regelmäßig das Ranking der glücklichsten Völker anführen.

Auf dem Campingplatz neben dem Strand werden wir auch gleich die Nacht verbringen. Doch zunächst lassen wir im benachbarten Restaurant den Tag ausklingen. Neben den vorzüglichen Gerichten aller Preisklassen gibt es hier einen unvergesslichen Blick über die Ostsee gratis. Beim Abendessen sollte man aber nicht den Sonnenuntergang verpassen, denn der soll am benachbarten Leuchtturm Nallikari ganz besonders schön sein …

→ Moderne Zeiten – der Leuchtturm ist nicht mehr der höchste Turm auf Hailuoto.

IN DIE WEITEN WÄLDER VON LAPPLAND

Nach der abwechslungsreichen Zeit an der Ostseeküste heißt es nun Abschied nehmen, um in nordöstlicher Richtung nach Kuusamo zu fahren. Wir entscheiden uns gegen die schnellste Strecke über Taivalkoski und machen einen Umweg durch den Rokua-Nationalpark. Bereits 1956 wurde er zum Schutz der seltenen Flechtenwälder gegründet. Zudem ist er Finnlands erster Geopark im weltweiten Netz der UNESCO-Geoparks. Hohe Dünen, endlose Wälder, glitzernde Seen in tiefen Kesseln und sogar einige Sandstrände machen die eiszeitlich geprägte Landschaft einzigartig. Den Nationalpark kann man auf ganz unterschiedliche Weise entdecken: Es gibt hervorragende Wanderwege, Fahrradrouten und Kanutouren.

Wir entscheiden uns für eine Radtour durch die Wälder auf einem Fatbike. Zugegeben – zunächst sind uns die Räder mit den überdimensionalen Reifen nicht ganz geheuer, aber schon kurze Zeit später macht es richtig Spaß, und wir folgen den abenteuerlichen Wegen durch den Nationalpark. Nach etwa zwei Stunden sind wir zurück am Nationalpark-Center. Auf unsere Frage, wo wir inmitten der weiten Wälder die kommende Nacht verbringen können, zeigen uns die Ranger mögliche Plätze auf einer Karte. Es wird eine Nacht in vollkommener Ruhe und Abgeschiedenheit.

↓ **Im Oulanka-Nationalpark gibt es viele Wanderwege, so auch die »Kleine Bärenrunde«**

↑ Auf einem Fatbike zu sitzen fühlt sich erst etwas merkwürdig an, macht dann aber riesig Spaß.

Nahe der russischen Grenze, in den weiten Wäldern bei Kuusamo, erwartet uns ein ganz besonderes Abenteuer, denn in diesem Gebiet wollen wir Bären in freier Wildbahn beobachten. Um die Tiere in ihren Lebensräumen nicht zu stören, stellen zahlreiche Anbieter Beobachtungshütten in der Wildnis zur Verfügung – wir haben unsere Bärenbeobachtung (→ Seite 80) schon vorab gebucht.

Aus den Wäldern zurück, freuen wir uns auf einen Besuch in einer finnische Sauna. Aus dem vielfältigen Angebot in der Region Kuusamo wählen wir einen Saunaabend auf dem Landgut Pohjolan Pirtti aus. Dort werden wir von Tanja herzlich empfangen. Sie erklärt uns mit viel Begeisterung und Kompetenz die Tradition der finnischen Saunakultur sowie die Unterschiede zwischen den verschiedenen Saunen. Schon bald sitzen wir in der traditionellen holzbefeuerten Sauna und kühlen uns immer wieder im unterhalb gelegenen See ab. Frisch aufgegossener Birkentee, ein Bad im Jacuzzi und das Abklopfen mit Birkenzweigen runden den einzigartigen Wellnessabend ab.

● **WANDERUNG** *Tiefenentspannt fahren wir am nächsten Morgen das kurze Stück zum Oulanka-Nationalpark, wo eine der beliebtesten Wanderungen Finnlands beginnt. Auf dem Parkplatz in Juuma (GPS 66.268807, 29.403688) packen wir unsere Rucksäcke und brechen zur 12 km langen »Kleinen Bärenrunde« (Pieni Karhunkierros) auf. Im herrlichen Sonnenschein genießen wir die abwechslungsreiche und ursprüngliche Landschaft im Nordosten Finnlands. Viele Grillhütten und Picknickplätze säumen den gut markierten Weg, der immer wieder neue Aus- und Einblicke auf ganz unterschiedliche Landschaftsformen gewährt. Und bisweilen begegnet man auf der Bärenrunde … nein, glücklicherweise nicht kleinen oder großen Bären, sondern anderen landestypischen Tieren: Wir mussten uns einern Rastplatz mit einem friedlich äsenden Rentier teilen!*

NAPAPIIRI – DER POLARKREIS IN FINNLAND

Die »Kleine Bärenrunde« hat uns Lust auf größere Wanderungen gemacht, und während wir unsere Fahrt auf der Europastraße E 63 fortsetzen, reift der Gedanke, beim nächsten Mal die »Große Bärenrunde« mit etwa 86 km in Angriff zu nehmen. Vor lauter Pläneschmieden verpassen wir fast die symbolträchtige Überquerung des Polarkreises, der hier am Straßenrand mit dem »Arctic Circle«-Zeichen markiert ist. Hier beginnt also der richtige Norden!

Nach einer Zwischenübernachtung auf dem Campingplatz Nilimella wird erst einmal Gold geschürft. Ja, richtig gelesen: Wir machen Halt in der alten Goldgräberstadt Tankavaara. Bereits beim Betreten des Areals hat man das Gefühl, in der Filmkulisse eines Western-Klassikers zu stehen. Ganz authentisch wird im alten Dorf das harte Leben der Goldschürfer nachgestellt. Im modernen Museum erfährt man außerdem spannende Details über die lange Tradition der Goldsuche in ganz Lappland. Obwohl bereits 1930 das letzte größere Nugget in der Gegend gefunden wurde, veranstalten die Finnen hier bis heute die jährlichen Weltmeisterschaften im Goldschürfen. Natürlich kann man im Goldgräberdorf gegen einen entsprechenden Obolus auch selbst sein Glück versuchen ….

Wir reisen weiter zum riesigen Inarisee, der dem indigenen Volk der Samen heilig ist. Die Landschaft entlang der Strecke wirkt zunehmend arktischer, die scheinbar endlose Weite der Wildnis erstreckt sich bis zum Horizont. In der klaren Luft des Nordens schimmert die Natur in den schönsten Farben des Sommers und verzaubert uns mit ihrer besonderen Magie. So lassen wir Kilometer für Kilometer hinter uns, bis wir Inari erreichen. Der Ort wirkt zunächst recht klein, erstaunlich modern und eher nüchtern. Aufgrund der rauen klimatischen Bedingungen geht es bei der Stadtplanung anscheinend um rein pragmatische Erwägungen. Im Siida Sámi-Museum unweit vom Ortszentrum erfährt man viel Wissenswertes über die Geschichte und Kultur der Samen. Wer hingegen den Inarisee mit einem Boot oder Schiff erkunden möchte, kann das vom nahe gelegenen Hafen aus, wo regelmäßige Fahrten über den See angeboten oder Boote verliehen werden.

Wir entscheiden uns für eine Wanderung zur alten Holzkirche Pielpajärvi aus dem Jahr 1760. Das hölzerne Gotteshaus bildete das Zentrum des ursprünglichen Winterdorfes der halbnomadischen Samen. Als die Samen sesshaft wurden und die ersten Behausungen im heutigen Inari entstanden, wurde das Winterdorf aufgegeben. Die bis heute außergewöhnlich gut erhaltene Kirche liegt seitdem etwas abgeschieden im Wald und steht jedem offen.

● **WANDERUNG** ***Vom Parkplatz am Ortsrand von Inari führt ein gut markierter Weg durch eine karge und unwiderstehlich reizvolle Natur, bis man nach etwa 5 km die Kirche entdeckt.***

Nach derart unterschiedlichen, aber garantiert unvergesslichen Eindrücken endet unsere Reise dieses Mal hier, am heiligen See der Samen. Ihr könnt die Fahrt nach eigenen Vorstellungen fortsetzen oder mit weiteren Routen aus diesem Buch kombinieren. Drei mögliche Optionen möchten wir euch empfehlen:

Variante 1: Finnland-Rundreise: Rückreise durch das östliche Finnland und entlang der finnischen Seenplatte. Einige Elemente dieser Tour stellen wir ab Seite 176 vor.

Variante 2: Ostsee-Umrundung Finnland und Schweden: Weiterreise nach Schweden und anschließend entlang der schwedischen Ostseeküste bis in den Süden des Landes oder weiter nach Göteborg, um dann mit der Fähre nach Deutschland überzusetzen.

Variante 3: Nordkap-Rundreise Finnland und Norwegen: Weiterreise bis zum Nordkap und anschließend Erkundung der »Inseln des Nordens« (→ Seite 134), dann entlang der norwegischen Helgelandskysten bis nach Fjordnorwegen (→ Seite 82). Rückfahrt nach Deutschland mit der Fähre ab Bergen oder Oslo bzw. alternativ von einem Fährhafen in Südnorwegen.

Natürlich kann man auch einfach noch ein wenig im Norden Finnlands verweilen, um die Heimat des glücklichsten Volkes der Welt besser kennenzulernen. Wir haben auf unserer Reise vieles in Finnland genossen: die hohe Lebensqualität, das Leben im Einklang mit der Natur und den ausgeprägten Gemeinsinn der Finnen … sicherlich nur einige der Gründe für den ersten Platz im Glücksreport.

→ Das Rentier äst, wir machen Picknick – allen schmeckt's.

ROUTENINFO

↑ Auf den Schildern steht's oben auf Finnisch, unten auf Schwedisch – wir sind auf dem Strandweg.

LÄNGE

Min. 2000 km für die vorgestellte Route entlang der finnischen Ostseeküste und durch die weitläufige Natur im Nordosten des Landes. Hinzu kommen Abstecher sowie der ein oder andere Umweg über die vorgelagerten Inseln.

DAUER

Minimum: 1 Woche
Ideal: 2–3 Wochen für die vielfältigen Aktivitäten entlang der Ostsee, in den Nationalparks und Städten. Finnland steht für ruhiges und entspanntes Reisen, und man tut gut daran, sich darauf einzulassen.

REISEZEIT

Die Strecke kann grundsätzlich ganzjährig gefahren werden, doch im Winter ist speziell im nördlichen Teil mit besonderen Herausforderungen sowie teilweise extremen Bedingungen zu rechnen. Wir empfehlen für diese Route den Früh- oder Spätsommer.

FAHRZEUG

Die Route kann bei normaler Witterung mit allen Wohnmobilen sowie Gespannen gefahren werden. Ein Allradantrieb ist nicht unbedingt notwendig, aber im Winter in den nördlicheren Regionen teilweise von Vorteil.

CAMPING- & STELLPLÄTZE

1 Leirintäalue Camping Silversand
★★☆☆☆
▶ Aarne Karjalaisentie 13–15, 10960 Hanko
GPS: 59.85033, 23.000067
Tel. +358 400 58 38 18
■ pincamp.de/fs1100

2 Teijo Nature Center
♥ Der Platz ist zwar einfach, liegt aber märchenhaft inmitten der Wälder des Nationalparks. Er ist ein perfekter Ausgangspunkt, um die Umgebung direkt vom Wohnmobil aus zu erkunden! Außerdem kann man Kanutouren

unternehmen, aufs SUP Board steigen oder sich an einer der Badestellen abkühlen. Die Gebühr wird im Naturcenter entrichtet.
▶ Matildanjärventie 84, 25660 Matilda
GPS: 60.209214, 22.936580
Tel. +358 102 92 40 32
www.naturaviva.fi

3 Pyhärannan Kievari & Camping
▶ Suojalantie 9, 23950 Pyhäranta
GPS: 60.952417, 21.434944
Tel. +358 505 90 60 37
■ pincamp.de/pin_235966

4 Pukinsaari Camping
▶ Salavägen 32, 64100 Kristinestad
GPS: 62.264472, 21.362639
Tel. +358 505 27 33 56
■ pincamp.de/pin_77090

5 SF-Caravan Lohenpyrstö
▶ Lohenpyrstöntie 53, 92140 Pattijoki
GPS: 64.712623, 24.517016
Tel. +358 447 16 78 03
■ pincamp.de/Pin_231083

6 Caravan Park Marjaniemi
▶ Marjaniementie 822, 90480 Hailuoto
GPS: 65.039667, 24.553333
■ pincamp.de/pin_235968

7 Nallikari Holiday Village
★★½☆☆
♥ Dieser perfekt ausgestattete Campingplatz liegt direkt am langen Sandstrand. Auf dem großzügig angelegten und gepflegten Platz wird eine Vielzahl an Freizeitaktivitäten angeboten. Mit dem Fahrrad ist es nur ein Katzensprung ins Zentrum von Oulu. Leckeres Frühstück im Café an der Rezeption!
▶ Leiritie 10, 90510 Oulu
GPS: 65.02977, 25.41777
Tel. +358 447 03 13 53
■ pincamp.de/ou1500

8 Juuman Leirintäalue
▶ Riekamontie 1, 93999 Kuusamo
GPS: 66.271972, 29.37925
Tel. +358 442 72 78 72
■ pincamp.de/pin_235970

9 Camping Ukonjärvi
▶ Ukonjärventie 141, 99800 Inari
GPS: 68.73698, 27.47691
Tel. +358 166 6 75 01
■ pincamp.de/lp4400

Weitere Informationen zu Finnland → Seite 227

↑ Noch näher am Wasser als auf dem Campingplatz von Hailuoto kann man kaum stehen.

Bären beobachten in der Wildnis

Schätzungsweise 1500 Braunbären leben in Finnland, die größten Populationen findet man im nordöstlichen Grenzgebiet zu Russland sowie in der Abgeschiedenheit Lapplands. Sicher möchte man den Tieren nicht unvorbereitet auf einer Wanderung begegnen, aber die Möglichkeit, die Bären unter Anleitung eines Guides zu beobachten, ist ein spektakuläres Erlebnis.

In den Sommermonaten bieten zahlreiche Veranstalter Bärenbeobachtungen aus extra zu diesem Zweck errichteten Waldhütten inmitten der Wildnis an. So werden die Tiere nicht gestört, und die Beobachter sind durch eine Glasscheibe geschützt.

Die Saison erstreckt sich nur über wenige Monate, von Anfang Mai bis Ende September. Denn im Herbst fressen sich die Bären die notwendigen Reserven an, um sich dann zur Winterruhe in ihre Höhlen zu verkriechen. Erst im Mai lassen sie sich dann wieder blicken.

↑ Wie bestellt: Er post perfekt für die Fotografen.

Wer an einer Bären-Safari teilnimmt, sollte dunkle Kleidung tragen, um Reflexionen in den Scheiben der Waldhütte zu vermeiden. Außerdem sollten keine starken Parfüms, Deos oder Mückenspray verwendet werden, da die Tiere einen stark ausgeprägten Geruchssinn haben und sich dann eventuell nicht blicken lassen. Bei den meisten Safaris versorgt man sich selbst und sollte eine Kleinigkeit zu essen und zu trinken mitnehmen. In den gut ausgestatteten Hütten sind in der Regel zumeist Ferngläser, Schwenkarme und Bohnensäcke als Stativersatz für die Kameras vorhanden.

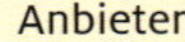

Anbieter

- Wild Brown Bear nahe Kuhmo www.bearcentre.fi
- Wildlife Safaris Finland nahe Kuhmo www.wildfinland.org
- Karhu-Kuusamo nahe Kuusamo www.karhujenkatselu.fi

UNSER BESUCH BEI DEN BÄREN

Wir bekommen im Vorfeld unserer abendlichen Safari die Koordinaten von einem Parkplatz, der am Ende einer Schotterstraße in den endlosen Wäldern nahe der russischen Grenze liegt. Dort werden wir von Anna freundlich empfangen, unserem Guide an diesem Abend. Nachdem sich alle Teilnehmer eingefunden haben, erklärt Anna uns noch einige Verhaltensregeln. Anschließend geht es einige Hundert Meter

↑ Wir fachsimpeln beim Warten in der Beobachtungshütte. Die Spannung steigt …

↑ … und tatsächlich nähert sich eine wachsame Bärenmutter mit ihrem Jungen.

zur Beobachtungshütte an einer Waldlichtung. Während wir unser Fotoequipment aufbauen, verteilen die Guides Lachs in der Umgebung, um die Tiere anzulocken. Plötzlich ist ein lautes Brummen zu hören – es wird mucksmäuschenstill in der Beobachtungshütte. Dann tritt – zum Greifen nah – ein riesiger Bär auf die Lichtung. Zum Glück sitzen wir sicher in unserer Hütte. Bei dem Gedanken, diese irgendwann wieder verlassen zu müssen, beschleicht uns ein mulmiges Gefühl. Wir haben besonderes Glück: Bei perfektem Wetter können wir an diesem Sommerabend sieben verschiedene Bären beobachten. Besonders faszinieren uns die putzigen Jungtiere, die im Abendlicht spielen. In der Stille ist lediglich das ständige Klicken der Kameraauslöser zu hören, denn alle wollen diese seltenen Momente festhalten.

Bei dem Anbieter Karhu-Kuusamo kann man, so wie wir, entweder eine vierstündige Abendtour oder einen Aufenthalt in der Hütte über Nacht buchen, um die Tiere am Morgen nochmals zu beobachten. Allerdings muss man mit einfachen Schlafplätzen auskommen – aber keine Angst: In der Hütte gibt es eine Toilette.

DAS PERFEKTE BÄRENBILD

Damit ihr gelungene Bilder mit nach Hause nehmen könnt, hier ein paar Tipps:

- Die Kamera braucht einen schnellen Autofokus.
- Als Objektiv sind Festbrennweiten bis etwa 400 mm und mit hoher Lichtempfindlichkeit perfekt geeignet.
- Wenn die Bären sehr nahe kommen oder falls man die hohen Anschaffungskosten eines Teleobjektivs mit Festbrennweite scheut, ist man auch mit einem lichtstarken Telezoom-Objektiv (70 mm–300 mm) gut ausgerüstet.
- Am besten nutzt man die schnelle Serienbildfunktion der Kamera und wählt anschließend die schönsten Bilder aus.
- Wer mit den manuellen Einstellungen der Kamera nicht so vertraut ist, sollte den Sportmodus wählen.
- Wenn genügend Zeit ist, kann man mit verschiedenen Einstellungen experimentieren.
- Es klingt selbstverständlich, wurde aber schon so manches Mal vergessen: Denkt daran, ausreichend Speicherkarten und Ersatzakkus mitzunehmen.
- Bei manuellen Einstellungen empfiehlt sich eine sehr kurze Belichtungszeit / Verschlusszeit, um Bewegungsunschärfen zu vermeiden.

TIPP *Den Fokus immer auf die Augen der Tiere legen.*

Die eingezeichneten Campingplätze sind unsere Lieblingsplätze. Den Überblick über alle Plätze auf der Route findet ihr auf → Seite 106–107.

Sehenswertes unterwegs:

1. **Gjende** See
2. **Riddersprenget** Schlucht
3. **Dalsnibba** Aussichtspunkt
4. **Ørnesvingen** Aussichtspunkt
5. **Gudbrandsjuvet** Schlucht
6. **Godøya** Insel
7. **Stadlandet** Halbinsel
8. **Ervik** Strand
9. **Kråkenes Fyr** Leuchtturm
10. **Skongenes Fyr** Leuchtturm
11. **Kannesteinen** Felsformation
12. **Kjenndalsbreen** Gletscher
13. **Skåla** Berg
14. **Molden** Berg
15. **Nigardsbreen** Gletscher
16. **Vettisfossen** Wasserfall

4

RUNDREISE FJORDNORWEGEN – WO DAS MEER AUF DIE BERGE TRIFFT

Die Autodecks sind nun wieder geöffnet ….« hallt es ein wenig blechern über das Lautsprechersystem der Fähre »Color Magic« – wir haben in Oslo angelegt. Nach einer entspannten und unterhaltsamen Seereise von Kiel in die norwegische Hauptstadt hält uns nun nichts mehr an Bord, denn vor uns liegt ein spannender Roadtrip durch die fulminante Landschaft an den schönsten Fjorden Norwegens. Wir nehmen die grüne Spur am Zoll und verlassen zügig das Hafengelände im Zentrum von Oslo.

BLICK ÜBER DEN SOGNEFJORD VOM WEILER NES

RADICH
OSLO

Wer Oslo noch nicht kennt, sollte die Gelegenheit nutzen, um die pulsierende Metropole am gleichnamigen Fjord zu besichtigen. Es gibt viele Sehenswürdigkeiten, Kulturstätten und ganz verschiedene urbane Viertel, die in jedem Fall einen Besuch wert sind. Euren ersten Aufenthalt in Oslo solltet ihr mit einer abendlichen Schiffsfahrt auf dem Oslofjord und einem Abstecher zum königlichen Schloss abrunden (Campingplätze → Seite 107).

VON OSLO ZUM GEIRANGERFJORD

Für uns geht es heute jedoch gleich weiter in die Gebirgsregion am Jotunheimen. Zunächst folgen wir der Europastraße E 16 bis nach Fagernes. Ein kurzer Stopp in dem Ort am Strondafjorden, um frische Lebensmittel für die nächsten Tage einzukaufen, danach nehmen wir die Straße Fv 51 in die dünner besiedelten Bergregionen des östlichen Jotunheimen. Zuerst wird die Landschaft noch von einigen Waldgebieten geprägt, dann öffnet sie sich zusehends und gibt den Blick auf verstreute Bauernhöfe, imposante Berggipfel, glitzernde Seen und malerische Täler frei. Diese

Wie kann ein Bergsee nur so smaragdgrün leuchten? Vor uns liegt der See Gjende – im wahrsten Sinne des Wortes ein Juwel.

Strecke über das Bergplateau Valdresflye gehört zu einer der 18 Norwegischen Landschaftsrouten, auf denen sich atemberaubende Landschaften mit teilweise aufsehenerregender Architektur und Design verbinden. Am höchsten Punkt von Valdresflye, 1389 m über dem Meeresspiegel, finden wir zunächst einmal weder Kunst noch Design, sondern … *kanelboller* (Zimtschnecken). Die ersten, aber natürlich nicht die letzten auf dieser Route, und in dieser herrlichen Umgebung schmecken sie uns natürlich ganz besonders – zumal wir gut vorangekommen sind und unser heutiges Ziel in Kürze erreichen.

Wie kann ein Bergsee nur so smaragdgrün leuchten? Vor uns liegt der See Gjende – im wahrsten Sinne des Wortes ein Juwel. Umgeben von bis zu mehr als 2300 m hohen, scheinbar senkrecht abfallenden Bergen speist er sich aus dem Schmelzwasser der umliegenden Gletscher und schimmert grün im Licht des Nordens. An seinem Ostufer liegt die Hütte Gjendesheim, ein beliebter Ausgangspunkt für Schiffsfahrten auf dem See und eine der beliebtesten Wanderungen in Norwegen: »National Geographic« hat die Tagestour über den Besseggen-Grat zu den 20 aufregendsten Touren der Welt gekürt. Nach einem kräftezehrenden Aufstieg werden wir tatsächlich mit einem unvergesslichen Panoramablick belohnt (Wanderungen → Seite 109).

Die weitere Route auf der Fv 51 führt durch die atemberaubende Landschaft des östlichen Jotunheimen. Es ist so unwirklich schön hier, dass wir noch ewig so weiterfahren könnten. Aber bereits eine halbe Stunde später halten wir auf einem kleinen Parkplatz im Wald, und schon beim Aussteigen hören wir das Wasser durch den nahe gelegenen Canyon rauschen. Nach einigen Gehminuten erreichen wir die schroffen Felsen, durch die sich das wild schäumende Wasser unaufhörlich seinen Weg bahnt. An der schmalsten Stelle der 8 m tiefen Schlucht soll sich im 14. Jh. der Ritter Sigvat Kvie nach einem Brautraub mit einem tollkühnen Sprung auf seinem Pferd in Sicherheit gebracht haben. Ridderspranget (»Rittersprung«) wird diese Stelle dementsprechend bis heute genannt.

Unweit vom Ridderspranget liegt der gut geführte Campingplatz Randsverk Camping, auf dem wir die Nacht verbringen. Von hier aus ist es am nächsten Tag nicht mehr weit bis ins Zentrum der Region, die Bergstadt Lom. Nach der Abgeschiedenheit und Idylle der Gebirgslandschaft erscheint Lom geradezu quirlig – immerhin ist die Stadt ein wichtiger Verkehrsknotenpunkt. Neben der historischen Stabkirche, den alten Bauernhöfen vom Freiluftmuseum Lom Bygdamuseum und dem Norwegischen Gebirgs-Informationszentrum gibt es noch einen anderen Grund für einen Besuch der Stadt:

● **TIPP** ***Die Bakeriet i Lom (»Bäckerei in Lom«) am Prestfossen mitten im Ort ist überregional bekannt, und ihre Brote und*** **kanelsnurrer** ***(Zimtschleifen) sind so begehrt, dass viele Norweger lange Anfahrten in Kauf nehmen, um sich in die Warteschlange vor dem Geschäft einzureihen.***

Kaum haben wir Lom wieder verlassen, liegt das malerische Hochtal Ottadalen vor uns. Die Route auf dem Rv 15 folgt dem Wasserlauf der Otta, die sich mal wild, mal sanft ihren Weg neben der Straße bahnt. Zahlreiche Anbieter im Ta

← In Oslo lohnt eine Hafenrundfahrt. Blick zurück auf die Stadt und das Astrup Fearnley Museum of Modern Art

organisieren Rafting-Abenteuer auf dem Fluss, doch wir folgen weiter der gewählten Strecke und lassen uns von der Umgebung verzaubern. Die Straße schlängelt sich hinauf in die Bergwelt und schließlich über die Baumgrenze, bis man den großen Rastplatz neben dem See Langvatnet erreicht. Hier verlassen wir den Rv 15, um nun auf der Straße 63 zugleich der nächsten Norwegischen Landschaftsroute Geiranger–Trollstigen zu folgen.

Nur zwei Songs im Autoradio später empfiehlt uns eines der typischen braunen Hinweisschilder einen Abstecher zum Aussichtspunkt Dalsnibba. Wir bremsen und folgen dem 1939 eröffneten, mautpflichtigen Nibbevegen auf die 1476 m hoch gelegene Aussichtsplattform Geiranger Skywalk am Berg Dalsnibba. Wer über dem gewaltigen Abgrund steht und nach unten sieht, hat einen einzigartigen Ausblick und den Nervenkitzel noch dazu. Im Servicegebäude nebenan gibt es in der Sommersaison die obligatorischen Souvenirs, leckere Waffeln und einen wärmenden Kaffee, den man hier selbst im Hochsommer wirklich gut gebrauchen kann.

Zurück auf der offiziellen Landschaftsroute eröffnet sich einige Serpentinen später und etliche Höhenmeter weniger eine zweite Chance auf ein Postkarten-Panorama: Direkt oberhalb des Dorfes Geiranger liegt Flydalsjuvet, ein weiterer Aussichtspunkt. Seine beiden Plateaus laden zu einer längeren Rast ein und sind teilweise auch für Rollstuhlfahrer zugänglich. Nun sind es nur noch 4 km bis hinunter nach Geiranger am Fjordufer.

Das Dorf ist inzwischen sehr touristisch geprägt, und dennoch lohnt auf jeden Fall eine Übernachtung auf einem der Campingplätze, die man auf beiden Seiten des Fjords findet. Zu faszinierend ist die Atmosphäre am Ende des Fjords, wo das Meer auf die mächtige Bergwelt Norwegens trifft. Kein Besucher wird sich dieser Kulisse entziehen können: Rund 100 km von der eigentlichen Küstenlinie entfernt spiegeln

↓ Irgendwo da unten liegt Geiranger. Den Fjord sieht man schon vom Aussichtspunkt Dalsnibba.

↑ Einen hübschen Farbtupfer setzt der türkise Oldie zwischen den modernen Wohnmobilen am Geirangerfjord.

sich bis zu 1700 m hohe Berge im Wasser dieses Meeresarmes, den die UNESCO 2005 zum Weltnaturerbe erklärt hat. Das Geirangerfjorden Feriesenter beim Grande Fjord Hotel am Nordufer wird unsere Basis. Von hier aus erkunden wir die nähere Umgebung und lassen uns auch mal beim reichhaltigen Abendbüfett im Hotel verwöhnen … Überdies kann man sich Boote ausleihen, im Fjord angeln und den herrlichen Blick auf das Dorf genießen – oder erneut wandern gehen: Vom Bauernhof und Restaurant Westerås Gård erreicht man nach etwa 45 Minuten Aufstieg den Storsæterfossen, einen der wenigen Wasserfälle Norwegens, hinter dem man durchgehen kann. Am Südufer hingegen gelangt man auf einer mittelschweren Panoramawanderung zur historischen Farm Homlongsætra und im weiteren Verlauf zum Bauernhof Skageflå (Wanderungen → Seite 109).

VOM GEIRANGERFJORD AN DIE VESTKYSTEN

Bei der Wanderung nach Homlongsætra ließ sich auf der gegenüberliegenden Uferseite bereits die legendäre Adlerstraße mit ihren zahlreichen Serpentinen ausmachen – eine weitere Etappe der offiziellen Touristenroute Geiranger–Trollstigen. Auf dieser Strecke wollen wir nun unsere Fahrt fortsetzen. An der »Adlerkehre« haben wir vom Aussichtspunkt Ørnesvingen in 400 m Höhe die Gelegenheit zu einem letzten Blick zurück über den Geirangerfjord.

● TIPP *Wenn man dem kleinen Weg neben der Aussichtsplattform ein Stück folgt, bieten sich einige weitere Perspektiven. Hier hat man fernab der vielen Besucher ebenso schöne Ausblicke auf den Fjord.*

Doch jetzt geht es wirklich weiter. Wir fahren zum Fähranleger in Eidsdal und setzen über den Norddalsfjorden, um dann das Tal Valldalen in Richtung Trollstigen zu durchqueren. Das Valldalen ist ein extrem fruchtbarer Landstrich.

Viele Erdbeerhöfe und andere Erzeuger verkaufen ihre Produkte entlang der Straße – eine perfekte Gelegenheit, den Bordproviant im Wohnmobil aufzufüllen. Spätestens am Café neben der Schlucht Gudbrandsjuvet bietet sich die nächste Pause an. Von den befestigten Wegen und Aussichtsplattformen kann man in die Schlucht sehen, die die wilde Valldøla bis zu 25 m tief gegraben hat. Auf den nächsten Kilometern führt uns die Route erneut durch die Gebirgswelt Norwegens. Zwischen den spitzen Bergkegeln und den weiten Hochtälern fühlt man sich als Mensch unendlich klein – vor allem, wenn die hohen Berge so eng zusammenrücken wie am Trollstigen (»Trollleiter«). Vom Aussichtspunkt Utsikten schauen wir etwa 200 m in die Tiefe. Die Plattform schwebt über dem Abgrund, an dessen steilen Berghängen sich der Trollstigen – ganz unwirklich – über elf Haarnadelkurven mit einer Steigung von 12 % nach unten schraubt. Wahnsinn! Auf genau dieser Strecke fahren wir nun vorsichtig talwärts – sonderlich breit ist die Straße nicht, und wenn sich zwei Wohnmobile begegnen, kann das schon eine Herausforderung sein.

Elf Serpentinen und viele Kilometer später erreichen wir Åndalsnes am Isfjord. Und auch hier ist es wieder der Blick von oben, der alle Reisenden anzieht.

● **WANDERUNG** ***Eine sehr anspruchsvolle Wanderung führt über den schmalen Felsgrat Romsdalseggen. In der Sommersaison fährt täglich um 9.30 Uhr ein Bus am Bahnhof in Åndalsnes ab, um die Wanderer zum Ausgangspunkt der Tour in das Vengedalen zu bringen. Von dort kehren sie auf einer der offiziell schönsten Wanderungen Norwegens über eine Distanz von 11 km und über 1000 Höhenmetern nach Åndalsnes zurück.***

Wer es etwas einfacher mag und dennoch die erforderliche Kondition mitbringt, kann direkt vom Kulturhaus der Stadt dem befestigten, steilen Weg Romsdalstrappa hinauf zum 537 m hohen Aussichtspunkt Rampestreken folgen. Und seit Mai 2021 kann man schließlich die Berggipfel auch ganz bequem in nur fünf Minuten mit der neuen Seilbahn Romsdalsgondolen erreichen. Aus Åndalsnes führt die Bahn hinauf zum Gipfel des Nesaksla, 708 m über dem Fjord. Bei einem leckeren Kaffee oder einem Imbiss in der Bergstation lässt sich das schöne Panorama entspannt genießen. Wer aktiv sein oder einfach einem Tag mit Regenwetter entgehen möchte, dem sei ein Besuch im Bergsteiger-Zentrum Norsk Tindesenter mit seinen interaktiven Ausstellungen zur Geschichte des Bergsteigens und mit Norwegens höchster Kletterwand empfohlen – übrigens auch ein tolles Erlebnis für Kinder.

ÅLESUND UND DIE INSELN AN DER WESTKÜSTE

Wir »machen« jetzt erst mal wieder Kilometer im Kastenwagen ... Gut zwei Stunden brauchen wir für die Strecke nach Ålesund, einer Hafenstadt, die auf drei Inseln liegt. Hier spüren wir auf unserer Route erstmals ein maritimes Flair, das uns auf den nächsten Etappen begleiten wird. Wir bummeln durch die Altstadt und bewundern die einmalige Jugendstilarchitektur: Nachdem ein Großbrand 1904 quasi alle hölzernen Häuser vernichtet hatte, wurde Ålesund mit internationaler Hilfe im Stil der damaligen Zeit komplett neu aufgebaut. Vom Wohnmobil-Stellplatz Hjelsetgården Bobilparkering erreicht man zu Fuß bequem das Stadtzentrum und den Stadtpark, wo der Aufstieg über 418 Stufen hinauf zum Aussichtspunkt auf dem Aksla beginnt. Etwas außerhalb liegt dagegen eines der größten Salzwasser-Aquarien Europas, der Atlanterhavsparken – Det Norske Akvariet.

● **TIPP** ***Die alte Fischöl-Manufaktur Trankokeriet am Hafen beherbergt heute auf drei Etagen einen einzigartigen Antiquitätenladen mit einem urigen Café. Absolut empfehlenswert!***

Die Plattform schwebt über dem Abgrund, an dessen Hängen sich der Trollstigen über elf Haarnadelkurven nach unten schraubt.

Wer dem Stadtleben entfliehen und die Küstenlandschaft noch etwas ausgiebiger genießen möchte, sollte einen Tagesausflug auf die vorgelagerten Inseln einplanen, die man über eine Brücke und einen Unterwassertunnel erreicht. Den westlichsten Punkt dieser Inselwelt markiert der Leuchtturm Alnes Fyr auf der Insel Godøya, ein beliebtes Ausflugsziel der Einheimischen. Vom Parkplatz am Leuchtturm kann man zu Erkundungen entlang der Küste, ins benachbarte Fischerdorf Alnes oder an den Sandstrand der Sandvika aufbrechen.

→ Selbst die größeren Städte, hier Ålesund, sind eng verwoben mit der Natur ringsum.

Nach dem Abstecher in das Archipel verlassen wir Ålesund in Richtung Runde. Wer sich für das meist wechselhafte Wetter entlang der Küste die richtige Ausrüstung zulegen möchte, sollte zunächst den Ort Langevåg in die Navigation eingeben. Hier befindet sich in der alten Fabrik der bekannten norwegischen Ausstattungsmarke Devold mittlerweile ein Factory Outlet Center, in dem man viele Produkte norwegischer Anbieter zu attraktiven Preisen erhält. Wer (schon) gut ausgerüstet ist, folgt uns auf der Küstenroute bis zur Insel Runde.

Runde ist ein Paradies für Hobby-Ornithologen und Fotografen. Die Insel weit draußen im Atlantik, die gut über eine Brücke zu erreichen ist, bietet optimale Bedingungen für die Beobachtung von Seevögeln. Insbesondere im Sommer bevölkern hier mehr als 200 Vogelarten die bis zu 250 m hohen Felsenklippen und liefern spätestens am Abend ein ungeahntes Schauspiel. Runde ist zudem auch der südlichste Punkt in Norwegen, an dem man im Frühsommer die entzückenden Papageitaucher aus nächster Nähe beobachten kann. Vom Campingplatz auf der Insel kann man – idealerweise am Abend – auf gut markierten Wegen das Hochplateau erreichen und zu einem der Beobachtungspunkte an den Klippen wandern. Auch eine Tageswanderung auf dem Weg oberhalb der Steilküste ist empfehlenswert (Wanderungen → Seite 109).

↙ Seit 1872 weist der Leuchtturm Alnes Fyr Schiffen den Weg nach Ålesund.

↓ Schaut er nicht kokett, der Papageitaucher? Er post für uns auf Runde.

Wir können uns jedes Mal nur schwer von diesem kleinen Paradies trennen, aber die nächste Insel steht schon auf dem Plan: Vågsøy. Klar, dass wir dieses Ziel nicht ohne einen Abstecher ansteuern. Schon nach etwa 80 km erreichen wir über die schmale Straße 620 die legendären Strände auf der Halbinsel Stadlandet und das Vestkapp. Rein formal ist das Vestkapp auf dem 497 m hohen Felsplateau Kjerringa nicht der westlichste Punkt des norwegischen Festlandes. Allerdings bieten sich hier, auf 62°11'18" nördlicher Breite und 5°7'33" östlicher Länge, fantastische Ausblicke über die Küste und die Chance auf ein entsprechendes Erinnerungsfoto.

In jedem Fall sollte man im Vorfeld die Wetterprognosen prüfen, um sich frühzeitig auf die hier teilweise extremen Wetterbedingungen (Nebel, Sturm, Schnee!) einzustellen.

Nach einem kurzen Trip an die Strände und Surfer-Paradiese in Ervik und Hoddevik verlassen wir die Halbinsel und überqueren schon bald die Brücke nach Vågsøy. Wir parken am Stadion in Måløy, dem Hauptort der Insel, und brechen zu einer Wanderung auf den 613 m hohen Veten auf, um den Rundblick über die norwegische Westküste zu genießen (Wanderungen → Seite 111).

Die nächste Nacht verbringen wir auf einem traumhaft gelegenen kommunalen Stellplatz, direkt am herrlichen Strand Refviksanden. Gegen einen geringen Obolus kann man die

↓ Schmale Küstenstraßen, enge Kurven und dazu dieser Blick – so macht Fahren richtig Spaß.

AUF VÅGSØY, NACH EINEM GEWITTER

einfachen Anlagen nutzen und den Aufenthalt in einer unbezahlbar schönen Umgebung genießen. Der weiße Strand mit dem feinen Sand und dem tiefblauen Wasser erinnert eher an ein Karibik-Idyll ...

Vom Stellplatz bietet sich noch ein abendlicher Ausflug zum Leuchtturm Kråkenes Fyr an, der auf einem Felsen 40 m über dem Meer steht. Von hier lassen sich fast schon kitschig schöne Sonnenuntergänge beobachten, während die Seevögel im Rauschen der Meeresbrandung ein Konzert dazu geben – hier möchte man bleiben.

● **TIPP** *Wer mag, kann diese Atmosphäre intensiv auskosten und inmitten der Abgeschiedenheit oberhalb des tosenden Atlantiks im Leuchtturmwärterhaus übernachten (Infos auf www.krakenesfyr.com).*

Am nächsten Morgen wandern wir knappe zwei Stunden zu einem weiteren Leuchtturm, Skongenes Fyr im Norden der Insel (Wanderungen → Seite 111). Der Nachmittag gehört einem Besuch beim Kannesteinen, einem Felsen, der an die Skulptur eines riesigen Pilzes erinnert. Die Brandung des Nordatlantiks hat hier ganze Arbeit geleistet und dem Felsen in vielen Jahrtausenden seine markante Form verliehen.

● **TIPP** *Allen, die nach dem Besuch auf Vågsøy noch Zeit haben und gern länger an der Küste bleiben möchten, empfehlen wir einen weiteren Abstecher zu den benachbarten Inseln von Bremangerlandet mit ihren traumhaften Stränden, pittoresken Fischerdörfern und spektakulären Buchten.*

↓ Wer möchte für diesen Anblick nicht gern früh aufstehen? Ein Sommermorgen am Refviksanden

ENTDECKUNGEN AM NORDFJORD

Wir folgen von Vågsøy, das quasi direkt in der Meeröffnung des Nordfjord liegt, dessen nördlicher Uferflanke ins Landesinnere. Über die Straße Rv 15 erreichen wir schon bald Nordfjordeid, das Zentrum der Region. Hier kann man im Sagastad-Museum den originalgetreuen Nachbau eines Wikingerschiffes bestaunen, dessen Reste bei Ausgrabungen gefunden wurden, und viel Interessantes über die Wikinger erfahren. Nicht ganz so weit in der Geschichte zurück führt uns ein Besuch im Norwegischen Zentrum für Fjordpferde. Die alte Pferderasse stammt wohl von den Pferden der Wikinger ab. Wir bewundern die stolzen, anmutigen Tiere. Wer mag, kann hier auch Ausritte und Reitstunden buchen.

Von Nordfjordeid folgen wir dem Fjord noch weiter zu seinen Ausläufern – dorthin, wo die Landschaft vom Spiel der Naturgewalten geprägt ist und das markant blaue Eis der Gletscherzungen fast bis zur Wasserlinie reicht. Dafür gibt es zwei mögliche Routen: die schnelle Verbindung über die Europastraße E 39, die am Ufer des Sees Hornindalsvatnet entlangführt, oder eine teilweise recht schmale, anspruchsvolle Nebenstrecke auf der Straße 613 oberhalb vom Innvikfjord. Hier sind spektakuläre Aussichten garantiert ... Beide Strecken treffen sich wieder, einige Kilometer vor unserem eigentlichen Ziel, dem Campingplatz Sande Camping am See Lovatnet bei Loen. Wir sind am frühen Nachmittag dort und haben Glück: Die Stellplätze auf einer Landzunge im See sind noch frei, und so stehen wir in diesem Amphitheater der Natur in der ersten Reihe. Vor uns liegt der schimmernde See, eingerahmt von gewaltigen Bergen. Traumhaft!

↓ Felsen oder Skulptur? Der Kannesteinen auf Vågsøy

↘ Das Wikingerschiff im Museum Sagastad wurde detailgetreu nachgebaut.

Mit unseren Fahrrädern folgen wir am nächsten Morgen der Straße durch das Tal, immer am Ufer des smaragdgrünen Bergsees Lovatnet entlang, bis wir am Seeende das Restaurant Kjenndalstova erreichen. Hier legt auch der historische Dampfer an, der im Sommer Ausflugsgäste über den See fährt. Dennoch gehört der Gletscher Kjenndalsbreen, den wir von hier aus auf einer einfachen Wanderung erreichen, eher zu den Insider-Tipps. Während sich am Briksdalsbreen unzählige Reisende aus aller Welt treffen, sind wir am Kjenndalsbreen heute (fast) allein. Auf der Rückfahrt zum Campingplatz passieren wir die Alm Breng Seter am Seeufer und legen einen kurzen Fotostopp ein: Die alten Holzhäuser mit ihren Grasdächern inmitten des Talkessels sind einfach ein perfektes Motiv.

Am Fjordufer bei Loen geht es einen Tag später hoch hinaus: Seit 2017 transportieren die beiden Gondeln der Seilbahn Loen Skylift Gäste auf eine Höhe von über 1000 m. Nach nur zehn Minuten stehen wir auf der Terrasse der Bergstation. Leichter Schneeregen bestätigt die These, dass man in Norwegen immer und überall mit jedem Wetter rechnen muss. Trotzdem gehen wir eine kleine Runde auf dem gut markierten Wegenetz in der Bergwelt über dem Fjord. Der Blick in die vielen Seitentäler ist gewaltig und unvergesslich: Wir fühlen uns wie Statisten in einem riesigen Gemälde, in dem die Ortschaften am Fjordufer wie Miniaturen wirken. Schnell noch bei einem Kaffee im Panoramarestaurant aufgewärmt, bevor uns die Gondel zurück an den Fjord bringt. Den restlichen Tag verbringen wir in einem weiteren Seitental, dem Oldendalen. An dessen Ende kann man auf einer kurzen Tour zum Gletscherarm Briksdalsbreen gehen oder auf dem Bauernhof Aabrekk Gard die leckersten Produkte direkt vom Erzeuger erwerben.

Für den folgenden Tag haben wir uns die Tour zum Gipfel des mächtigen Skåla vorgenommen. Auf dem offiziell längsten Aufstieg Norwegens kämpfen wir uns immerhin steile 1843 Höhenmeter hinauf, für die man am Ziel aber auch reichlich entschädigt wird: Es gibt kaum Worte, um zu beschreiben, was wir empfinden, als hinter den schnee-

↓ **DIe Alm Breng Seter – berauschendes Grün, Ruhe, Entspannung**

↑ Die Gletscherzunge Bøyabreen schiebt ihre Eismassen über die grauen Felsen.

bedeckten Berggipfeln die Sonne untergeht. Wir übernachten in der DNT-Berghütte auf dem Skåla, steigen am nächsten Tag ab und sind heilfroh, dass wir nun im Auto die Reise fortsetzen. Jede Bewegung erinnert uns an die Wanderung der letzten beiden Tage … (Wanderungen → Seite 111).

Auf dem Fv 60 quälen wir uns die Serpentinen an den Berghängen neben dem Nordfjord hinauf. Oberhalb der Serpentinen erreicht man gegenüber vom Breimsbygda Skisenter einen kommunalen Park- und Stellplatz, auf dem man gegen eine geringe Gebühr die Nacht verbringen kann. Am nächsten Tag geht es auf der Europastraße E 39 weiter Richtung Sognefjord. Wir passieren Skei i Jølster, einen wichtigen Knotenpunkt in der Region. Neben einer entsprechend guten Infrastruktur findet sich hier auch ein ganz besonderer Souvenir-Shop: Bei Audhild Viken, direkt neben der Straße, gibt es ganzjährig traditionelle norwegische Weihnachtsfiguren zu kaufen. Für uns ein guter Grund, hier eine Pause einzulegen, ehe wir dem Rv 5 weiter durch die Bergwelt folgen.

Nach dem Fjærlandstunnelen weist das braune Schild »Bøyabreen« den Weg zur gleichnamigen Gletscherzunge. Das blaue Eis leuchtet auf den Bergen, die wir gerade im Tunnel durchquert haben. Wir machen ein Picknick auf dem großen Rastplatz, und dann ist es nicht mehr weit bis zum ersten Ausläufer des Sognefjords: In der Nähe des Örtchens Fjærland trifft der Fjærlandfjord auf Land, und

CAMPINGPLATZ AM SEE LOVATNET

genau hier liegt das Norwegische Gletschermuseum, das mit einer interaktiven Ausstellung über die Geschichte der Region, die Entstehung der Gletscher sowie die besonderen Herausforderungen für unsere Umwelt informiert.

DER SOGNEFJORD, KÖNIG DER FJORDE

Irgendwie kommen wir nicht so schnell voran wie geplant – entlang der Strecke gibt es einfach viel zu viel zu sehen. Während unserer gesamten Tour machen wir die Erfahrung, dass hinter jeder Kurve und jedem Tunnel vollkommen neue und oft noch großartigere Aussichten auf uns warten. Immer wenn wir glauben, jetzt wirklich alles gesehen zu haben, werden wir eines Besseren belehrt. So ergeht es uns auch zwei Tunnel später.

● **TIPP** ***Auf dem Parkplatz Berge am rechten Straßenrand bietet sich ein unvergesslicher Blick über den Seitenarm des Sognefjord, der in den unwirklichsten Farben leuchtet.***

Über Sogndal, das Zentrum der Region, fahren wir auf dem Fv 55 weiter zu unserem heutigen Tagesziel, nach Solvorn. Der Ort mit seinen gerade mal 200 Einwohnern ist einer unserer Lieblingsplätze in dieser Gegend. Am Parkplatz neben der Kirche können selbst größere Wohnmobile parken. Von dort schlendern wir durch das Dörfchen mit seinen engen

↙ Warum man den Sognefjord »König der Fjorde« nennt, ist bei diesem Anblick ganz klar, oder?

↓ Hätten wir nicht unseren Kastenwagen – diese Ferienhütte am Sognefjord wäre eine echte Alternative.

Gassen zwischen den alten weißen Holzhäusern. Es gibt kaum einen idyllischeren Ort an einem norwegischen Fjord, und so war Solvorn schon vor Jahren Filmkulisse für eine Episode der ARD-Reihe »Liebe am Fjord«. Am Sandstrand des Ortes kann man sich in die Fluten des Sognefjords stürzen und danach einen (sündhaft teuren) Kaffee auf der Terrasse des ältesten Hotels Norwegens, des Walaker Hotel, trinken oder die Galerie nebenan besuchen. Von Solvorn aus verkehrt eine kleine Fähre nach Urnes, einem Weiler auf der anderen Seite des Fjords.

● **TIPP** ***Mit der Fähre übersetzen, im Bauernhof-Café Urnes Gård einen leckeren Hirschburger probieren und anschließend die älteste Stabkirche Norwegens besichtigen.***

Danach geht es mit der Fähre wieder zurück nach Solvorn, und wir steuern einen der Campingplätze in der Nähe an.

Am nächsten Tag gehen wir eine für uns bereits traditionelle Wanderung: Die Tagestour zum Gipfel des Molden (1116 m ü. d. M.) nordöstlich von Solvorn gehört zu einem Besuch am Sognefjord einfach dazu, und so haben wir schon fast ein Dutzend Mal das unvergessliche Panorama vom Gipfel über den Fjord und seine Nebenarme genießen können (Wanderungen → Seite 111).

↓ Wir können vom Sognefjord gar nicht genug kriegen … Hier läuft gerade die Fähre von Urnes in Solvorn ein.

Sehenswert ist auch das nahe gelegene Jostedalen. Die Straße führt von Gaupne neben dem reißenden Fluss Jostedøla unter anderem zum Gletschermuseum Breheimsenteret. Von dort erreicht man über eine mautpflichtige Straße den Parkplatz an der Lagune der Gletscherzunge Nigardsbreen. Hier kann man sich mit einem Boot über den See bringen lassen, ein Kajak ausleihen oder auf dem markierten Weg am Seeufer bis zum ewigen Eis wandern. Wer auf dem Gletscher wandern möchte, sollte eine der geführten Touren nutzen, um unnötige Risiken zu vermeiden. Die Gletscherarme aus blauem Eis auf den grauen Felsen beeindrucken uns jedes Mal aufs Neue.

Vom Jostedalen nach Gaupne zurückgekehrt, könnte man nun wieder bis Sogndal zurückfahren und mit der Fähre auf relativ kurzem und schnellem Weg nach Lærdal gelangen. Wir wählen allerdings einen erheblichen Umweg über die Norwegische Landschaftsroute Sognefjellet und den Tindevegen, um durch das Hochgebirge die Ausläufer des Fjords zu umfahren. Die 108 km lange Norwegische Landschaftsroute Sognefjellet schmiegt sich ab Gaupne zunächst an das Ufer des Sognefjord, der im Dorf Skjolden endet. Von hier aus steigt sie zuerst sanft und dann immer steiler an, um schließlich über etliche Serpentinen in die Gebirgswelt des Jotunheimen zu führen. Die Strecke, die

↓ Die Tour auf den Molden hat für uns Tradition. Von dort sehen wir über den Sognefjord auf das Gebirge Jotunheimen.

↑ In Skjolden endet der Sognefjord, hier beginnt die Strecke ins Hochgebirge, der Sognefjellvegen.

im weiteren Verlauf über den höchsten Pass Skandinaviens führt, ist oft bis in den Sommer gesperrt. Am historischen Berghotel Turtagrø biegen wir auf die schmale und kurvenreiche Bergstraße Tindevegen ab. Die Fahrt über die alpine Passstraße durch die raue und unwirtliche, aber zugleich imposante Bergwelt ist ein Highlight für sich. Am Horizont bietet sich immer wieder ein Blick auf die Bergformation Hurrungane, während am Straßenrand der Schnee des letzten Winters einen ungefähren Eindruck von den extremen Bedingungen vermittelt. An einer Schranke bezahlen wir mit der Kreditkarte für die Nutzung der Strecke, und dann geht es bis nach Øvre Årdal nur noch talwärts.

In dem kleinen Ort biegt eine Straße in das malerische Tal Utladalen ab. In der Nähe des Naturhus Utladalen mit einer Ausstellung zum Jotunheimen-Nationalpark und einem Café befindet sich ein Parkplatz. Hier beginnt eine etwa 6 km lange und wunderschöne Familienwanderung zum höchsten, nicht regulierten Wasserfall Norwegens, dem Vettisfossen. Über 273 m ergießen sich hier die Wassermassen in die Tiefe.

Von Øvre Årdal ist es dann nicht mehr weit nach Lærdalsøyri mit seinem schönen Badestrand am Fjord und dem benachbarten Campingplatz, auf dem wir übernachten. Bei einem Spaziergang erreicht man die 160 bunten Holzhäuser im historischen Ortskern Gamle Lærdalsøyri, die mittlerweile unter Denkmalschutz stehen.

Für die weitere Routenplanung muss man sich nun entscheiden, ob man der Europastraße E 16 durch den längsten Straßentunnel der Welt folgt oder lieber auf dem 47 km längeren Umweg über die Norwegische Landschaftsroute Aurlandsfjellet die Landschaft genießt. Natürlich nehmen wir die längere Fahrzeit gern in Kauf und überqueren daher auf der Norwegischen Landschaftsroute den 1306 m hohen Pass zwischen Læerdal und Aurland – bis zum Bau des Tunnels die einzige Verbindung zwischen den beiden Orten. Die größte Attraktion auf der Strecke ist für uns der Aussichtspunkt Stegastein, der in schwindelerregender Höhe, 600 m über dem Aurlandsfjord, ein einzigartiges Fjordpanorama ermöglicht. Nebenbei sei bemerkt, dass die Toilette am Aussichtspunkt 2015 vom britischen Magazin »DesignCurial« zur »Schönsten Toilette der Welt« gewählt wurde. Wenn das kein weiterer Grund für einen Besuch ist?

Von Aurland ist es nur ein Katzensprung bis nach Flåm, einem mittlerweile recht touristisch geprägten Ort. Allerdings wartet hier eine Attraktion auf Reisende: Mit einem Zug der Flåmsbana kann man vom Bahnhof auf einer der schönsten Zugstrecken der Welt durch 20 Tunnel und nach einer atemberaubenden Fahrt die 867 m höher gelegene Endstation Myrdal erreichen. Anschließend fährt man entweder im selben Zug zurück oder macht es uns nach: Wir haben unsere Fahrräder mitgenommen und sind die Strecke auf dem benachbarten Rallarvegen zurück ins Tal gerollt. Ein fantastisches Erlebnis!

Lediglich zwei weitere Tunnel trennen uns nun von Gudvangen. Der kleine Ort liegt am Ende des UNESCO-Welterbes Nærøyfjord, einem weiteren Seitenarm des Sognefjords. Von Gudvangen aus kann man sich entweder auf Ausflugsschiffen, der regulären Fähre nach Kaupanger oder mit einem Kajak aufs Wasser begeben. Steile Felswände steigen ringsum viele hundert Meter in die Höhe und verleihen der Landschaft eine dramatische Schönheit. Man kann sich kaum vorstellen, wie die Menschen auf den Bergbauernhöfen oberhalb des Fjords ihr Auskommen fanden. Einige unserer Fragen beantwortet das Wikingerdorf Njardarheimr: Das originalgetreu nachgebaute Dorf mitten in Gudvangen bietet einen tollen Einblick in das entbehrungsreiche Leben im frühen Mittelalter. In der Sommersaison lassen sich hier zudem einige Handwerker bei der Pflege alter Traditionen und Handwerkskünste über die Schulter schauen.

Nach den vielfältigen Eindrücken der letzten Tage wollen wir nun auf direktem Weg nach Bergen fahren. Auf der Route über die Europastraße E 16 kommt man schnell voran, doch die vielen Aussichtspunkte und Attraktionen links und rechts des Weges verführen immer wieder zu kleinen Abstechern. Sollte euch zum Ende dieser Tour beispielsweise noch das passende Andenken oder Mitbringsel fehlen, empfiehlt sich kurz vor Bergen ein Halt in Dale. Unweit der Europastraße werden beim Marktführer Dale of Norway seit 1879 die weltberühmten Norweger-Pullover produziert, die man im benachbarten Fabrikverkauf zu vergleichsweise günstigen Preisen erwerben kann.

Aber jetzt schnell nach Bergen, denn für die alte Hansestadt sollte man zwei bis drei Tage einplanen, um wenigstens die Klassiker in Zentrumsnähe zu erkunden. Dazu zählen unter anderem das UNESCO-Weltkulturerbe Bryggen, der Fischmarkt Fisketorget sowie die schmalen Gassen der älteren Stadtteile von Gamle Bergen. Und natürlich sollte man einmal entweder mit der Standseilbahn auf den Fløyen oder mit der Seilbahn auf den Ulriken fahren, um den grandiosen Blick über die gesamte Stadt zu genießen. Im Übrigen kann man auch beide Bergstationen zu Fuß und über einen Wanderweg zwischen den beiden Gipfeln erreichen. Kaum eine andere Großstadt Norwegens bietet so viele vergleichbare Möglichkeiten, um quasi direkt aus dem Stadtzentrum in die umliegende Bergwelt zu wandern.

> Vom 867 m hohen Myrdal rollen wir mit unseren Fahrrädern auf dem Rallarvegen zurück ins Tal. Ein fantastisches Erlebnis!

Zum Übernachten empfiehlt sich der 2021 neu geschaffene Wohnmobil-Stellplatz in Bergen oder einer der Campingplätze im Umland. Mit den öffentlichen Verkehrsmitteln kann man das Stadtzentrum von dort aus gut erreichen.
● **TIPP** ***Wer mit seinem Wohnmobil das Zentrum von Bergen besuchen möchte, sollte auf dem (kostenpflichtigen) Parkplatz am Hafenterminal der Fjord Line und Hurtigruten parken, da ansonsten fast nur Parkhäuser zur Verfügung stehen.***

Hier, im Hafen von Bergen, geht unsere abwechslungsreiche Reise durch die schönsten Winkel und auf den spannendsten Routen von Fjordnorwegen leider zu Ende. Wenige Stunden und ein letztes norwegisches Softeis später gehen wir an Bord der Fähre, auf der wir nach Dänemark zurückreisen. Einmal mehr nehmen wir nicht nur unauslöschliche Eindrücke mit zurück, sondern bereits ebenso viele Ideen und Wünsche für unsere nächste Tour – denn eines ist ganz sicher: Auch auf den folgenden Touren wartet hinter jeder Biegung und Bergkuppe ein neues Highlight …

→ Beim Blick vom Ulriken über die Stadt Bergen stellt sich schon wieder Fernweh ein.

ROUTENINFO

↑ Mit dem Kastenwagen unterwegs auf dem Sognefjellvegen, über Skandinaviens höchsten Pass.

LÄNGE

1560 km auf unserer Route von Oslo nach Bergen. Für eure eigene Reiseplanung solltet ihr als Mittelwert eine Fahrtzeit von ca. zwei Stunden pro 100 km einplanen.

DAUER

Je nach eurem Reisetempo eignet sich die Route perfekt für einen Roadtrip von 2–3 Wochen. Dazu gibt es entlang der Strecke und in der Kombination mit anderen Routen Optionen für längere Abstecher oder weitere Unternehmungen.

REISEZEIT

Einige Pässe und Passagen der Route können nur von Juni bis September genutzt werden. Daher bieten sich für die Tour die Sommermonate an. Wir empfehlen die Zeit nach den norwegischen *Fellesferie* ab etwa Mitte August: Dann ist es bereits deutlich ruhiger im Land, die touristische Infrastruktur steht aber fast noch komplett zur Verfügung.

FAHRZEUG

Die Route kann man bei sommerlichen Witterungsbedingungen mit allen regulären Wohnmobilen befahren. Wenn ihr ein Wohnwagen-Gespann habt, solltet ihr euch vorab über entsprechende Beschränkungen auf den besonders anspruchsvollen Straßen um den Geirangerfjord, am Trollstigen sowie am Sognefjellvegen und dem Tindevegen informieren, denn dort gibt es Vorgaben für die maximale Gespannlänge und auch generelle Fahrverbote. Wer die Tour im Frühsommer oder ab dem frühen Herbst machen möchte, fährt besser mit Winter- oder Allwetterreifen: Gerade bei der Überquerung von Gebirgspässen kann es zu winterlichen Straßenverhältnissen kommen.

SPARTIPP BERGEN & OSLO

Mit der Bergen Card bzw. der Oslo Card bekommt ihr kostenlosen Eintritt und/oder Ermäßigungen für verschiedene Aktivitäten, kulturelle Angebote, in Geschäften, Restaurants sowie auf Parkplätzen. Mehr Informationen auf www.visitbergen.com/bergen-card, www.visitoslo.com/de/aktivitaten-und-attraktionen/oslo-pass/

CAMPING- & STELLPLÄTZE

VON OSLO AN DEN GEIRANGERFJORD

1 Sjølyst Bobilparkering
▶ Drammensveien 164, 0277 Oslo
GPS: 59.920318, 10.675226
Tel. +47 45 86 96 04
www.bobilparkering.no/de/

2 Bogstad Camping ★★★☆☆
▶ Ankerveien 117, 0766 Oslo
GPS: 59.9625, 10.64208333
Tel. +47 22 51 08 00
■ pincamp.de/of2200

3 Camping Randsverk ★★★☆☆
♥ Der weitläufige Platz inmitten der grandiosen Landschaft ist eine ideale Basis für Ausflüge in die Region, Wanderungen aller Schwierigkeitsgrade und weitere Entdeckungen im Jotunheimen. Der nette Besitzer spricht perfekt Deutsch und verrät seinen Gästen gern den ein oder anderen Insider-Tipp.
▶ Fjellvegen 1970, 2683 Tessanden
GPS: 61.730083, 9.081184
Tel. +47 97 50 30 81
■ pincamp.de/og3900

4 Nordal Touristsenter ★★★☆☆
▶ Riksvei 15 79, 2686 Lom
GPS: 61.83846667, 8.5709
Tel. +47 61 21 93 00
■ pincamp.de/og4300

5 Geirangerfjorden Feriesenter ★★★☆☆
♥ Perfekt gelegener und professionell geführter Platz für etwa 30 Wohnmobile direkt am Ufer des Geirangerfjord. Hier kann man auch Boote für Ausflüge über den Fjord leihen und die Einrichtungen im benachbarten Hotel nutzen.
Ørnevegen 180, Grande, 6216 Geiranger
GPS: 62.11538333, 7.18528333
Tel. +47 95 10 75 27
■ pincamp.de/fg8100

VOM GEIRANGERFJORD AN DIE VESTKYSTEN

6 Trollstigen Camping
▶ Fv63 550, 6300 Åndalsnes
GPS: 62.499167, 7.671167
Tel. +47 91 39 01 05
■ pincamp.de/pin_235972

ALESUND UND DIE INSELN AN DER WESTKÜSTE

7 Hjelsetgården Bobilparkering
▶ Sorenskriver Bulls Gate 29, 6002 Ålesund
GPS: 62.476472, 6.158583
Tel. +47 70 16 21 28
www.alesundbobil.no

8 Camping Goksøyr ★★☆☆☆
▶ Goksøyrvegen 51, 6096 Runde
GPS: 62.40428333, 5.62501667
Tel. +47 70 08 59 05
■ pincamp.de/fg8800

9 Camping Refviksanden
▶ Refviksanden 3, 6710 Raudeberg
GPS: 62.001833, 5.086111
Tel. +47 48 88 29 99
www.refvikbygda.no

ENTDECKUNGEN AM NORDFJORD

10 Sande Camping
♥ Der Stellplatz liegt inmitten der gigantischen Bergwelt direkt am Ufer des großen Bergsees Lovatnet und wird von einem netten Paar geführt. Es gibt einen kleinen Kiosk sowie ein Restaurant und eine Vielzahl toller Grillplätze am Wasser. In einer kleinen Lagune kann man baden oder seine Kajak-Tour auf dem See beginnen. Traumhaft schön!
Lodalsvegen 494, 6789 Stryn
GPS: 61.8519, 6.91196667
Tel. +47 41 66 91 92
■ pincamp.de/fg7400

11 Stellplatz Breimsbygda Skisenter
▶ Fv60, 6826 Byrkjelo
GPS: 61.765491, 6.503707
Tel. +47 57 86 73 68
www.breimsbygdaskisenter.no

12 Jostedal Camping ★★★☆☆
▶ Jostedalsvegen 3041, 6871 Jostedal
GPS: 61.630625, 7.266445
Tel. +47 97 75 67 89
■ pincamp.de/fg5900

13 Nymoen Leirplass
▶ Primær Fylkesvei 55, 6876 Skjolden
GPS: 61.490083, 7.606667
Tel. +47 57 68 66 03
■ pincamp.de/pin_235974

14 Lærdal Ferie- og Fritidspark ★★★★☆
▶ Grandavegen 5, 6887 Lærdal
GPS: 61.100733, 7.470193
Tel. +47 57 66 66 95
■ pincamp.de/fg5300

15 Flåm Camping og Vandrarheim ★★★☆☆
▶ Nedre Brekkevegen 12, 5743 Flåm
GPS: 60.86298, 7.10976
Tel. +47 94 03 26 81
■ pincamp.de/fg5100

16 Grimen Motel & Camping AS
▶ Hardangervegen 265, 5226 Nesttun
GPS: 60.347667, 5.414722
Tel. +47 55 10 25 90
■ pincamp.de/pin_235976

Weitere Informationen zu Norwegen
→ Seite 230

PIN CAMP

Wanderungen an der Fjordnorwegen-Route

Wandern in Norwegen ist mehr als nur eine Freizeitaktivität: Das »friluftsliv« ist ein Lebensgefühl, das aus der tiefen Verbundenheit der Norweger zur Natur entsteht. Auf unzähligen markierten Wanderwegen unterschiedlichster Schwierigkeitsgrade eröffnen sich atemberaubende Aussichten über die Fjorde und die Küstenlinie, in den Wäldern und Tälern warten unvergessliche Abenteuer.

↑ Blick über den Lustrafjord bis zum Molden

↑ Vom Aussichtspunkt Flydalsjuvet blickt man hinab auf den Geirangerfjord.

Anders als im deutschsprachigen Raum setzt man generell auf mehr Eigenverantwortung, und so sind z. B. selbst abschüssige Wege selten gesichert. Daher sollte man sich vorab immer genau über die Tour und deren Schwierigkeitsgrad informieren. Die über 500 Hütten des Norwegischen Wandervereins (DNT) bieten auf den Touren eine perfekte Infrastruktur.

RUNDWANDERUNG ÜBER DEN BESSEGGENGRAT

Die Rundwanderung beginnt in beide Richtungen an der DNT-Hütte Gjendesheim. Wir empfehlen die weniger anspruchsvolle Variante mit dem Aufstieg von der Wanderhütte Memurubu. Diese erreicht man mit dem Linienboot oder auch zu Fuß. Von dort folgt man dem steilen Weg hinauf zum Besseggengrat und steigt dann hinab nach Gjendesheim. Auf dem Weg wird man mit einem unvergesslichen Ausblick auf den grünen Gjendesee und den tiefblauen Bessvatnet belohnt – versprochen!

● **TIPP** ***In der Hauptsaison sollte man vorab einen der begehrten Plätze auf einem Boot reservieren (www.gjende.no/de/fahrplan).***
Region: Jotunheimen | Ausgangspunkt: Hütte Gjendesheim | GPS: 61.490865, 8.628952 | Länge total: 13,5 km | Schwierigkeit: schwer | Hinweis: ausreichend Wasser mitnehmen

AM GEIRANGERFJORD ZUR ALM HOMLONGSÆTRA

Die vielseitige Wanderung bietet ständig neue Ausblicke auf den legendären Geirangerfjord. Entlang der Strecke gibt es einige historische Hochalmen zu entdecken, unter denen die gut erhaltene Homlongsætra das Highlight ist.

Alternativ kann man die Wanderung auch als größere Rundtour gestalten, indem man über die Sommerfarm Skageflå, von der man einen grandiosen Blick auf die Wasserfälle Dei sju systrene (»Sieben Schwestern«) hat, zum Geirangerfjord absteigt und sich von dem kleinen Anleger mit dem Boot in das Dorf Geiranger zurückbringen lässt.
Region: Geiranger | Ausgangspunkt: Parkplatz am Fjordufer | GPS: 62.106688, 7.180400 | Länge total: 6 km | Schwierigkeit: mittel

TOUR VOM CAMPINGPLATZ GOKSØYR ZUM RUNDE FYR

↓ Da müssen wir runter – Abstieg vom Skåla zum Nordfjord.

Nach dem kurzen Aufstieg vom Campingplatz auf die Hochebene der Insel Runde kann man der Rundtour auf einem gut markierten Weg oberhalb der steilen Klippen folgen. Dabei passiert man einige der Schutzgebiete für die unzähligen Seevögel und genießt fast durchweg einen herrlichen Blick über die westnorwegische Küstenlandschaft. Am Westende der Insel führt ein Abstieg bis auf Meereshöhe. Dort gelangt man zu dem pittoresken Leuchtturm Runde Fyr.

Region: Herøy | Ausgangspunkt: Campingplatz Goksøyr | GPS: 62.404364, 5.624775 | Länge total: 6,6 km | Schwierigkeit: mittel

FAMILIENWANDERUNG AUF DEN VETEN (MÅLØY)

Nach etwa 4 km und einem moderaten Anstieg von nicht einmal 500 m öffnet sich eine grandiose Aussicht über die Insel Vågsøy und die umliegende Küste. Eine beliebte Abendwanderung bei den Einheimischen.

Region: Vågsøy | Ausgangspunkt: Parkplatz am Stadion | GPS: 61.934210, 5.102436 | Länge total: 8 km | Schwierigkeit: mittel

KÜSTENWANDERUNG ZUM SKONGENES FYR

Die Tour zum über 150 Jahre alten Leuchtturm Skongenes Fyr führt durch Küstenwälder, über Wiesen und Klippen. Nach etwa zwei Stunden hat man den nördlichsten Punkt der Insel Vågsøy erreicht. Das romantische Leuchtturmwärterhaus steht heute als Hütte des DNT für Mitglieder und Tagesgäste offen.

Region: Vågsøy | Ausgangspunkt: Parkplatz an einer engen Kurve | GPS: 62.012128, 5.128371 | Länge total: 6 km | Schwierigkeit: leicht

GIPFELWANDERUNG AUF DEN SKÅLA

Beim längsten Aufstieg Norwegens sind 1843 Höhenmeter zu überwinden. Der kräftezehrende und stetig ansteigende Weg führt teilweise über Geröll und Stufen zum Ziel. Von dort schaut man über die schneebedeckten Gipfel und den Nordfjord.

● TIPP ***Die Nacht in der Hütte verbringen und zum Sonnenaufgang aufstehen.***

Region: Nordfjord | Ausgangspunkt: Parkplatz Taugen Camping | GPS: 61.867489, 6.878831 | Länge total: 16 km | Schwierigkeit: expert | Hinweis: Am See Skålavatnet ist die letzte Möglichkeit, Wasser aufzunehmen

GIPFELTOUR AUF DEN MOLDEN

Knapp 700 Höhenmeter in unterschiedlichem Terrain müssen überwunden werden, bis man mit diesem sensationellen Panorama über den türkisfarbenen Sognefjord und das Jotunheimen belohnt wird. Achtung: Suchtpotenzial!

Region: Sognefjord | Ausgangspunkt: Parkplatz Krossen | GPS: 61.333226, 7.272072 | Länge total: 7,8 km | Schwierigkeit: schwer | Hinweis: keine Möglichkeit, Wasser aufzunehmen

ENTLANG DER WESTKÜSTE DÄNEMARKS – VON LEUCHTTÜRMEN, FISCHERDÖRFERN UND ENDLOSEN STRÄNDEN

Unglaublich: An keinem Ort Dänemarks ist man mehr als 55 km vom Meer entfernt und somit meist auch nicht weiter von einem der endlosen Sandstrände. An der rund 7300 km langen Küstenlinie vermitteln mehr als 200 Leuchttürme, die kleinen Dörfer in den Dünen, unzählige Fischräuchereien und bunte Boote eine unverwechselbar maritime Atmosphäre. Vor allem an der Nordseeküste lässt die frische Meeresbrise die Luft nach Salz schmecken und bläst die Sorgen förmlich weg, während die weite Landschaft im klaren Licht geradezu unwirklich erscheint.

Wohl auch deshalb ist den Dänen selbst die *hygge* wichtig – das dänische Wort lässt sich nicht direkt übersetzen, doch der Begriff steht für eine ausgeprägte Gemütlichkeit, Lebensgenuss, aktive Entspannung und die Bereitschaft, kleine Dinge im Alltag zu schätzen. Für uns ist Dänemark daher ein nahezu perfektes Ziel, um fernab angesagter Hotspots auf langen Strandspaziergängen eine kleine Auszeit zu genießen und die Seele abseits der alltäglichen Hektik baumeln zu lassen. Also machen wir uns auf die Suche, um entlang der Nordseeküste Dänemarks Genuss, Entspannung und Gelassenheit zu finden sowie die legendären Sonnenuntergänge zu beobachten.

GANZ IM NORDEN: DAS LICHT VON SKAGEN

Wir beginnen diese Reise an einem wunderschönen Sommertag am vermeintlich nördlichsten Punkt des Landes, der Landzunge Grenen. Am Ende der Landspitze sehen wir fast nur noch weiß leuchtenden Sand, der sich wie ein riesiger Keil in das Meer schiebt und an dessen Spitze sich die Nordsee am Skagerrak mit dem Kattegat in der Ostsee

↓ Der erste Leuchtturm auf dieser Reise, aber wahrlich nicht der letzte, ist Grå Fyr bei Skågen.

↑ Sonnenuntergänge sind immer wieder anders. Die schönsten gibt es an der Nordseeküste.

trifft. Bilden wir es uns nur ein, oder kann man tatsächlich erkennen, wie die beiden Meere sich vermischen? Die Wellen tanzen und überschlagen sich, um sich anschließend in weißer Gischt aufzulösen. Am liebsten möchte man sich sofort in die Fluten stürzen, aber leider ist das Baden wegen der starken Strömung hier lebensgefährlich. Also belassen wir es bei dem unverzichtbaren Erinnerungsbild mit jedem Fuß in einem anderen Meer.

● TIPP *Anschließend kann man die knapp 1000 m zum Parkplatz zurückgehen oder sich vom Sandormen (»Sandwurm«) fahren lassen. Der Traktor mit seinem speziellen Anhänger ist bereits seit über 50 Jahren während der Sommersaison als Shuttle für die Besucher zwischen dem Parkplatz und der Landspitze unterwegs – kann allerdings nur bar bezahlt werden.*

Wir entscheiden uns, auf einer Rundwanderung die Gegend zu erkunden, und folgen zunächst der Strandlinie in westlicher Richtung. Unser Blick geht Richtung Meer ... Liegen dort hinten Robben? Ja, tatsächlich! Im Naturreservat ringsum sind unter anderem Robben heimisch, die sich am Strand und auf den Sandbänken tummeln. Unbeeindruckt von den vielen Touristen nehmen sie dort regelmäßig ein Sonnenbad. Außerdem lassen sich in der näheren Umgebung auch Adler und andere Greifvögel beobachten – neben den ungezählten Möwen. Wie gut, dass wir unser Fernglas dabei haben.

Nach rund 2,5 km entdecken wir an Skagens Nordstrand den wirklich nördlichsten Punkt des dänischen Festlandes und werden so in unserer Auffassung bestätigt, dass sich Geografen und Tourismusmanager wohl nur selten auf EINEN Ort einigen können.

Bei nächster Gelegenheit halten wir uns links und folgen einem der markierten Wege in Richtung Parkplatz, wo wir schon bald den Leuchtturm Grå Fyr (»Grauer Leuchtturm«) ausmachen können. Natürlich müssen wir da hoch, und nach einem Aufstieg über 210 Stufen genießen wir aus luftiger Höhe einen fantastischen Blick auf die schmale Landzunge im viel beschworenen Licht von Skagen. Die Farben strahlen hier ganz besonders. Bereits in der Mitte des 19. Jh. begründeten Maler daher in Skagen eine Künstlerkolonie, um dieses Licht in ihren Bildern zu verewigen.

Nach den vielen Stufen haben wir uns erst einmal ein dänisches Softeis verdient. Dieses gönnen wir uns 7 km weiter südlich, am Kiosk neben dem Parkplatz, wo die kurze Wanderung zur Tilsandede Kirke (»Versandete Kirche«) beginnt.

Wir gehen ein Stück auf markierten Wegen durch die Dünen, wo der einsame Kirchturm als letztes sichtbares Bauteil der Versandeten Kirche an eine dramatische Vergangenheit erinnert: Obwohl die Gemeinde von Skagen verbissen um ihre Kirche St. Laurentius kämpfte, wurde das Gotteshaus im 18. Jh. fast vollständig unter Treibsand begraben – der Kampf gegen die übermächtigen Sandverwehungen war einfach nicht zu gewinnen. Inzwischen hat sich die entstandene Dünenlandschaft zu einem beliebten Wandergebiet entwickelt: Von hier aus erreicht man auch direkt den Ort Skagen.

Nur eine kurze Fahrtstrecke weiter geben uns die Sandmassen der Wanderdüne Råbjerg Mile einen weiteren Eindruck von den gewaltigen Kräften der Natur. Unglaubliche 2 km² Fläche bedeckt Dänemarks größte Wanderdüne, die an ihrem höchsten Punkt immerhin 40 m über den Meeresspiegel hinausragt und jedes Jahr etwa 15 m weiter nach Osten wandert. Ein Ort mit Sahara-Feeling. Etwas Vorsicht ist allerdings beim Wandern geboten, da es einige gefährliche Stellen mit Treibsand gibt.

DIE JAMMERBUCHT – FRÜHER EIN TRAURIGER ORT

Irgendwann und irgendwie haben wir dann auch den Sand aus den Schuhen bekommen und setzen im warmen Licht des dänischen Nordens unsere Tour fort. Dazu folgen wir zunächst der Hauptverkehrsstraße 40 und biegen dann auf die Nebenstrecke 597 nach Hirtshals ab – die Strände bei Tversted lassen wir einfach rechts liegen. Hirtshals ist die bedeutendste Hafenstadt im Nordwesten des Landes. Von hier aus erstreckt sich die Jammerbugt (»Jammerbucht«) über 100 km nach Süden bis zum Kreidefelsen Bulbjerg. Der Name der Bucht lässt es schon erahnen: Hier strandeten in früheren Zeiten zahlreiche Schiffe, und viele Seeleute starben einen jammervollen Tod. Heute ist die Jammerbucht ein Ort zum Baden, Reiten und Relaxen, denn an den 13 wunderbaren Stränden kommt ein Hauch von Südsee-Feeling auf. Hier kann man traumhafte Urlaubstage verbringen.

Der legendäre Fischreichtum der Jammerbucht hat in Hirtshals einen der größten Fischereihäfen Dänemarks entstehen lassen, in dessen Umgebung viele Händler fangfrischen oder auch geräucherten Fisch anbieten. Wir lassen heute kochen und gönnen uns in einem der vielen einladenden Restaurants ein üppiges Fischmenü. Anschließend geht es auf den 35 m hohen Leuchtturm Hirthals Fyr. Er gilt als Wahrzeichen der Stadt, nicht zuletzt, weil er einen fantastischen Rundblick über die gesamte Küstenregion und den Hafen bietet. Diesen kann man übrigens auch auf einer Rundfahrt mit einem historischen Kutter erkunden.

Nach einem erlebnisreichen Tag übernachten wir außerhalb von Hirthals auf dem liebevoll geführten Campingplatz Tornby Strand, der sich hinter den Dünen in der Landschaft duckt. Von hier aus ist es nur ein Katzensprung zu einem der beliebten Autostrände, die man in Dänemark an einigen Küstenabschnitten findet. Vor allem große Familien mit viel Gepäck, Menschen mit Behinderung und Senioren schätzen diese Möglichkeit, der Nordsee so ganz nah zu kommen. Wir können daher den Strand mit unserem Wohnmobil vorsichtig befahren, um kurze Zeit später einen fantastischen Sonnenuntergang zu genießen, während der fangfrische Fisch auf unserem Grill bereits verführerisch duftet.

> Dänemarks größte Wanderdüne ist ein Ort mit Sahara-Feeling – doch Vorsicht beim Wandern: An einigen Stellen gibt es Treibsand!

Am nächsten Tag erleben wir noch einmal die dramatische Seite der Jammerbucht: Etwa 20 km südlich, an der Küste um die Mårup Kirke, erlitt im Jahr 1808 eine englische Fregatte Schiffbruch. Bei diesem Unglück kamen über 200 Seeleute ums Leben. Die Toten wurden auf dem Friedhof der Küstenkirche in einem Gemeinschaftsgrab bestattet. Doch durch die Erosion der Steilküste kam das Meer der kleinen Kirche immer näher, sodass man sich 2008 entschied, das Gotteshaus abzutragen, um es irgendwann an anderer Stelle wieder aufzubauen. Allerdings hat man die sterblichen Überreste in den Grabstellen des Friedhofes zurückgelassen. Somit stürzen immer wieder Gräber mit menschlichen Überresten an der Steilküste in die Tiefe. Es soll sogar schon vorgekommen sein, dass am Strand oder der Abbruchstelle Skelettteile gefunden wurden.

Vom alten Friedhof führt ein schmaler Wanderweg oberhalb der Steilküste entlang. Einige Abbruchstellen verdeutlichen die Gefahren durch die Erosion, und so folgen wir dem Pfad

→ Der Turm der Tilsandede Kirke blieb erhalten, das versandete Kirchenschiff wurde abgerissen.

↑ Im Abendlicht wirken die Bunkeranlagen am Strand von Klitmøller heute gar nicht mehr so bedrohlich.

mit Bedacht, bis wir den Leuchtturm Rubjerg Knude erreichen. Der wohl bekannteste Leuchtturm Dänemarks hat in den letzten Jahren eine traurige Berühmtheit erlangt, weil er ebenfalls ins Meer zu stürzen drohte. Daraufhin formierte sich eine riesige Initiative, um Rubjerg Knude zu retten. 2019 wurde er schließlich in einer spektakulären Aktion etwa 80 m ins Landesinnere versetzt. Ganz Dänemark fieberte mit, bis der Leuchtturm an seinem neuen Platz stand.

NATIONALPARK THY – DÄNEMARKS WILDE NATUR

Unser nächstes Ziel heißt Hanstolm. Der kleine Fischerort erlangte schon Ende der 1960er-Jahre durch die Filmreihe »Die Olsenbande« überregionale Bekanntheit. Einer der Drehorte waren die nahe gelegenen Bunkeranlagen aus dem Zweiten Weltkrieg, Teile des Atlantikwalls, den die Deutschen zur Besatzungszeit errichten ließen. Einen authentischen Eindruck vom heutigen Leben in Hanstolm bekommt, wer an einem Werktag die morgendlichen Fischauktionen im Hafen besucht. Hier ist man tatsächlich mittendrin statt nur dabei.

● **TIPP** ***Wer sein Glück lieber selbst versuchen möchte, kann an Bord eines Schiffes zum Hochseeangeln am Gelben Riff aufbrechen. Die Gewässer sind bekannt für ihren Fischreichtum, unter anderem bekommt man Dorsch, Seewolf oder Steinbutt an den Haken.***

Wir haben das Treiben auf dem Meer und im Hafen vom hoch gelegenen Leuchtturm beobachtet, den es natürlich auch in Hanstolm gibt. Bereits seit 1843 weist er Seefahrern den Weg im Skagerrak.

Für uns geht es aber noch ein Stück weiter entlang der Nordseeküste. Unser nächstes Ziel ist … Hawaii. Hawaii? Ja, richtig gelesen. Der kleine Küstenort Klitmøller ist ein weltweit angesagter Hotspot der Surfer und wird daher auch »Cold Hawaii« genannt. Die Bedingungen für die perfekte Welle sind hier einfach genial, und so treffen sich heute in dem Dorf ganzjährig Surfer. Etliche Surfschulen locken mit Schnupperkursen, und auch wir bekommen im Angesicht der Brandung Lust, uns auf einem Board auszuprobieren.

Die bunten Fischerboote am breiten Sandstrand wirken wie eine perfekte Kulisse für Sommer, Sonne und Ferienzeit. Dabei zeigen sie, mit welchen Herausforderungen die traditionelle Strandfischerei zu kämpfen hat: Ohne einen schützenden Hafen sind die Fischer gezwungen, ihre Boote mithilfe einer Seilwinde auf den Strand zu ziehen. Immer mehr Besucher in dieser Region sehen den Fischern dabei fasziniert zu.

Die Landschaft in der Umgebung sowie im weiteren Verlauf unsere Route ist ein Teil des dänischen Nationalparks Thy. Auf einem Küstenstreifen von etwa 20 km Breite erstrecken sich kleine Seen, weitläufige Küstenwälder und zahllose Sanddünen. Auf einem gut markierten Wegenetz kann man hier zu Fuß oder mit dem Rad in die größte Wildnis Dänemarks eintauchen.

Etwa 15 km südlich liegt im Nationalpark das Fischerdorf Vorupør. Auch hier wird noch Strandfischerei betrieben, wir sehen es an den bunten Fischerbooten. Mit einem typisch dänischen Hotdog in der Hand gehen wir vom Café Vesterhav auf die lange Mole, die 300 m ins Meer hineinragt. Vom Molenkopf hat man einen fantastischen Blick auf das Dorf sowie die zahlreichen Surfer, die sich im Wasser tummeln. Im angrenzenden Meeresschwimmbad geht es

↓ **Die Brandung im Norden Dänemarks kann sich sehen lassen. Surfer warten hier auf die nächste Welle.**

etwas gemächlicher zu, da das abgetrennte Bassin gegen die Brandung schützt. Auf diese Weise gibt es hier einen barrierefreien Zugang in das kühle Nass der Nordsee – ein Highlight in der Umgebung.

● **TIPP** ***In der Fiskebutik und Rogeri in der Vesterhavegade am Parkplatz erhält man neben einer reichen Auswahl an frischem Fisch wertvolle Tipps für die perfekte Zubereitung.***

Wir kaufen uns leckere *fiskefrikadeller* (Fischbuletten) und setzen dann unsere Fahrt auf dem Kystvejen, der Küstenstraße 181, fort, kommen aber nur bis zum nächsten Kreisverkehr. Dort folgen wir dem Wegweiser zum Stenbjerg Landingsplads und finden einen Platz zum Verlieben. Kleine weiße Gerätehäuser von Fischern aus längst vergangenen Tagen säumen den Weg bis zum feinsandigen Strand und verbreiten einen nahezu mediterranen Charme. Die ganze Szenerie erinnert eher an ein Fischerdorf irgendwo in Südeuropa als an Dänemark und beeindruckt uns nachhaltig. Zwei alte Hütten an diesem ehemaligen Landungsplatz können heute besichtigt werden.

Kurz vor dem südlichen Ende des Nationalparks erregt ein weiterer Leuchtturm unsere Aufmerksamkeit, denn er liegt nicht direkt an der Küste, sondern mitten in einem Wald! Vom 35 m hohen Lodbjerg Fyr hat man einen weiten Blick über den Nationalpark. Nach dem Abstieg genießen wir das typisch dänische Gebäck *wienerbrød* im Café neben dem Turm, ehe wir zu einer Wanderung durch die Dünenheide aufbrechen. Wir entscheiden uns für die kleine

↙ In Dänemark kauft man Fisch in der Boutique! Die »Fiksebutik« in Vorupør bietet reiche Auswahl.

↓ Bunte Boote und weiße Häuschen – so manches Fischerdorf in Nordjütland wirkt geradezu mediterran.

Rundwanderung entlang der befestigten Wege, bevor wir unserer Route in Richtung Thorsminde weiter folgen, denn es liegen noch einige Straßenkilometer vor uns.

Südlich vom Lodbjerg Fyr gibt es zwei Möglichkeiten, die Fahrt fortzusetzen: Entweder folgt man weiter der Küstenstraße 181 und nimmt dann die Fähre Thyborøn–Agger, oder man umfährt wie wir auf der Hauptverkehrsstraße 11 in einem größeren Bogen die Bucht Nissum Bredning. Südlich der Bucht sollte man dann auf jeden Fall der Küstenstraße 181 folgen, die hier durch eine maritime Landschaft mit kleineren Orten, vielen Dünen und vereinzelten Seen führt.

FJORDE, ENDLOSE STRÄNDE UND NOCH MEHR LEUCHTTÜRME

Plötzlich sehen wir nur noch Meer: Wasser links, Wasser rechts … Wir befinden uns auf einer atemberaubenden Landzunge! Sie trennt den Nissum Fjord von der offenen See. Rechter Hand sind die Dünen zum Greifen nah, und auf der Fahrerseite öffnet sich ein weiter Blick über den Fjord. Wo er sich allmählich verbreitert, erreichen wir Thorsminde. Der Hafenort liegt im Naturpark Nissum Fjord. Dank seiner Lage zwischen Nordsee und dem ruhigeren Fjord ist Thorsminde ein Paradies für Aktivitäten am und auf dem Wasser. Direkt vom Campingplatz zwischen Meer und Fjord kann man aufs Stand up Board steigen oder Kitesurfen gehen – und es gibt sogar ein Erlebnisbad, falls das Wetter mal nicht mitspielt. Auch Angler wissen dieses Fleckchen Erde durchaus zu schätzen: An den Flussmündungen tummeln sich je nach Saison Lachse, Heringe, Aale und Hornhechte.

↓ Endlose Strände, Platz für jede Art von Sport am und im Wasser … wer davon träumt, ist in Dänemark goldrichtig.

↑ Die Häuser von Blåvand kuscheln sich in die Dünen, der Strand zieht sich kilometerlang.

Nach einer Übernachtung in Thorsminde nähern wir uns am nächsten Vormittag … einem weiteren Leuchtturm. Auch Dänemarks jüngstes Leuchtfeuer, Lyngvig Fyr, will natürlich erklommen werden. Aufgrund eines tragischen Schiffsunglücks, bei dem im Jahr 1903 viele Seeleute zu Tode kamen, wurde dieser Leuchtturm auf den höchsten Dünen am Holland Kit erbaut. Im ehemaligen Wärterhaus befinden sich heute ein kleines Café und ein Museum, das zumindest im Sommer besichtigt werden kann. Wir steigen zur Aussichtsplattform hinauf, und hier bietet sich, wie erhofft, abermals ein fantastischer Ausblick über weite Teile der Westküste. In der Ferne können wir bereits unser nächstes Ziel ausmachen, den kleinen Ort Hvide Sande an der Mündung zum Ringkøbing Fjord.

Kleine Boutiquen, urige Fischräuchereien, Cafés, Restaurants und Museen machen Hvide Sande zu einem beliebten Urlaubsort. Über einen markierten Weg erreicht man die hohe Düne Troldbjerg. Von hier aus bietet sich ein fantastischer Blick über Hvide Sande, die Schleusenanlage und den schmalen Landstreifen, der den Ringkøbing Fjord von der Nordsee trennt. Die Halbinsel Tipperne im Ringkøbing Fjord ist für viele Vogelarten ein bevorzugtes Brutgebiet. Die Besuchszeiten des internationalen Vogelschutzgebietes sind allerdings begrenzt, um die Vögel nicht unnötig zu stören.

VON BLÅVAND NACH RIBE – WIKINGER, BUNKER UND DAS WATT

Wir lassen uns weiter auf der Küstenstraße in Richtung Süden treiben und erreichen so nach einer Stunde den lebhaften Badeort Blåvand. Dort wählen wir den Campingplatz Hvidbjerg Strand Camping als Basis für die nächsten Tage und sitzen kurz nach dem Einchecken bereits in einem der Straßencafés, um das Treiben zu beobachten: Unbeschwert flanieren Urlauber auf der Hauptstraße mit den vielen kleinen Geschäften, Restaurants und Manufakturen. Wer sich nicht selbst im Handwerk versuchen möchte, kann in der Kerzenfabrik, der Glasbläserei und der Bernsteinschleiferei den erfahrenen Handwerkern über die Schultern schauen oder erleben, wie in Dänemarks ältester Süßwarenfabrik Blåvand Bolcher die beliebten knallbunten Bonbons hergestellt werden.

Den nächsten Tag verbringen wir ganz entspannt auf der Halbinsel Skallingen im angrenzenden Nationalpark Vadehavet, einem Teil des UNESCO-Weltnaturerbes Wattenmeer. Wir mögen die Spaziergänge an den oft menschenleeren und endlosen Stränden – besonders im warmen Licht der tief stehenden Sonne. Dann wirkt die geschützte Landschaft mit den hohen Dünen und der weiten Marsch noch weicher. Mit etwas Glück zeigen sich in dem Naturparadies sogar Seehunde. Nordsee-Feeling vom Allerfeinsten …

Tags darauf tauchen wir im modern konzipierten Bunkermuseum Tirpitz in einen dunklen Teil der Historie ein: In der schaurigen Betonkulisse erfahren Interessierte mehr über

↓ Ribe, die älteste Stadt Dänemarks, hat einen mittelalterlichen Stadtkern mit vielen historischen Häuschen.

den Atlantikwall der deutschen Besatzer, hören persönliche Erlebnisse aus dem Zweiten Weltkrieg und können eine spannende Zeitreise durch die Geschichte der Westküste unternehmen. Etwas nördlicher findet man auf der Landzunge Blåvandshuk weitere Bunkeranlagen. Hier liegt der westlichste Punkt Dänemarks, gut gekennzeichnet von einem …? Richtig, von einem Leuchtturm. Der denkmalgeschützte Blåvandshuk Fyr bietet abermals einen unverzichtbaren Blick über die Küste. Mit einem spektakulären Sonnenuntergang endet ein erlebnisreicher Tag.

Ribe steht für *hygge*, für einen unverwechselbaren Cocktail aus Gemütlichkeit, Entspannung, Achtsamkeit und genussvollem Leben.

Am nächsten Morgen setzen wir unsere Tour fort und umfahren zunächst die Hafenstadt Esbjerg. Kurz darauf schlendern wir durch die Gassen der Altstadt von Ribe, der ältesten Stadt Dänemarks. Spätestens in der urgemütlichen Handelsstadt erhält man einen Eindruck davon, was die Dänen unter *hygge* verstehen: Ribe steht für einen unverwechselbaren Cocktail aus Gemütlichkeit, Entspannung, Achtsamkeit und genussvollem Leben. So sollte man sich auch nicht wundern, dass viele Geschäfte am Nachmittag bereits wieder schließen oder man in einem der kleinen Antikläden zwischen all dem Trödel einen Kaffee angeboten bekommt. Während wir durch die schmalen Kopfsteinpflastergassen mit den schrägen Fachwerkhäusern in der geschichtsträchtigen Stadt bummeln, fühlen wir uns in längst vergangene Tage zurückversetzt.

Wer sich für die noch ältere Geschichte der Wikinger in der Region interessiert, dem sei ein Besuch des Freilichtmuseums Ribe VikingeCenter ans Herz gelegt. In dem realistisch nachgebauten Wikingerdorf kann man während des Sommers den Handwerkern beim Schmieden, Drechseln oder bei der traditionellen Zubereitung der Mahlzeiten zuschauen. Noch mehr über die spannende Geschichte der Stadt erfährt man beim abendlichen Rundgang mit dem Nachtwächter. Während er früher für die Ordnung und Sicherheit in den Nachtstunden verantwortlich war, erzählt er heute auf dieser Tour überlieferte, teils recht gruselige Geschichten. Gleichermaßen unheimlich sind die Darstellungen aus der Zeit der Hexenverfolgung im Museum »HEX! Museum of Witch Hunt«. Nach dem Gang durchs Museum sind wir irgendwie froh, dass wir in der heutigen Zeit leben.

Nach diesen vielfältigen Eindrücken in und um Ribe übernachten wir auf dem Campingplatz Ribe Camping – er war 2020 offiziell Dänemarks schönster Platz.

Wer möchte, kann am nächsten Morgen über die Straße 24 und die Autobahn E 45 geradewegs zur Grenze mit Deutschland fahren. Viel schöner finden wir es natürlich, diesen Roadtrip auf einer der vorgelagerten Nordseeinseln stilvoll ausklingen zu lassen. Dabei steht die abgeschiedene Gezeiteninsel Mandø im dänischen Wattenmeer für Natur pur und viel Ruhe in der Nordseeluft – zumal sie mit dem eigenen Fahrzeug nur während der Flut über einen Damm erreichbar ist. Die benachbarte Insel Rømø hingegen ist ein weiteres Urlaubsparadies mit einem vielfältigen Angebot an Aktivitäten, einem perfekt ausgebauten Radwegenetz und Gaststätten mit leckeren Fischgerichten. Außerdem ist der Sandstrand von Lakolk wahrscheinlich einer der schönsten und breitesten Sandstrände in ganz Europa. Man darf ihn zum Teil sogar mit dem Auto befahren. Gleichermaßen zu empfehlen ist der gut ausgestattete Campingplatz First Camp Lakolk Strand – ein perfekter Ausgangsort für viele Aktivitäten und Unternehmungen auf der Insel und mit einem direkten Zugang zum Strand Lakolk.

Wir haben noch einige Tage an den Nordseestränden verbracht und nähern uns nun, mit dem Kompass auf Süden, unweigerlich der deutschen Grenze. Verliebt, wie wir nun mal in den Norden Europas sind, ist das für uns zwar die falsche Richtung – aber eine gute Möglichkeit, um alles für die nächste Reise vorzubereiten. Denn nach der Reise ist vor der Reise …

← Ob Hochseeangeln, Kutterangeln oder wie hier Brandungsangeln – in Dänemark kommen Angler auf ihre Kosten.

ROUTENINFO

↑ »Summertime, and the livin' is easy« – mit dem Auto auf den Strand und dem Sonnenuntergang zusehen …

LÄNGE

Zwischen 400 und 500 km – abhängig davon, ob man der Strecke nur von Skagen bis nach Ribe folgt oder einen zusätzlichen Abstecher auf die Insel Rømø unternimmt. Diese Route lässt sich perfekt in eine Reise zu oder von den Fährhäfen im Norden Dänemarks (Fähren nach Island, Schweden, Norwegen) integrieren oder auch mit einer Tour entlang der Ostseeküste zu einer Rundreise kombinieren.

DAUER

Ideal: 10–14 Tage
Slow Travel: rund 3 Wochen

REISEZEIT

Die Strecke ist ganzjährig befahrbar, wobei sich der Sommer oder die ersten Herbstwochen als beste Reisezeit empfehlen. Im Winterhalbjahr muss jederzeit mit teils heftigen Stürmen und einem stark eingeschränkten touristischen Angebot gerechnet werden.

FAHRZEUG

Auf der Nordsee-Route kann man bei sommerlichen Witterungsbedingungen mit allen regulären Wohnmobilen sowie Wohnwagen-Gespannen fahren.

CAMPING- & STELLPLÄTZE

1 Tornby Strand Camping ★★★★☆

♥ Dieser wunderschön gelegene und weitläufige Campingplatz lässt keine Wünsche offen. Professionell gemanagt und perfekt ausgestattet, bietet er beste Voraussetzungen für einen erholsamen Aufenthalt mit durchweg gepflegten Einrichtungen. Hallenbad, Minigolf und viele weitere Angebote sind vorhanden, am Kiosk gibt's täglich frisches Brot.

▶ Strandvejen 13, 9850 Hirtshals
GPS: 57.55503333, 9.93275
Tel. +45 98 97 78 77
■ pincamp.de/jn5500

2 Nystrup Klitmøller Camping & Cottages ★★½

▸ Trøjborgvej 22, 7700 Thisted
GPS: 57.033240, 8.478628
Tel. +45 97 97 52 49
■ pincamp.de/jn2450

3 Nissum Fjord Camping ★★½

▸ Klitvej 16, 6990 Ulfborg
GPS: 56.31941, 8.14982
Tel. +45 97 49 60 11
■ pincamp.de/jv6800

4 Hvide Sande Camping ★★★

▸ Karen Brands Vej 70, 6960 Hvide Sande
GPS: 55.98583, 8.13456
Tel. +45 97 31 12 18
■ pincamp.de/jv6300

5 Hvidbjerg Strand Feriepark ★★★

▸ Hvidbjerg Strandvej 27, 6857 Blåvand
GPS: 55.543898, 8.134124
Tel. +45 75 27 90 40
■ pincamp.de/jv5300

↓ Ihr wollt noch ein paar Tage auf Rømø verbringen? First Camp Lalolk können wir empfehlen.

6 Ribe Camping

▸ Farupvej 2, 6760 Ribe
GPS: 55.340660, 8.766509
Tel. +45 75 41 07 77
■ pincamp.de/JV3100

7 First Camp Lakolk Strand – Rømø ★★★

♥ Der weitläufige Platz ist nicht nur wegen seiner unmittelbaren Strandnähe sehr beliebt. Eingebettet in die Dünenlandschaft bietet er saubere Sanitärbereiche und gut ausgestattete Gemeinschaftsküchen. Rund um den Ferienpark gibt es Restaurants, einen Supermarkt und einige Geschäfte. Wir haben uns hier Fahrräder ausgeliehen und die Insel erkundet.

▸ Lakolk 2, 6792 Rømø
GPS: 55.145786, 8.493421
Tel. +45 74 75 52 28
■ pincamp.de/jv2200

OFFIZIELLE AUTOSTRÄNDE

Diese speziell gekennzeichneten Strände dürfen mit Fahrzeugen befahren werden. Besonders für Menschen mit Behinderung, Familien mit viel Gepäck, Surfer und Senioren ist das eine feine Sache. Achtung: Falls man sich festfährt, kann es teuer werden, da man aus Sicht der Automobilclubs »Offroad« unterwegs ist.

Diese Autostrände liegen entlang unserer Route:

- Kandestederne–Skagen, Nordjütland
- Rødhus, Nordwestjütland
- Blokhus, Nordwestjütland
- Grønhøj–Løkken, Nordwestjütland
- Saltum Strand, Nordwestjütland
- Nørlev Strand–Hjørring, Nordwestjütland
- Vejers Strand, Südwestjütland
- Rømø, Südwestjütland

Weitere Informationen zu Dänemark
→ Seite 224

EIN MOMENT IN DER WARMEN HERBSTSONNE

»Nimm dir Zeit, um froh zu sein;
es ist die Musik der Seele.«
(ISLÄNDISCHES SPRICHWORT)
Herbst

DER HERBST – GOLDENE FARBEN LASSEN DIE LANDSCHAFT STRAHLEN

Wenn die Tage spürbar kürzer und die Nächte kälter werden, die Nordlichter am Himmel tanzen, überall Pilze sprießen und saftige Beeren in den Wäldern leuchten, dann beginnt die dritte Jahreszeit. Nach einem intensiven Sommer taucht nun die warme Herbstsonne die Landschaft tagsüber in strahlende Goldtöne, während man im Nebel der Morgen- und Abendstunden bereits den nahenden Winter riechen kann. Die Herbststürme lassen dramatische Wolken mit der Sonne kämpfen und malen die schönsten Regenbogen an den Himmel. Auf der Nordhalbkugel kehren Ruhe und eine ganz spezielle Stille ein – die Nordländer bereiten sich auf die dunkle Winterzeit vor.

Der Herbst in **Dänemark** befördert oft das »Gold der Meere«, den wertvollen Bernstein, zutage. Nach einem Herbststurm stehen die Chancen auf einen Fund besonders gut. Wie im Frühling versammeln sich die Stare wieder in den Schilfgebieten des Wattenmeers, um am Abend unglaubliche Flugmanöver am Himmel vorzuführen. Ab Oktober beginnt auch wieder die Austernsaison. Dann kann man die begehrten Muscheln unter Anleitung sammeln – und sie natürlich auch verspeisen. Zahlreiche Spaziergänger genießen jetzt die herrliche Salzluft an der rauen Nordsee, während vor allem in Nordjütland unzählige Surfer versuchen, in der wilden Brandung die perfekte Welle zu reiten.

In **Schweden** und **Finnland** sind endlich die lästigen Mücken verschwunden – perfekt, um unbeschwert zu langen Wanderungen durch das intensiv gefärbte Fjell und die Wälder aufzubrechen. Die Finnen bezeichnen diese kurze Zeit des Übergangs vom Sommer zum Winter mit der intensiven Herbstfärbung in unzähligen Rot-, Gelb- und Orangetönen als *ruska*. Die Jagdsaison ist in vollem Gange, deswegen sollte man zur eigenen Sicherheit eine Warnweste tragen und auf die Warnschilder achten, die eine Jagd ankündigen. Die Einheimischen nutzen die Zeit noch einmal besonders intensiv für die verschiedensten Outdoor-Aktivitäten, bevor der lange Winter beginnt. An den vielen Feuerplätzen und Schutzhütten knistern gemütliche Feuer, über denen nicht selten eine Pilzpfanne mit frischen Pfifferlingen oder ein Fisch aus den umliegenden Gewässern zubereitet wird. Besonders gesund sind die vitaminreichen Beeren wie Preiselbeeren oder Blaubeeren, die jetzt ebenfalls in den Wäldern zu finden sind. Nördlich vom Polarkreis kann man mit etwas Glück bei klarem Himmel schon die Nordlichter bestaunen und sich anschließend in der Sauna aufwärmen.

Auch die **Norweger** verbringen die Herbsttage so oft und so lange es geht in der Natur. Die Wanderwege laden dazu ein, über die weite Landschaft zu blicken und die goldenen Farben des Herbstes zu erleben. Die höheren Berggipfel sind jetzt meist schon mit Neuschnee gepudert, der einen unwirklichen Kontrast in die Landschaft zaubert. Wenn darüber in den Abendstunden die Nordlichter leuchten, spürt man die Magie des Herbstes. Wie die Zugvögel haben zu dieser Zeit schon viele Touristen das Land verlassen. Im Norden werden jetzt fleißig die begehrten Moltebeeren gesammelt, auch Preiselbeeren und Heidelbeeren sind sehr beliebt. Auf den weiten Flächen im Fjell und in den Wäldern kann man Pfifferlinge, Steinpilze und Rotkappen für eine leckere Mahlzeit sammeln. Auch in Norwegen gilt: Wegen der Jagdzeit ist bei jedem Aufenthalt in den Wäldern helle Kleidung angeraten.

Während in den anderen nordischen Ländern die Saunen befeuert werden, entspannen sich die **Isländer** in den natürlichen heißen Quellen. Gerade bei den herbstlichen Temperaturen ist das wohltuende Bad im warmen Wasser unter freiem Himmel ein Highlight. Wenn dazu am frühen Abend die Nordlichter am Horizont leuchten, wird dieser Moment unvergesslich. Auch die Isländer nutzen den September, um viel zu wandern und auf Beerensuche zu gehen. Zudem eignet sich der Herbst zum Schnorcheln, Reiten und für geführte Touren auf das ewige Eis der Gletscher. Hat man Glück und der Schnee kommt nicht allzu zeitig, kann man sogar noch einen Trip ins Hochland unternehmen.

Wir reisen im frühen Herbst ebenso gern wie im späten Frühling in den Norden. Viele Orte können wir zu dieser Zeit fast allein bewundern und oft in einzigartigen Lichtstimmungen auf Fotos festhalten. Die Preise sind in der Nebensaison deutlich niedriger, und viele Einheimische haben Zeit für einen Plausch mit guten Tipps. Viele touristische Einrichtungen sind zwar schon geschlossen – wer aber gern in der Natur aktiv ist und die Ruhe sucht, kommt voll und ganz auf seine Kosten.

↖ **Holzboote wie dieses sind typisch für Norwegens Norden.**

UNSERE TIPPS FÜR DEN HERBST

DAS WETTER IM HERBST

In **Dänemark** ist der Herbst oft recht mild, die Temperaturen können bis zu 16 °C steigen. Im Osten ist es etwas trockener als im Westen, und die Regentage halten sich noch in Grenzen, sodass langen Strandspaziergängen nichts im Wege steht. Immer wieder wühlen Herbststürme das Meer auf.

In **Schweden** und **Finnland** werden die Tage schnell kürzer, und je weiter man in den Norden reist, umso früher, teilweise schon im Oktober, hält der Winter Einzug. Die Temperaturen sind allerdings noch erstaunlich mild und bewegen sich je nach Region durchschnittlich zwischen 2 °C und 15 °C.

In **Norwegen** beginnt der Herbst zuerst im Osten und Norden des Landes. Bereits Anfang Oktober muss man dort und in den Gebirgen mit ersten Schneefällen rechnen. Im Süden lässt er noch etwas länger auf sich warten. An der Westküste bleibt das Klima aufgrund des Golfstromes recht mild, dafür ist es ähnlich wie im Frühling extrem wechselhaft und niederschlagsreich. Ab September fegen teilweise gewaltige Herbststürme über das Land, sodass man sich täglich auf der norwegischen Wetterseite über die aktuelle Wetterlage und Unwetterwarnungen informieren sollte.

Der Herbst in **Island** ist ebenfalls sehr wechselhaft, da jetzt die Zeit der Tiefdruckgebiete beginnt. Daher muss man ständig mit extremen Stürmen, Starkregen und teils minütlich anderen Wetterbedingungen rechnen. In der Regel liegen die Temperaturen jetzt ähnlich wie im Frühjahr zwischen 0 °C und etwa 10 °C. Wind- und regenabweisende Kleidung gehören jetzt ins Reisegepäck. Entschädigt wird man dafür mit einzigartigen Herbstfarben, die die Natur in Island noch unwirklicher erscheinen lassen.

CAMPEN IM HERBST

Viele Campingplätze in **Dänemark** sind ohnehin ganzjährig geöffnet. Selbst an viel besuchten Orten muss man nun, in der Nebensaison, seinen Platz nicht mehr vorab reservieren.

In **Norwegen, Schweden** und **Finnland** sind in den südlichen Landesteilen – mitunter abhängig vom Wetter – noch viele Campingplätze geöffnet. Je weiter man in den Norden reist, umso mehr ist das Angebot eingeschränkt. Darüber hinaus werden in allen drei Ländern viele kommunale Ver- und Entsorgungsstationen etwa ab Mitte September, spätestens aber mit dem ersten Frost, geschlossen. Es ist daher ratsam, die Reiseroute vorab etwas genauer zu planen, sich über die Übernachtungsmöglichkeiten zu informieren und eventuell einige Campingplätze anzuschreiben.

In **Island** werden viele Campingplätze bereits im September wieder geschlossen. Da wildes Campen in Island verboten ist, können bzw. müssen viele dieser Stell- und Campingplätze dennoch zum Übernachten genutzt werden. In der Regel zahlt man dann nur einen Teil des regulären Preises, da die Einrichtungen des Platzes nicht oder nur eingeschränkt zur Verfügung stehen.

IM HERBST UNTERWEGS

Während für **Dänemark** keine besonderen Vorkehrungen zu treffen sind, sollte man in den übrigen nordischen Ländern je nach Region und Reisemonat schon wieder auf Allwetter- oder Winterreifen setzen.

In **Schweden** und **Finnland** muss man sich gerade in den nördlichen Landesteilen bereits auf Straßenglätte durch erste Schneefälle einstellen. In Finnland wird in der Regel kein Salz gestreut, sodass man auf geschlossener Schneedecke fährt. Ähnlich verhält es sich in Schweden, wo allerdings auf einigen Hauptstraßen – meist in Ballungsgebieten – teilweise Salz eingesetzt wird.

Bei der Routenplanung für **Norwegen** müssen die zum Teil schon wieder gesperrten Pässe berücksichtigt werden. Die Herbststürme führen regelmäßig zur kurzzeitigen Sperrung der großen Brücken auf die Inseln und zeitweise zur Einstellung des Fährbetriebes. Ab Ende September ist in den nördlichen Landesteilen mit sporadischer Straßenglätte zu rechnen, zumal in Norwegen ebenfalls kein Salz gestreut wird. Die Einheimischen nutzen deswegen häufig Spikereifen.

Auf der Ringstraße 1 in **Island** sind die Straßenverhältnisse weitestgehend passabel, auch wenn die ersten Herbststürme und Schneefälle zeitweise zu extremen Bedingungen führen. Sobald man die Hauptverkehrsstraße verlässt, können die Straßenverhältnisse schon im Herbst zur Herausforderung werden. Bis zum ersten Schneefall sind in der Regel die meisten Straßen ins Hochland noch geöffnet.

↗ Auf der Insel Gimsøy neigt sich ein strahlend schöner, windiger Herbsttag dem Ende zu.

Die eingezeichneten Campingplätze sind unsere Lieblingsplätze. Den Überblick über alle Plätze auf der Route findet ihr auf → Seite 160–161.

6

MAGIE DES HERBSTES AUF DEN INSELN DES NORDENS

Hat der Campingplatz tatsächlich schon geschlossen? Eine Schranke versperrt die Zufahrt, die Rezeption ist anscheinend nicht besetzt. Für einen kurzen Moment sind wir ratlos. Doch dann entdecken wir ein Schild mit einer Telefonnummer. Wir rufen an und bekommen ganz unkompliziert den Code für die Schranke genannt. »Alles Weitere klären wir später«, endet das Gespräch mit dem netten Besitzer des Campingplatzes in Moskenes auf den Lofoten. Jetzt im Herbst sind wir fast allein auf dem großzügig angelegten Platz und wählen einen freien Stellplatz auf den Klippen.

DER STRAND STORSANDNES AUF DER INSEL FLAKSTADØYA

Am nächsten Morgen erscheint der Besitzer des Campingplatzes, dessen Freundlichkeit uns sofort das Herz öffnet. Es lohne sich nicht, so erzählt er uns, die Rezeption in der Nebensaison ganztägig zu besetzen, aber dafür umso mehr, die Lofoten zu dieser Jahreszeit zu entdecken, denn jetzt färbe sich das Fjell in den schönsten Farbtönen. Nach einem netten Plausch weist er mit einer ausladenden Geste auf die Lofotenmauer, die Bergkette entlang des Lofotenarchipels, die man vom Campingplatz aus in voller Schönheit sehen kann, und wünscht *»God tur!«* (Gute Tour). Voller Erwartung verabschieden wir uns, denn nun wollen wir in die fantastische Inselwelt oberhalb des Polarkreises eintauchen.

DIE LOFOTEN VON Å BIS SVOLVÆR

Wir starten unsere Tour also in Moskenes. Hier beginnt oder endet, abhängig von der Fahrtrichtung, auch für sehr viele andere Reisende ihr Roadtrip über die Lofoten. Denn Moskenes ist der Fährhafen für die Passage vom bzw. zum Festland (Bodø), auf der man einige Fahrkilometer sparen kann. Doch bevor wir nun der offiziellen Norwegischen Landschaftsroute Lofoten durch die faszinierende Inselwelt folgen, fahren wir zunächst ein Stück in die »falsche« Richtung, zum eigentlichen Startpunkt unserer Route, in das kleine Fischerdorf Å.

Ein Abstecher in das Dorf mit dem kürzesten Namen, den ein Ort überhaupt haben kann, gehört ebenso wie das obligatorische Erinnerungsbild am Ortseingang zu einem Besuch auf den Lofoten … sofern das Schild vorhanden ist. Denn leider reicht einigen Reisenden das legendäre Selfie nicht: Sie nehmen stattdessen gleich das ganze Schild mit, wie immer

↓ Blick vom Reinebringen auf den Reinefjord und die kleinen Inseln, verbunden durch die E10

wieder in den norwegischen Medien berichtet wird. Doch wir haben Glück! Dann schlendern wir gemütlich durch den winzigen Ort, in dem gerade einmal 100 Menschen leben und der mit seinen alten Fischerhäusern, einer Schmiede, einem Kaufmannsladen sowie der Trankocherei wie ein Freilichtmuseum wirkt. Einige der Holzbauten stehen hier seit 150 Jahren! In der Sommersaison, so erzählt man sich unter Lofoten-Fans, soll es hier unglaublich leckere Zimtschnecken geben – doch es ist Herbst, und so wird es leider nichts mit einem Zimtschnecken-Test. Stattdessen genießen wir vom Aussichtspunkt, wenige Schritte vom großen Parkplatz am Ortsrand entfernt, einen wundervollen Blick über die Ausläufer der Lofoten.

Im Kastenwagen checken wir dann noch einmal das Wetter, bevor wir der Norwegischen Landschaftsroute Lofoten in östlicher Richtung folgen. Viele Highlights auf den Inseln liegen, einer Perlenschnur gleich, an dieser Route, die hier in Å beginnt, größtenteils der Europastraße E 10 folgt und nach 230 km am Raftsundet im Osten der Inselgruppe endet. Kompass auf Osten gestellt und auf geht's …

Nach einer kurzen, zum Staunen schönen Fahrt entlang der Küste erreichen wir den Abzweig nach Reine. Vom Parkplatz Reinehalsen direkt neben der E 10 hat man einen spektakulären Blick auf das wohl schönste Fischerdorf der Lofoten, das vor uns auf einer Insel im Reinefjord liegt. Die spitzen Berge um den Fjord, die roten Fischerhäuser und das kristallklare Wasser – was für eine unbeschreiblich schöne Szenerie! Noch beeindruckender wirkt das Zusammenspiel der Elemente vom Hausberg Reinebringen, der direkt

↓ Die Häuser in Å sind in leuchtendem Falunrot gestrichen …

↘ … dieses Haus in Sakrisøy strahlt sonnengelb vor dem Gipfel des Olstinden.

hinter uns steil in den Himmel ragt. Die berühmt-berüchtigte Wanderung dort hinauf war wegen einiger schwerer Unfälle lange Zeit nicht möglich, bis man den Aufstieg mit Felsstufen befestigt und 2020 wieder freigegeben hat.

● **WANDERUNG** *Wir folgen dem markierten Weg vom Parkplatz Reinehalsen bis zum Anfang der nicht enden wollenden Stufen. Nach einem anstrengenden Aufstieg erreichen wir den Aussichtspunkt mehr als 440 m über dem Reinefjord und werden mit einem spektakulären Blick über die Bucht von Reine belohnt, der sich unauslöschlich bei uns einbrennt.*

1400 Stufen tiefer und einen kurzen Fußmarsch später fahren wir mit unserem Kastenwagen durch Reine zum Hafen, um dort auf dem offiziellen kommunalen Stellplatz die Nacht zu verbringen. Der etwas triste Platz ist zwar nicht ganz billig, aber die gesamte Kulisse unbezahlbar. Passt also.

Nach dem gestrigen Aufstieg und einem abendlichen Bummel durch das fotogene Fischerdorf Reine spüren wir am nächsten Morgen alle Muskeln und sind froh, dass wir erst einmal weiterfahren. Sakrisøy heißt unser nächstes Ziel. Sven Kornelius Gylseth kaufte 1889 die Insel, auf der heute in fünfter Generation die Tradition der Lofotenfischerei bewahrt wird. In den historischen Gebäuden werden auch Übernachtungsgäste begrüßt. Außerdem kann man sich im kleinen Puppenmuseum umschauen oder zu einer Kajak-Tour aufbrechen. Dazu bietet Sakrisøy fantastische Fotomotive. Also erkunden wir die kleine Insel und klettern über Felsen – immer auf der Suche nach der besten Perspektive auf die pittoresken gelben Fischerhäuser, die in der Sonne intensiv leuchten.

Anschließend belohnen wir uns für die 2 × 1400 Stufen des Vortages im Restaurant und Feinkostgeschäft Anitas Sjømat mit einem leckeren Fischburger. Im maritim eingerichteten Restaurant, in dem verschiedene kleine, typisch norwegische Gerichte angeboten werden, bestellen wir den legendären Ole Brumm Burger mit Lachs und frischen Garnelen. Wer auch immer auf den lustigen Namen Ole Brumm, dem norwegischen Gegenstück zu Winnie Puuh, gekommen ist – der Burger ist unglaublich lecker. Wir nehmen uns noch ein Stück Räucherlachs mit und folgen weiterhin der E 10.

Diese windet sich nun über einige einspurige Brücken ... aber wir kommen nicht weit: Nach wenigen Kilometern erreichen wir die kleine Siedlung Hamnøy. Nicht ohne Grund schmückt der Blick auf das Fischerdorf zahlreiche Postkarten und Kalender. Um die farbenprächtigen Fischerhäuser vor dem mächtigen Bergmassiv zu fotografieren, reiht man sich am besten zwischen den vielen Gleichgesinnten auf der Brücke ein. Nachdem wir das Traummotiv eingefangen haben, lassen wir uns weiter treiben. Wir drehen das Autoradio richtig laut, staunen hinter jeder Kurve aufs Neue und genießen jeden Kilometer durch diese Bilderbuchlandschaft sowie das damit verbundene Gefühl von Freiheit. Roadtrip-Feeling pur!

> Wir genießen jeden Kilometer durch diese Bilderbuchlandschaft – Roadtrip-Feeling pur!

Kurz vor Ramberg verlassen wir die E 10, um das Dorf Fredvang zu erreichen. Hier lockt nicht nur der feinsandige Strand Yttersand oder der Aufstieg zum 543 m hohen Gipfel des Ryten, sondern auch die Wanderung zur abgeschiedenen Traumbucht Kvalvika, die nur zu Fuß über einen Bergrücken erreichbar ist. Klingt nach einer perfekten Tour für uns! Wir parken gegen eine Gebühr auf der Wiese eines Bauern, der uns ganz stolz erzählt, dass der Weg zur Bucht bei ihm beginnt. Also Rucksack gepackt, Wanderstiefel an, und schon brechen wir auf – zumal sich das Herbstwetter heute von seiner besten Seite zeigt. Als wir nach einem steilen Anstieg die Kvalvika das erste Mal erblicken, ist die Anstrengung bereits vergessen. Wie die Kulisse eines kitschigen Hollywoodfilms liegt das kleine Paradies vor uns. An dem weißen Strand sind wir dann fast allein und bedauern es, dass wir unser Zelt nicht dabeihaben. Hier eine Nacht zu verbringen, das muss doch himmlisch sein.

Bevor wir im letzten Tageslicht zurückgehen, entdecken wir noch eine kleine Hütte, die tatsächlich Ähnlichkeit mit einer Hobbit-Hütte hat. Ganze neun Monate überwinterten zwei norwegische Surfer in diesem Zuhause aus Treibgut in völliger Abgeschiedenheit. Unglaublich! Mit diesem Gedanken wandern wir zurück und übernachten gleich beim Bauern auf der Wiese, ehe wir am nächsten Tag zunächst am Strand von Yttersand etwas relaxen. Am Nachmittag fahren wir weiter und halten das nächste Mal im Örtchen Ramberg auf dem Rastplatz Ramberg Stranda, direkt ober-

→ Auch an diesem sonnigen Herbstmorgen sind die Fischer von Sakrisøy schon lange auf dem Meer.

DIE BUCHT KVALVIKA

halb des breiten Sandstrandes. Auf einem Spaziergang am Strand entlang erreichen wir das kleine Ortszentrum mit einem gemütlichen Café – die perfekte Chance auf unser erstes Softeis auf den Lofoten. Wir haben den leckeren Vanille-Geschmack noch auf der Zunge, als wir nach 3 km den Strand Skagsanden erreichen. Durch den freien Blick auf den Nordatlantik sind die Strände hier bei Flakstad perfekt, um im Sommer die Mitternachtssonne zu erleben oder bereits ab Ende August die ersten Nordlichter zu beobachten. Vielleicht haben wir Glück: Laut Wetterprognosen soll der Himmel klar bleiben, und auch die Nordlicht-Vorhersagen sind vielversprechend. Wir checken auf dem Campingplatz direkt am Strand ein. Und tatsächlich: Kaum ist die Sonne untergegangen, lässt sich ein unscheinbares Glimmen über den Bergen erkennen, das immer stärker wird, und wenig später tanzen farbige Schleier in den schönsten Formen am Himmel (Nordlicht-Fotografie → Seite 210).

Nach einer kurzen Nacht, aber mit tollen Nordlicht-Bildern im Gepäck, möchten wir uns Nusfjord anschauen. Dazu verlassen wir erneut die E 10 und folgen der schmalen Straße Fv 807, die zunächst direkt auf ein gewaltiges Bergmassiv zuführt – einer der wohl meist fotografierten Straßenabschnitte der Lofoten. Begeistert von dieser Route erreichen wir den großen Parkplatz etwas oberhalb von Nusfjord. Das gut erhaltene und ursprüngliche Fischerdorf wurde 1975 in das UNESCO-Welterbe aufgenommen.

TIPP ***Neben einem historischen Laden und den alten Lagerhäusern am Kai findet man hier auch eine traditionelle Trandämpferei, in der aus Fischtran Öl gewonnen wurde.***

Das Herzstück von Nusfjord ist aber der historische Hafen mit seinen Fischerhäusern, in denen man übernachten kann. Wer mag, kann hier eine Angeltour buchen, mit dem Kajak fahren oder dem markierten Weg bis zum kleinen Leuchtfeuer auf einem Felsen folgen. Wir krönen unseren Aufenthalt mit einer Fischsuppe im Nusfjord *landhandel*, die nur mit Zutaten aus der Region hergestellt wurde – das Angebot klang einfach zu verführerisch.

↓ Wenn es ein Postkartenmotiv auf den Lofoten gibt, dann ist es dieses hier: das Fischerdorf Hamnøy von der Brücke aus.

↑ Vor den kleinen Häuschen von Nusfjord wirkt der Fischkutter richtig groß.

Dann setzen wir unsere Fahrt auf der Norwegischen Landschaftsroute fort. Wer ein einzigartiges und handgemachtes Souvenir sucht, sollte in Vareid auf die Fv 804 abbiegen, um die Glashütte in Vikten zu besuchen, wo man bei der Herstellung mundgeblasener Glaskunstwerke zuschauen kann.

● **WANDERUNG** *Unser nächstes Ziel ist jedoch der Ausgangspunkt der Wanderung auf den Offersøykammen. Wir wollen das traumhafte Licht an diesem Herbsttag nutzen, und so parken wir hinter dem Nappstraumen-Unterwassertunnel auf dem Wanderparkplatz am Meer. Die Wanderung beginnt typisch für die Lofoten – recht steil und damit schweißtreibend. Als wir den Gipfel erreichen, ist bereits später Nachmittag. Die Herbstsonne lässt die Farben um die Wette strahlen. Wir fühlen uns wie in einem riesigen Gemälde und können uns kaum sattsehen. In der Ferne lassen sich zwei der schönsten Lofoten-Strände ausmachen, Uttakleiv und Haukland Beach – unser nächstes Ziel.*

Mit Einbruch der Dunkelheit erreichen wir Haukland Beach und schlagen auf dem Stellplatz in der Bucht auch gleich unser Nachtlager auf. Die Sonne hat es am nächsten Morgen gerade über die Berge geschafft, da brechen wir auf und folgen der alten Küstenstraße nach Uttakleiv. Hier führt ein markierter und leicht zu gehender Wanderweg rund 6 km immer am Meer entlang, bis man die Bucht erreicht. Der weitläufige, leuchtend weiße Strand mit dem markanten Bergmassiv im Hintergrund ist ein beliebtes Fotomotiv. Einige Hartgesottene stürzen sich hier in die Fluten – während wir die Wassertemperatur mit dem großen Zeh testen und ein Bad sofort abwählen. Wir entscheiden uns dann doch lieber für ein Strandpicknick, lauschen dem Wellenrauschen

BLICK VOM OFFERSØYKAMMEN

und lassen einfach mal die Seele baumeln. Wer Herausforderungen sucht, kann für den Rückweg einen Pfad über den Bergrücken zwischen den beiden Buchten von Uttakleiv und Haukland wählen und dabei sogar einen kurzen Abstecher zum Gipfel des Mannen einplanen, einer mächtigen Bergspitze, die einen einzigartigen Blick über Haukland bietet.

Von Haukland Beach erreichen wir über einige Nebenstrecken am nächsten Tag wieder die E 10 und haben so zugleich ganz elegant die Stadt Leknes umfahren. Lust auf einen weiteren Abstecher? Dann solltet ihr kurz vor Borg von der E 10 nach Unstad abbiegen, um das wohl nördlichste Surferparadies zu besuchen. Der abgelegene Ort in der Bucht mit der monumentalen Brandung war schon Austragungsort internationaler Surfwettbewerbe und auch Drehort der erfolgreichen norwegischen Krimiserie »Twin«. Zugleich locken dort hausgemachte Zimtschnecken, die wir selbst probieren konnten. Prädikat: gefährlich lecker!

Zurück auf der E 10 ist es nicht mehr weit bis nach Borg und zum liebevoll gestalteten Lofotr Vikingmuseum (Wikinger Museum). Schon beim Anblick des 83 m langen nachgebauten Langhauses fühlt man sich um gute 1000 Jahre zurückversetzt. Die Ausstellung beschäftigt sich anschaulich mit der Lebensweise und den Handwerkskünsten der Wikingerzeit. Nur eine Abzweigung später weist ein Schild den Weg nach Eggum. Wir folgen der Sackgasse entlang der Küste in das abgelegene Dorf. An dessen Ende beginnt eine mautpflichtige Privatstraße, über die wir zu einem weiteren Strandabschnitt kommen. Auch hier gibt es einen kommunalen, kostenpflichtigen Stellplatz mit einem im Sommer geöffneten Café, der einen tollen Blick über den Nordatlantik bietet. So können wir ein weiteres Mal die Nordlichter tanzen sehen.

Am nächsten Tag erreichen wir über eine Brücke auf der E 10 die Insel Gimsøy. Gleich hinter der Brücke biegen wir ab, um auf den Nebenstraßen diese kleine Insel im Norden zu umrunden, wo sich auch ein schöner Campingplatz befindet. Nachdem wir auf dem liebevoll geführten Platz, der übrigens direkt am Strand liegt, eingecheckt haben,

↓ **Karibik oder Lofoten? Blick auf den Strand Haukland Beach mit dem Gipfel des Mannen**

↑ Gimsøy Kirke liegt einsam und fast etwas verloren am Meer.

besuchen wir noch den benachbarten Reiterhof. Ein Ritt im warmen Abendlicht entlang der Küste ist ein echtes Erlebnis.

● **WANDERUNG** *Eine Tour auf den Inselberg Hoven ist nicht minder beeindruckend, aber weniger anstrengend als die vorangegangenen Wanderungen! Vom Gipfel haben wir einen 360°-Rundblick über die Inselwelt. Gerade bei wechselhaftem Wetter sind die Lichtspiele hier oben gigantisch.*

Bevor wir die Insel wieder verlassen, besuchen wir noch die Kirche von Gimsøy. Die weiße Holzkirche wurde 1876 geweiht, liegt direkt am karibikblauen Meer und trotzt seither den Wetterextremen auf den Lofoten, von denen wir ebenfalls einen nachhaltigen Eindruck bekommen. Denn wie angekündigt tobt am Abend einer dieser extremen Herbststürme mit Starkregen, wie sie für die Inseln im Norden typisch sind. Extreme Windböen lassen unseren Kastenwagen wie einen Fischkutter schaukeln. Glücklicherweise können wir die Nacht einigermaßen geschützt im Windschatten einer Böschung verbringen. An Schlaf ist dennoch nicht zu denken. So harren wir aus und hoffen, dass es nicht noch schlimmer wird. Bevor der Strom und das Mobilfunknetz ausfallen, hören wir noch im Radio, dass alle Brücken auf den Lofoten gesperrt sind und die Menschen zu Hause bleiben sollen. Nach dieser sehr unruhigen Nacht zeigt sich am nächsten Morgen das Ausmaß der Zerstörung: Bäume wurden entwurzelt, Strommasten umgeknickt, Häuser beschädigt und sogar ein Campingwagen auf dem Platz zerstört. Wir sind froh, dass uns nichts passiert ist und das Wetter in keiner Weise mehr an die letzte Nacht erinnert.

Die Brücke über den Gimsøysund ist bereits wieder geöffnet, und so setzen wir unsere Reise auf der Norwegischen Landschaftsroute fort, die schon bald von der E 10 in das Fischerdorf Hennigsvær abzweigt. Die enge Straße führt hier direkt am Atlantik entlang, sodass wir den entgegenkommenden Fahrzeugen oft in Haltebuchten ausweichen müssen. Unsere Erkundungstour durch den Ort machen wir daher lieber zu Fuß, der Kastenwagen bleibt auf dem großen Parkplatz direkt am Ortseingang.

Henningsvær ist eine Mischung aus Hotspot, ursprünglichem Fischerdorf, lebendigem Lofoten-Städtchen und verschlafenem Idyll.

Das rundherum von Wasser umgebene Fischerdorf Henningsvær verteilt sich auf mehrere Inseln und wird daher auch als »Venedig des Nordens« bezeichnet. Kleine Cafés, angesagte Restaurants, Street-Art-Motive, bunte Wohn- und Geschäftshäuser und nicht zuletzt die vielen Fischgestelle für Stockfisch geben dem Ort einen besonderen Charme. Wir lieben Henningsvær mit seiner unnachahmlichen Mischung aus internationalem Hotspot, ursprünglichem Fischerdorf, lebendigem Lofoten-Städtchen, flippiger Künstlerkolonie und verschlafenem Idyll. Eine Mixtur, die sich je nach Jahres- und Tageszeit ständig verändert. Grandios! Der imposante Hafen ist auch hier das Herzstück des Ortes und wird wohl genauso oft fotografiert wie der Fußballplatz, der fast im Meer zu liegen scheint. Bevor wir nach Svolvær aufbrechen, gönnen wir uns noch – wie könnte es anders sein – im Vertshus eine Zimtschnecke und einen Kaffee. Dabei beobachten wir das Treiben im Ort, lassen die Szenerie auf uns wirken und denken ernsthaft über ein landesweites »Zimtschnecken-Ranking« nach.

Fast widerwillig verlassen wir Henningsvær und machen uns auf den Weg zur Inselhauptstadt der Lofoten. Unseren Camper stellen wir auf dem wenig romantischen Stellplatz Bobilcamp im Hafen von Svolvær ab, denn von hier ist es nur ein Katzensprung in die Innenstadt. Im Vergleich zu den restlichen Lofoten geht es in Svolvær um einiges lebhafter zu. Das mag vor allem daran liegen, dass die Stadt über eine entsprechende Infrastruktur mit zahlreichen Geschäften, Super- und Baumärkten, Werkstätten und vielem mehr verfügt. Etwas ursprünglicher ist es hingegen auf den der Stadt vorgelagerten Inseln wie Kjeøya und Svinøya. Von der Brücke nach Svinøya hat man ein tolles Panorama über die »Skyline« der prosperierenden Stadt.

● **TIPP** ***Zum Abschluss unserer Lofotenroute gönnen wir uns ein stilechtes Abendessen in der Børsen Spiseri. In dem rustikal-maritimen Restaurant werden inseltypische Gerichte serviert, die überwiegend mit Zutaten der Lofoten zubereitet sind – ein Geschmackserlebnis!***

Als wir uns im Restaurant verabschieden, ist es bereits spät. Trotzdem wollen wir im Hafen noch das allabendliche Einlaufen des Postschiffs der Hurtigruten beobachten. Die Schiffe waren früher oft die einzige Verbindung zwischen den Inseln und hatten eine große Bedeutung für die norwegischen Küstenregionen.

Bevor wir am nächsten Tag die Lofoten verlassen, stoppen wir noch einmal am Rastplatz Austnesfjorden neben der Europastraße E 10. Von hier aus bietet sich ein unvergessliches Panorama über die magisch schöne Szenerie der Halbinsel Sildpollneset. Der Blick zur kleinen Kirche inmitten des Fjords, umgeben von mächtigen Bergen, gehört ganz sicher zu den attraktivsten Ausblicken auf den Lofoten – man sieht es auch an den vielen Fotografen.

● **TIPP** ***Auf dem Rastplatz befindet sich ein erstklassiger Entsorgungsautomat für die Chemietoilette. Einfach die Kassette in die Öffnung schieben und drei Minuten warten.***

WEITER RICHTUNG NORDEN – DIE VESTERÅLEN

Danach geht es für uns auf die Vesterålen, eine ebenso schöne Inselgruppe nördlich der Lofoten. Sie stehen oft im Schatten der beliebten Lofoten und werden nicht wahrgenommen. Völlig zu Unrecht, finden wir, denn der wildromantische Archipel hat sich seine Ursprünglichkeit bewahrt und ist weit weniger vom Tourismus geprägt. Auf geht's – wir folgen der E 10 bis nach Gullesfjord, verlassen den Kreisverkehr an der dritten Ausfahrt und folgen der Straße Rv 85 bis zur großen Brücke nach Sortland.

Wer drei bis fünf Tage erübrigen kann, tut es uns gleich und überquert diese Brücke, um den westlichen Teil der Vesterålen zu erkunden. Dabei sollte man das Hurtigruten-Museum in Stokmarknes oder das ehemalige Geisterdorf und inzwischen zur Künstlerkolonie avancierte Nyksund besuchen.

← Henningsvær ist ein Ort, den wir besonders lieben. Ist der Fußballplatz mitten im Meer nicht kurios?

Ebenso kann man in Stø zu einer Wal-Safari auslaufen oder in Ringstad mit Ian Robins zu einer Seeadler-Safari in die Fjorde aufbrechen. Ian betreibt gemeinsam mit seiner Frau das Gästehaus Ringstad Resort 68° Nord, an dessen Steg die Seeadler-Safaris beginnen (→ Seite 162).

Die weitere Route führt uns von der Sortland-Brücke über die Straße Fv 82 Richtung Norden. So erreichen wir die Hafenstadt Risøyhamn, wo die Norwegische Landschaftsroute Andøya beginnt. Auf 58 km führt diese imposante Straße an der Westküste entlang bis nach Andenes ganz im Norden der Insel. Auf dieser Strecke ist der Weg das Ziel, und wir kommen langsamer voran als gedacht. Hinter jeder Kurve gibt es etwas Neues zu entdecken. Mit etwas Glück kann man hier direkt an der Straße Seeadler beim Fischen beobachten, Rentierherden bestaunen oder einfach die warme Herbstsonne auf einem der Rastplätze genießen.

● **TIPP** *Auf dem Rastplatz Bukkekjerka solltet ihr auf jeden Fall haltmachen. Unterhalb der gewaltigen Bergformation Bukkekjerka kann man sich auf der kleinen Halbinsel die Beine vertreten und zu den unbemannten Leuchtfeuern gehen. Dabei hat man zu jeder Zeit einen fantastischen Blick über den Atlantik ... übrigens auch von der Rastplatz-Toilette. Und wer kann zu Hause schon Fotos vorweisen, die aus einem Toilettenfenster aufgenommen wurden?*

Am späten Nachmittag erreichen wir Bleik, ein kleines Fischerdorf mit etwa 500 Einwohnern. Der Küstenort liegt direkt am langen und außergewöhnlich hellen Sandstrand, der sich hinter den Dünen entlangzieht. Hier, scheinbar am Ende der Welt, fühlen wir uns sofort wohl. Also ent-

↙ So schön können Rastplätze sein! Leuchtfeuer am Rastplatz Bukkekjerka auf Andøya (Vesterålen)

↓ Ausblick vom Gipfel des Måtinden – wir waren zur richtigen Zeit am richtigen Ort.

scheiden wir uns spontan, gleich mehrere Tage auf dem kleinen Campingplatz am Ortsrand zu bleiben. Bei einem Strandspaziergang im warmen Licht eines Herbstabends lauschen wir dem Geschrei der Möwen sowie dem Rauschen der Wellen. Ein perfekter Abend für ein Lagerfeuer! Doch kaum sitzen wir an den wärmenden Flammen, flackern auch schon die ersten Nordlichter über den Bergen. Nach unzähligen Fotos und überglücklich fallen wir spät in der Nacht für wenige Stunden Schlaf ins Bett.

Am nächsten Morgen ist das Wetter durchwachsen. Ein Regenschauer jagt den nächsten. Trotzdem wagen wir die Wanderung auf den spektakulären Måtinden, einen schroffen Gipfel unweit von Bleik.

● **WANDERUNG** *Der Weg auf den Måtinden ist nicht sonderlich anspruchsvoll, nur am Ziel sollte man aufpassen, gerade wenn man mit Kindern unterwegs ist: Das Gelände ist extrem abschüssig und dadurch nicht ungefährlich. Dafür bieten sich sensationelle Ausblicke über die gesamte Küste und zum Vogelfelsen Bleikøya, auf dem im Sommer etwa 40 000 Papageitaucher brüten.*

Während wir beim Aufstieg Glück mit dem Wetter hatten, erwischt uns oben auf dem Berg ein heftiger Regenschauer. Doch die Sonne gibt nicht auf und schafft es tatsächlich, sich für einen Moment durchzukämpfen. Die Lichtspiele sind fantastisch und werden trotz des strömenden Regens festgehalten! Doch nach wenigen Minuten sind wir ebenso pitschnass wie unsere Ausrüstung, sodass wir den Rückweg antreten. Den restlichen Tag verbringen wir damit, unsere Sachen zu trocknen und uns im Kastenwagen aufzuwärmen.

↓ Vor den herbstlichen Goldtönen hebt sich das rote Dach der Kirche Sildpollnes besonders schön ab.

DAS FJELL FÄRBT SICH IN TAUSEND GOLDENEN FARBNUANCEN.

↑ Ein romantischer Abend mit Lagerfeuer am Strand von Bleik auf der Insel Andøya

Nördlich von Bleik überrascht uns das Andøya Space Center. Norwegen und Raumfahrt? Erstaunt nähern wir uns dem Gelände, um herauszufinden, was es damit auf sich hat. Die Station ist tatsächlich das norwegische Zentrum für die Erkundung der Nordlichter und des Weltraums. Seit 1962 werden hier unbemannte Raketen gestartet. Im neu geschaffenen Erlebniszentrum Spaceship Aurora erfährt man mehr über das Weltall und natürlich auch über die Nordlichter. Man kann sogar an einer virtuellen Reise auf den Mars teilnehmen oder in einem Escape Room verschiedene Aufgaben lösen – ein Erlebnis für die ganze Familie.

Nach einigen Tagen in Bleik folgen wir der letzten Etappe, der Norwegischen Landschaftsroute *(Nasjonale Turistveger)*, nach Andenes. Schon von Weitem kann man den 40 m hohen, roten gusseisernen Leuchtturm erkennen, der hier seit 1859 Fischern den Weg weist. Bekannt ist die kleine Stadt Andenes allerdings nicht für ihren Leuchtturm, sondern für die ganzjährigen Wal-Safaris. Im Sommer wie im Winter hat man gleichermaßen die Chance, in den umliegenden Gewässern einen der großen Meeressäuger zu Gesicht zu bekommen. Beinahe täglich laufen hier Schiffe und RIB-Boote mit Besuchern auf der Suche nach Walen aus. Im Sommer werden zudem einige kombinierte Touren zum Vogelfelsen Bleikøya angeboten (→ Seite 162).

In Andenes endet die Norwegische Landschaftsroute, aber unsere Entdeckungstour entlang der wildromantischen Inseln im hohen Norden geht weiter. Nach einer Nacht auf dem Campingplatz in Andenes ist unser nächstes Ziel die Insel Senja. Während man in der Sommersaison bequem die Fähre von Andenes nach Gryllefjord auf Senja nutzen kann, müssen wir nun im Herbst den wesentlich längeren Weg über das Festland nehmen. Deshalb »machen« wir erst einmal ein paar Kilometer und folgen der Straße Fv 82 an der Ostküste von Andøya in Richtung Süden. So erreichen wir wieder die Brücke nach Sortland und fahren auf der Rv 85 bis zum Kreisverkehr bei Gullesfjord, dem Ausgangspunkt unseres Vesterålen Roadtrips, zurück. Diesen verlassen wir diesmal aber an der zweiten Ausfahrt in Richtung Narvik.

INSEL SENJA – NORWEGEN EN MINIATURE

Das Wetter wird zunehmend schlechter, und wenig später schüttet es wie aus Kannen. Deshalb fahren wir nur noch ein kurzes Stück, um etwas abseits der Europastraße, auf dem Wohnmobil-Stellplatz im Hafen von Lødingen, die nächste Nacht zu verbringen. Den Aufenthalt nutzen wir, um im Kastenwagen für ein wenig Ordnung zu sorgen. Am nächsten Morgen ist die Sonne zurück, aber ehe es weitergeht, füllen wir noch im Supermarkt am Fährhafen unsere Bordküche auf. Nun sind wir perfekt gerüstet und setzen unsere Tour fort. Zunächst folgen wir der E 10 und wechseln in Bjerkvik auf die E 6. Im weiteren Verlauf bieten sich verschiedene Routen an. Wir verlassen, wie so oft, die Europastraße, um uns über die langsameren, aber landschaftlich schöneren Nebenstrecken ganz entspannt der Insel Senja zu nähern.

Mit dem Überqueren der Grisundbrücke bei Finnsnes erreichen wir das zweitgrößte norwegische Eiland Senja und müssen lediglich noch ein kurzes Stück auf der Fv 86 bewältigen, bis wir in Straumsbotn auf die Norwegische Landschaftsroute Senja abbiegen. Diese folgt auf der Straße 862 der schroffen Westküste Senjas und führt damit durch eine unvorstellbare Landschaft – ähnlich den bisher bereisten Inseln, aber noch steiler und rauer. Nach dem ersten Tunnel öffnet sich der Blick über eine riesige Bucht, die man von der Aussichtsplattform Bergsbotn auf sich wirken lassen kann. Wir halten auf dem Parkplatz und genießen die Aussicht auf den Bergsfjord und die umliegenden Berge.

↓ Der Winter kündigt sich an, erster Schnee liegt auf den Berggipfeln rund um den Husfjellet.

Die Straße führt im weiteren Verlauf am Ufer des Fjords entlang. Bei Skaland verlassen wir die Touristenroute, denn nach der vielen Zeit im Wohnmobil zieht es uns in die Berge.

● **WANDERUNG** *An der Kirche in Skaland beginnt der Weg zum 632 m hohen Husfjellet. Wir wandern durch eine traumhafte Heidelandschaft und genießen mit jedem Höhenmeter schönere Ausblicke. Das Sonnenlicht zaubert intensiv goldene Farben ins Fjell, und die teils schon schneebedeckten Gipfel bilden dazu einen unwirklichen Kontrast. »Unser« Gipfel liegt ebenfalls unter Schnee, es ist extrem glatt. Wir sind froh, unsere Wanderstöcke dabeizuhaben, die uns Sicherheit geben. Obwohl das Husfjellet nicht allzu hoch ist, macht uns die Aussicht auf die zerklüftete Küstenlandschaft mit den tief eingeschnittenen Fjorden sprachlos. Sogar die Gebirgskette Okshornan, wegen der spitzen Berge auch als »Gebiss des Teufels« bezeichnet, kann man von hier oben sehen.*

Da die Tage bereits deutlich kürzer sind, müssen wir uns nun sputen, um noch rechtzeitig vor Einbruch der Dunkelheit am Kastenwagen zu sein. Eine kalte, klare Nacht sowie der erste Bodenfrost auf dem Campingplatz in Skaland kündigen den nahenden Winter an und verdeutlichen uns, wie weit wir inzwischen in den Norden vorgedrungen sind. Dafür strahlt am Morgen die Sonne, sodass wir nach dem Frühstück gleich aufbrechen, um Senja weiter zu erkunden. Am Rastplatz Tungeneset wartet ein weiteres Highlight auf uns: Ein Steg aus Sibirischer Lärche führt hinunter zum Wasser, wo sich der Blick auf eines der Wahrzeichen von Senja, die Bergkette Okshornan, öffnet. Die bis zu 700 m hohen zackigen Bergspitzen sind natürlich ein beliebtes Fotomotiv.

↙ **Unglaublich, aber wahr: Auf einem Rastplatz auf der Insel Senja gibt es eine goldene Toilette.**

↓ **Mitte Oktober sinkt die Schneefallgrenze schon auf etwa 200 m.**

Das Meer ist aufgewühlt, meterhohe Wellen zerbersten an den Felsen, sodass wir aufpassen müssen, nicht nass zu werden. Die Steine sind zum Teil schon überfroren und dadurch extrem glatt. Das hält uns nicht davon ab, einen perfekten Fotopunkt für diese einmalige Kulisse zu suchen. Die vom frischen Schnee gezuckerten schroffen Gipfel und dazu das aufgewühlte Meer bilden ein perfektes Motiv.

Nur eine Kurve weiter können wir in den Ersfjord schauen, an dessen Ende ganz idyllisch der Ersfjordstrand mit seinem weißen, feinkörnigen Sand liegt. Hier wartet eine sehr spezielle Attraktion auf Besucher oder, besser gesagt, auf Benutzer: Hinter dem Namen »Gulldassen« verbirgt sich eine Toilette. Ja, richtig gelesen – eine Toilette! Aber nicht irgendein Örtchen am Wegesrand, sondern eine goldene Toilette. Schlappe 3,75 Millionen Kronen haben sich die Erbauer dieses Goldstück unter den Toilettenhäuschen kosten lassen. Immerhin: Dem Nutzer wird durch das gläserne Dach eine Aussicht auf die Nordlichter ermöglicht.

Nach einem Spaziergang am Ersfjordstrand brechen wir auf nach Fjordgård. Man wünscht sich, die Fahrt durch diese reizvolle und abwechslungsreiche Natur möge nie zu Ende gehen. Doch sie endet spätestens mit den abenteuerlichen Tunneln, die in das kleine Fischerdorf führen: Sie sind kaum ausgebaut, teilweise sogar noch ohne Licht und sehr eng. In schmalen Haltebuchten muss man dem Gegenverkehr ausweichen. Beim Verlassen des letzten Tunnels haben wir das Gefühl, eine Zeitreise unternommen zu haben, denn hier ist bereits alles mit frischem Schnee überzuckert.

↓ Das »Gebiss des Teufels« mit seinen markanten und zackigen Berggipfeln an der Küste der Insel Senja

In Fjordgård beginnt die beliebte Wanderung auf den markanten Gipfel des Segla – ein Inselberg, der in Form und Größe alle anderen Gipfel aussticht. Eigentlich wollen wir ihn besteigen, aber die Einheimischen raten uns ab, da die Tour nun zu gefährlich sei. Zudem verschlechtert sich aktuell das Wetter minütlich, sodass wir tatsächlich unseren Plan verwerfen. Wir fahren erst einmal auf den kommunalen Stellplatz am Ende des Dorfes, den man gegen eine Spende nutzen kann. Da sich das Wetter nicht bessert, verbringen wir die Nacht auf diesem kleinen Platz direkt am Fjordufer. In der Zwischenzeit schmieden wir neue Pläne und entscheiden uns, am nächsten Tag die weniger anspruchsvolle Tour zum Hesten, den Nachbarberg des Segla, zu gehen.

● **WANDERUNG** ***Wir starten früh am nächsten Morgen. Es ist frostig kalt und hat erneut geschneit. Ob wir überhaupt den Gipfel des 556 m hohen Hesten erreichen, bleibt fraglich. Der Weg ist gut markiert und einfach zu gehen, doch als wir aus dem Wald am Berghang heraustreten, haben wir auch schon die Schneegrenze erreicht. Im wärmenden Sonnenlicht stapfen wir durch den frischen Schnee – traumhaft. Um uns nicht unnötig in Gefahr zu bringen, verzichten wir auf den Eintrag ins Gipfelbuch und verharren etwas unterhalb des verschneiten Gipfels. Von hier haben wir ohnehin den besten Blick über die Küste und hinüber zum Segla, der wie ein übergroßes Segel alles überragt. Er ist zum Greifen nah. Fantastisch! Wir genießen noch einen Moment die gigantische Kulisse, bevor wir uns auf den Rückweg begeben.***

Nach einer weiteren Nacht am Fjordufer und tanzenden Nordlichtern über dem Wohnmobil steht noch ein Highlight auf dem Programm: Wir geben Husøy ins Navi ein. Um die kleine Insel mit dem gleichnamigen Fischerdorf im Øyfjord zu erreichen, steht uns abermals eine abenteuerliche Fahrt bevor: Wir müssen einen Pass überwinden, auf dem inzwischen winterliche Bedingungen herrschen. Die Straße ist spiegelglatt, Lkws stehen quer und kommen nicht weiter. Mit diesem Wintereinbruch haben wohl auch die Einheimischen noch nicht gerechnet. Irgendwann geht es weiter, und dann erblicken wir die Siedlung Husøy einsam im Atlantik. Im Schneckentempo erreichen wir den Hafen des Fischerdorfes, wo wir uns auf einem kommunalen Stellplatz einquartieren. Die großen Fischkutter, Lager- und Verarbeitungshallen im Hafen zeigen, dass die Einwohner bis heute vom Fischfang leben. In der Fischtheke des Supermarktes entdecken wir folgerichtig leckeren Fisch der einheimischen Fischereigenossenschaft – eine echte Delikatesse.

Am Abend überrascht uns die Natur mit einem gewaltigen Feuerwerk: Die Nordlichter tanzen erneut für uns. Dieses Mal erscheinen sie allerdings so intensiv, wie wir sie selten gesehen haben – ein schöner Abschluss unserer Rundreise über die traumhaften Inseln hier im hohen Norden.

> Am Abend überrascht uns die Natur mit einem gewaltigen Feuerwerk: Die Nordlichter tanzen so intensiv wie selten.

Uns sowie allen anderen Besucher bieten sich – eventuell nach einer Zwischenübernachtung auf dem Campingplatz Botnhamn – nun einige interessante Optionen für die Rückreise oder verbleibende Tage:

Variante 1: Man verlässt Senja mit der Fähre von Botnhamn nach Brensholmen und folgt dann ab Tromsø teilweise der offiziellen Nordlicht-Route über die Europastraße E 8 nach Oulu (Finnland), um dort in unsere Ostseeroute (→ Seite 60) in entgegengesetzter Richtung einzusteigen.

Variante 2: Diese Tour lässt sich auch in eine größere Rundreise vom oder zum Nordkap integrieren. Man nimmt dafür die Fähre aus Variante 1 oder die entsprechenden Fernstraßenverbindungen.

Variante 3: Man verlässt Senja wieder über die Grisundbrücke, um anschließend über die Europastraße E 6 durch Norwegen zurückzufahren und unterhalb von Trondheim einige Highlights in Fjordnorwegen (→ Seite 82) zu erkunden.

Hier, am Ziel unserer Reise über die Inseln des Nordens, blicken wir noch einmal dankbar zurück auf unvergessliche Momente und Eindrücke: Berge, die sich scheinbar direkt aus dem Meer erheben und deren herbstlich leuchtende Hänge im Kontrast zu den weißen Stränden und Gipfeln förmlich um die Wette strahlen. Freundliche Menschen, die nach den Touristenströmen des Sommers in ihren Dörfern zur Ruhe kommen, während am Abend über der märchenhaften Umgebung die Lichter des Nordens schimmern … *Tusen takk!*

→ Der Gipfel des Segla sieht aus wie ein Segel. Er ist das Wahrzeichen der Insel Senja.

ROUTENINFO

↑ Und wieder einmal stehen wir direkt am Meer, auf dem Wohnmobil-Stellplatz von Lødingen.

LÄNGE

900 km für die Route, ohne Berücksichtigung von Fährverbindungen und Anreise. Im Hochsommer kann man durch die Fähre von Andenes (Vesterålen) nach Gryllefjord (Senja) die Fahrstrecke verkürzen.

DAUER

Minimum: 2–3 Wochen, abhängig vom individuellen Reisetempo

Slow Travel: pro Inselgruppe etwa 1 Woche (für die Lofoten gern mehr), mit An- und Abreise etwa 3,5–4 Wochen

REISEZEIT

Da der milde Golfstrom das Klima auf den Inseln prägt, kann diese Route ganzjährig gefahren werden, wobei einige lokale Passagen im Herbst oder Winter witterungsbedingt gesperrt sein können. Im Sommer ist es trotz der nördlichen Lage angenehm warm, und es sind unzählige Touristen unterwegs, sodass einige Campingplätze überfüllt sein könnten. Wer es etwas ruhiger mag, der sollte entweder vor der Saison (Ende Mai bis Mitte Juni) oder wie wir zwischen Ende August und Anfang Oktober auf die Inseln reisen. In dieser Zeit muss man zwar mit heftigen Stürmen rechnen, wird aber dafür mit dem Anblick der ersten Nordlichter entschädigt.

FAHRZEUG

Prinzipiell kann diese Route von allen Wohnmobilen und Gespannen genutzt werden. Bei einer längeren Herbsttour in dieser Region sollte man sich ab Mitte Oktober auf teilweise winterliche Bedingungen einstellen und daher mit Allwetterreifen oder Winterreifen fahren.

● **TIPP** *Am besten trefft ihr alle Vorbereitungen für winterliches Wetter (→ Seite 189).*

ANREISE

Auf dem Hinweg sind wir über Kiel mit der Stena Line (www.stenaline.de) nach Göteborg gereist. Um schnell Nordnorwegen zu erreichen, sind wir den größten Teil der 1500 km langen Strecke durch Schweden gefahren und dann mit der Fähre von Bodø nach Moskenes (www.thn.no) auf den Lofoten übergesetzt.

Auf der Rückreise haben wir uns entspannt durch Norwegen treiben lassen und dann die Fähre der Color Line (www.colorline.de) von Oslo zurück nach Kiel genommen. Natürlich kann man die Tour auch andersherum machen.

Wenn ihr nur wenig Zeit habt, empfehlen wir, eine Nachtfähre ab Deutschland zu nehmen (Color Line Kiel–Oslo / Stena Line Kiel–Göteborg). Dann könnt ihr nach der Ankunft am Morgen die Fahrt ausgeruht fortsetzen und spart in der Regel einige Kilometer Fahrt sowie eine Zwischenübernachtung.

CAMPING- & STELLPLÄTZE AUF DEN LOFOTEN

1 Moskenes Camping ★★★½☆

♥ Auf den Klippen oberhalb des Meeres liegt dieser liebevoll geführte und weitläufige Platz, der ohnehin für viele Nutzer der Fähre Bodø–Moskenes das erste oder letzte Nachtlager auf den Lofoten sein wird. Die umfangreichen Einrichtungen sind in einem sehr guten Zustand, und es fehlt an nichts. Der freundliche Besitzer hat überdies für seine Besucher immer einige spezielle Insider-Tipps.

▶ 8392 Sørvågen
GPS: 67.900212, 13.052354
Tel: +47 99 48 94 05
■ pincamp.de/ng3730

2 Paid parking Reine

▶ Sverdrups Vei 7, 8390 Reine
GPS: 67.934541, 13.094930

3 Strand og Skjærgårdscamping

▶ Fv 806, 8387 Fredvang
GPS: 68.098589, 13.162546
Tel: +47 76 09 42 33
■ pincamp.de/ng3700

4 Stellplatz & Bauernhof Indre Sand Gård

Privater Stellplatz ohne weitere Serviceleistungen.

▶ Fv806 7, 8387 Fredvang
GPS: 68.088627, 13.138596

5 Lofoten Beach Camp

▶ Kjerkveien 45, 8380 Ramberg
GPS: 68.103162, 13.294054
Tel: +47 95 03 52 83
■ pincamp.de/pin_235978

6 Haukland Beach

▶ Uttakleivveien 72, 8370 Leknes
GPS: 68.199375, 13.532335
Tel: +47 41 51 02 55
www.hauklandbeach.no

7 Kommunaler Stellplatz in Eggum

▶ Eggumsveien, 8360 Bøstad
GPS: 68.308015, 13.654315

8 Hov Camping

▶ 8314 Gimsøysand
GPS: 68.339457, 14.112660
Tel: +47 91 39 21 04
■ pincamp.de/pin_235980

9 Svolvær Bobilpark

▶ Vorsetøyveien, 8300 Svolvær
GPS: 68.227114, 14.556019
Tel: + 47 93 29 84 11
www.cethoeiendom.no

AUF DEN VESTERÅLEN

10 Lødingen Bobilcamp

▶ Molovegen 7, 8410 Lødingen
GPS: 68.412333, 16.008655
Tel: +47 91 69 39 40
www.lodingen.net

11 Midnattsol Camping Bleik

★★☆☆☆

♥ Ein liebevoll geführter Platz, der alles bietet, was das Camperherz begehrt. Die Lage am Strand und die Aussicht über das Meer sind gigantisch. Von hier aus erreicht man einige Highlights der Umgebung und kann auch einfach endlose Strandspaziergänge genießen. Kleiner Luxus am Morgen: der Brötchenservice!

▶ Gårdsveien 8, 8481 Bleik
GPS: 69.27491667, 15.96493333
Tel: +47 47 84 32 19
■ pincamp.de/ng3980

12 Andenes Camping

▶ Bleiksv 31, 8480 Andenes
GPS: 69.304068, 16.067338
Tel: +47 41 34 03 88
■ pincamp.de/pin_235982

AUF SENJA

13 Skaland Camping AS

▶ Bergsfjordveien 1757, 9385 Skaland
GPS: 69.443706, 17.304748
Tel: +47 96 64 61 15
■ pincamp.de/pin_236014

14 Purkenesvika

▶ 9388 Fjordgard
GPS: 69.515636, 17.628777

15 Husøy bobilparkering

▶ 9389 Husøy i Senja
GPS: 69.545082, 17.670815

16 Fjordbotn camping

▶ Stønesbotnveien 401, 9373 Botnhamn
GPS: 69.44933, 17.8823
Tel: +47 77 84 93 10
■ pincamp.de/Pin_234673

HILFREICHE WEBSITES

- www.lofoten.info/visitlofoten
- www.visitvesteralen.com
- www.visitsenja.no

Weitere Informationen zu Norwegen
→ Seite 230

Im Revier der Seeadler und Wale

Die Inseln des Nordens sind ein Traumziel für Tierfreunde: Hier findet man die größten Populationen der mächtigen Seeadler, deren Flügelspannweite bis zu 2,50 m erreicht. Lange schweben sie erhaben am Himmel, um sich dann ganz plötzlich auf ihre Beute im Meer zu stürzen. Dort tummeln sich, zum Beispiel in den Gewässern vor Andøya, ganzjährig Wale. Meist trifft man auf Pottwale, die unglaubliche 80 Jahre alt, 30 m lang und 200 t schwer werden können.

SEEADLER-SAFARI AUF DEN INSELN DES NORDENS

Wer zu den Königen der Lüfte aufbrechen will, kann im Norden Norwegens ganzjährig an Safaris mit Guide teilnehmen. Auf den Touren erhält man in der Regel einen Wärmeanzug, Handschuhe und eine Schutzbrille. Man sollte außerdem an festes und – je nach Jahreszeit – warmes Schuhwerk, eine Mütze und natürlich an die Kamera denken.

Anbieter

- Lofoten: www.xxlofoten.no/home/
- Vesterålen: www.yttersiden.no/willkommen
- Senja: www.hamnisenja.no

Auf der Suche nach den Adlern

Bei einem Briefing erfahren wir vom Guide Ian Wissenswertes zu den Seeadlern und werden über die Regeln an Bord des schnellen RIB-Bootes informiert. Ausgerüstet mit einem wärmenden Anzug sowie einigen Fototipps legen wir dann vom Steg ab und brausen wenig später mit Höchstgeschwindigkeit über das Meer. Ian kennt das Gebiet perfekt und weiß, wo die Seeadler ihren Horst haben. Mit gedrosseltem Tempo fahren wir in den Fjord und können schon bald die Adler in der Ferne ausmachen. Ian lockt die gewaltigen Greifvögel mit Fisch an, und tatsächlich: Nur kurze Zeit später kreist der erste Adler über dem Boot und stürzt sich nur wenige Meter von uns entfernt auf seine Beute. Was für ein Schauspiel! Andere Adler folgen ihm, sodass wir ausreichend Gelegenheit haben, dieses Erlebnis im Bild festzuhalten. Vom RIB-Boot wirkt das Spektakel besonders nah, da wir quasi auf Wasserhöhe sitzen. Zwei Stunden später kehren wir zurück und tauschen unsere Erlebnisse mit den anderen Teilnehmern bei einer warmen Fischsuppe aus.

WALBEOBACHTUNG IM NORDMEER

Die meisten Wal-Safaris im Sommerhalbjahr beginnen in Andenes und in Stø auf den Vesterålen. Mit etwas Glück lassen sich von Juni bis August auch Zwergwale oder Delfine entdecken, während man im Winterhalbjahr zusätzlich Buckelwale, Orcas oder sogar Finnwale beobachten kann. Zu dieser Zeit werden auch in der Umgebung von Tromsø zahlreiche Touren zur Walbeobachtung angeboten.

↓ Zarte Farben sind wohl im Trend ...
In kompletter Montur vor der Adler-Safari

↑ Die Köder locken die mächtigen Seeadler ganz nah an unser Boot.

Die Touren werden auf etwas größeren Schiffen durchgeführt, sodass keine spezielle Schutzausrüstung benötigt oder gestellt wird. Umso mehr sollte man – auch im Sommer – an warme Kleidung denken, da es auf dem Meer empfindlich kalt werden kann.

Anbieter

- Vesterålen (Andenes): www.whalesafari.no
- Vesterålen (Stø): www.arcticwhaletours.com

Unterwegs im Nordatlantik: Wale voraus

Wer in Andenes an Bord geht, erhält vorab eine Führung durch das Museum im Walzentrum und die Gelegenheit, im kleinen Shop ein Souvenir zu erwerben. Bei allen Safari-Anbietern in Nordnorwegen gibt es vor der Safari einige Informationen zu den Walen in den umliegenden Gewässern sowie die obligatorischen Sicherheitshinweise, bevor es schließlich an Bord und hinaus aufs Meer geht.

Auf dem Schiff, mit dem wir rausfahren, kann man sich gut bewegen, und alle Teilnehmer halten irgendwo an der Reling Ausschau nach einer Flosse oder anderen Hinweisen auf die Meeressäuger. Schon nach kurzer Zeit entsteht Unruhe, die ersten Kameras klicken unaufhörlich. Dann können wir sie auch sehen: Eine kleine Gruppe Orcas ist im trüben Licht auszumachen. Mit der Kamera im Anschlag versuchen wir, ein brauchbares Bild zu schießen. Doch die Tiere sind erstaunlich flink … und unsere Aufnahmen verwackelt. Schon sind die Orcas verschwunden, unsere Crew sucht nach weiteren Meeressäugern. Und tatsächlich taucht erneut eine Gruppe Wale vor uns auf. Für einen Moment lassen wir das Erlebnis auf uns wirken – wir sehen tatsächlich gerade echte Wale, die sich hier im Nordmeer auf Beutezug befinden! Mit veränderten Kameraeinstellungen gelingen die Aufnahmen besser, und so können wir einige gute Bilder mit an Land nehmen. Drei Stunden dauert unsere Walbeobachtung – eine fantastische Tour, die ganz sicher nicht unsere letzte war.

Das perfekte Bild

Hier ein paar Tipps für gute Bilder von den schnellen Adlern und Walen:

- Als Objektiv sind Festbrennweiten um die 400 mm und mit hoher Lichtempfindlichkeit perfekt geeignet.
- Die Kamera sollte mit einem schnellen Autofokus ausgestattet sein.
- Am besten nutzt man die Serienbildfunktion der Kamera und wählt nach der Tour die schönsten Bilder aus.
- Wer mit den manuellen Einstellungen der Kamera nicht so vertraut ist, sollte den Sportmodus wählen.
- Bei manuellen Einstellungen empfiehlt sich eine sehr kurze Belichtungszeit, um Bewegungsunschärfen zu vermeiden. Vor allem die Adler sind schnell!
- Bei schlechten Lichtverhältnissen erhöht man den ISO-Wert der Kamera, damit kurze Belichtungszeiten möglich sind.
- Denkt daran, ausreichend Speicherkarten und Ersatzakkus mitzunehmen.

Sehenswertes unterwegs

1. **Snøhetta Viewpoint**
2. **Steinvikholmen** Festung
3. **Rypetoppen Adventure-park**
4. **Tännforsen** Wasserfall
5. **Ristafallet** Wasserfall
6. **Döda Fallet** ausgetrockneter Wasserfall
7. **King Chulalongkorn Pavillon**
8. **Kvarken-Archipel**
9. **Korkeakoski** Wasserfall
10. **Uusi Valamo** Orthodoxes Kloster
11. **Punkaharju** Landrücken

Die eingezeichneten Campingplätze sind unsere Lieblingsplätze. Den Überblick über alle Plätze auf der Route findet ihr auf → Seite 182–183.

SKANDINAVIENRUNDREISE – DREI LÄNDER IN DREI WOCHEN

Elche! Gelassen äsen sie in der Abenddämmerung im Landschaftsschutzgebiet Fokstumyra neben der Europastraße E 6 oberhalb von Dombås. Bei uns bricht hektische Betriebsamkeit aus, denn wir möchten diesen seltenen Anblick unbedingt auf der Speicherkarte verewigen – schließlich sind die Tiere ein eindeutiger Beleg dafür, dass entgegen vieler Annahmen die bekannten »Elch-Schilder« nicht nur für Touristen aufgestellt werden!

ÜBER TRONDHEIM NACH SCHWEDEN

Noch immer beeindruckt von dieser Begegnung erreichen wir wenig später den Campingplatz Furuhaugli Fjellhytter inmitten der weiten Gebirgslandschaft des Dovrefjell. Am Ende unserer ersten Tagesetappe vom Fährhafen in Oslo bis nach Mittelnorwegen liegt eine Strecke von etwa 350 km hinter uns. Daher bleibt die Küche in unserem Kastenwagen an diesem Abend kalt, und wir lassen uns im Restaurant 1007 auf dem Campingplatz verwöhnen. Insbesondere das selbst gebraute Bier schmeckt uns gut. Etwa 500 Liter verschiedener Biersorten werden auf dem Campingplatz in der kleinen Nanobryggeri gebraut und an die Gäste ausgeschenkt. Die Betreiber des Platzes bieten außerdem regelmäßige Wildtier-Safaris zur Beobachtung von Elchen und Moschusochsen sowie Reitausflüge in die Umgebung an. Wir nutzen den Platz als Basecamp für eine anspruchsvolle Tageswanderung auf Norwegens höchsten Gipfel außerhalb des Hochgebirges Jotunheimen, die 2286 m hohe Snøhetta (»Schneekappe«). Im extrem wechselhaften Wetter mit Schneefall und einem strapaziösen Aufstieg über riesige Geröllfelder wird aus der Tour allerdings eine Tortur. Lediglich der Stolz, dass wir es geschafft haben, entschädigt uns.

● **TIPP** *Deutlich einfacher und wirklich empfehlenswert ist hingegen der 1,5 km lange Spaziergang vom Parkplatz in Hjerkinn zum preisgekrönten Aussichtspavillon Snøhetta Viewpoint, von dem aus man gut geschützt den Blick über die norwegische Wildnis genießen kann. Mit etwas Glück lassen sich durch die großen Fenster auch einige Moschusochsen beobachten, die hier noch in freier Wildbahn leben.*

↓ In den Sümpfen von Fokstumyra neben der E 6 kann man fast jeden Abend die Elche sehen.

↑ Die Skyline von Trondheim mit den alten Lagerhäusern aus Holz

Nach unseren zwei Nächten im Nationalpark Dovrefjell ist das lebendige Trondheim ein starker Kontrast. Der Wohnmobil-Stellplatz Bobilparkering Trondheim ist wenig romantisch, doch wir können das Zentrum von hier aus bequem zu Fuß erreichen. Wir bummeln bis in die Abendstunden durch die drittgrößte Stadt Norwegens. Trondheim hat eine lange, reiche Historie, ist aber dennoch eine junge Stadt, in der es viel zu sehen gibt, vom altehrwürdigen Nidarosdom bis zum interaktiven Museum Rockheim. Nachdem wir uns hier an Schlagzeug und Gitarre verausgabt haben, schlendern wir zurück zu unserem Wohnmobil und genießen einen letzten Blick über das Ufer des Flusses Nidelva mit den charakteristisch bunten Holzhäusern.

Am kommenden Morgen entscheiden wir uns für einen 12 km langen Abstecher zur 1525 errichteten Festung Steinvikholmen. Das Kastell steht wehrhaft auf einer kleinen Insel im Trondheimfjord, die man über eine Fußgängerbrücke erreicht. Auf dem Rückweg zur Europastraße werden wir durch einen Aufsteller vor einem Bauernhof auf einen kleinen Hofladen aufmerksam. Vollbremsung! Sekunden später stehen wir vor einer Auswahl leckerer regionaler Produkte, mit denen wir spontan unsere Vorräte auffüllen. In Stjørdal wählen wir nun die Abzweigung auf die Europastraße E 14, die von hier aus in östlicher Richtung bis an die schwedische Ostseeküste führt. Mit jedem weiteren Kilometer fahren wir zugleich dem Herbst entgegen, der die weitläufige Landschaft in Ostnorwegen bereits in ein Farbenmeer verwandelt und eine erste kühle Brise durch die Autofenster schickt.

SCHWEDEN VON WEST NACH OST DURCHQUEREN

Etwa 1000 m vor der Grenze weist ein Schild auf den Rypetoppen Adventurepark hin. Dort bieten 28 Ziplines mit bis zu 320 m Länge, 22 Kletterparcours mit verschiedenen Schwierigkeitsgraden sowie Fahrten mit dem Kanu oder SUP Board jede Menge Nervenkitzel und Abwechslung. So kann man sich richtig auspowern, ehe man die nächsten Kilometer bis zum schwedischen Naturreservat am Wasserfall Tännforsen zurücklegt.

In Schweden angekommen, gehen wir vom kostenpflichtigen Parkplatz auf gut befestigten Wegen durch das Naturschutzgebiet zu den Aussichtspunkten am Wasserfall. Aus der Ferne ist bereits ein mächtiges Rauschen zu hören: Über den Tännforsen stürzen die Wassermassen des Tännsjön in den 37 m tiefer gelegenen Östra Noren – ein imposantes Schauspiel, das uns einer der größten Wasserfälle in Schweden hier bietet. Die Gischt wirbelt durch die Luft, und wir haben gut zu tun, die Wanderung einigermaßen trocken zu beenden.

Unweit vom Wasserfall beginnt auch schon die Urlaubsregion um Åre, die man nach einer Fahrt mit der Seilbahn auf den Hausberg Åreskutan überblicken kann. Von der 1274 m hoch gelegenen Bergstation führt ein 1,2 km langer Wanderweg zu dem sehr einfachen Café Toppstugan – in 1420 m Höhe ist es immerhin Schwedens höchst gelegenes Café und bietet bei schönem Wetter eine unvergessliche Aussicht.

Die Region zieht sportlich Aktive aus ganz Europa an. Im Sommer und Herbst kommen sie beim Rafting auf den Flüssen oder mit dem Kajak auf dem See Åresjön sowie auf den Bike-Strecken voll auf ihre Kosten. Es gibt unterschiedliche Angebote für alle Altersklassen und Schwierigkeitsgrade, vom Kinder-Bike-Park bis hin zum anspruchsvollen Downhill über einen Höhenunterschied von 853 m. Etwas ruhiger ist es um diese Zeit im Zentrum des ehemals kleinen Bergdorfes Åre. Dort steht die sehenswerte Gamla Kyrka, eine Kirche aus dem 12. Jh. und bis heute ein Etappenziel auf dem Pilgerweg St. Olavsleden, der durch Åre bis nach Trondheim führt. Wir haben ganz offenbar zu wenig Zeit für den Ort eingeplant, und so bleibt es bei einem Bummel durch die Stadt und einem Eintrag von Åre auf unserer persönlichen Bucket List …

↙ Die kleine Gamla Kyrka (»Alte Kirche«) steht am Pilgerweg St. Olavsleden in Åre.

↓ Im Film »Ronja Räubertochter« spielt der Ristafallet den »Glupafall«.

Am Abend erreichen wir den Campingplatz am Wasserfall Ristafallet, dessen Rauschen man hier bereits deutlich hören kann. Die kurze Wanderung dorthin hat Zeit bis zum nächsten Vormittag, wir genießen erst einmal den wunderschönen Herbstabend. Nach einem intensiven Sommer wird es jetzt überall im Norden ruhig – eine perfekte Zeit, um die Natur auf sich wirken zu lassen. Man kann den Herbst tatsächlich riechen, die schneebedeckten Berggipfel kündigen den nahenden Winter an.

Entsprechend kalt ist es am nächsten Morgen, doch das kann uns nicht aufhalten. Wir gehen ein kurzes Stück am Ufer des Åreälven entlang und haben schon wenig später einen ersten Blick auf den imposanten, 50 m breiten und 14 m hohen Wasserfall. Die Kulisse erinnert uns an ein natürliches Amphitheater. Hier wurden sogar einige Sequenzen des Films »Ronja Räubertochter« nach dem Buch von Astrid Lindgren gedreht. Wir klettern auf den Felsen herum und finden schließlich einen guten Platz für einige Fotos.

Von der Terrasse des Cafés oberhalb vom Campingplatz gönnen wir uns anschließend einen letzten Blick auf den Fluss Indalsälven, ehe es weitergeht. Doch der Motor ist noch nicht einmal richtig warm, als wir unseren Kastenwagen schon wieder abstellen – auf dem Parkplatz beim Fabrikverkauf der Outdoor-Firma Lundhags am Ortsrand von Järpen. Hier müssen wir rein, denn hier steht die Wiege der inzwischen weltweit bekannten schwedischen Marke.
● **TIPP** ***In der benachbarten Manufaktur führen die Lundhags-Schuhmacher kleinere Reparaturen durch und geben professionelle Tipps zur Pflege der Wanderstiefel.***

↓ **Picknick am Ufer des Liten in Schweden. Ja, es liegt schon ein wenig Schnee auf der Wiese - aber die Sonne scheint.**

GRH PD 155

Nachdem unsere Einkäufe verstaut sind, folgen wir dem weiteren Verlauf der Europastraße E 14, ohne wirklich voranzukommen. Zu schön ist dieser Herbsttag mit seinen Farben. Reste vom ersten Schneefall der Nacht liegen auf den Höhen und schmelzen langsam im Licht der noch wärmenden Sonne. Wir picknicken ausgiebig am Ufer des Sees Liten, bevor wir uns weiter nach Östersund treiben lassen.

Die Sonne veranstaltet allabendlich ein unvergleichliches Farbspektakel – eine wunderbare Route mit ganz viel Herbstromantik.

Die schwedische Stadt mit ihren ca. 50 000 Einwohnern am See Storsjön ist ein wichtiger Verkehrsknotenpunkt. Hier treffen die E 45 (Inlandsvägen) und die E 14 aufeinander. Der Storsjön ist nicht nur der fünftgrößte See Schwedens und ein wahres Paradies für Angler sowie Kajak- und Kanufahrer. Er soll auch, wie sein Pendant Loch Ness in Schottland, ein Seeungeheuer beherbergen, das 1635 erstmals gesichtet wurde. Obwohl wir einen goldenen Sonnenuntergang am Seeufer beobachten und uns redlich mühen, können wir kein Ungeheuer entdecken. Dafür entschädigt uns der großzügig angelegte Campingplatz, auf dem wir übernachten, und die große Bade- und Saunalandschaft des benachbarten Storsjöbadet, in der wir den folgenden Tag verbringen.

Von Östersund folgen wir schließlich dem Lauf des Flusses Indalsälven in Richtung Osten. An seinem Ufer schlängelt sich die Straße 87 durch eine urwüchsige Natur. Das dunkle Grün der dichten Waldgebiete an den Uferhängen wird immer wieder von den goldgelben Farbtupfern der Laubbäume unterbrochen. Diese säumen auch die Uferzonen der vielen Seen, die vom Indalsälven gespeist werden und über denen die untergehende Sonne allabendlich ein unvergleichliches Farbspektakel gestaltet. Eine wunderbare Route mit ganz viel Nordeuropa-Herbstromantik.

Nach etwa 100 km kündigt ein Schild eine besondere Sehenswürdigkeit an: Wir folgen dem Wegweiser und biegen nach rechts zum Döda Fallet ab. Der »Tote Fall« ist ein Ort, an dem sich früher der Indalsälven in einem riesigen Wasserfall seinen Weg bahnte. Gegen Ende des 18. Jh. versuchten Flößer, neben dem Wasserfall eine Rinne zu schaffen. Bei ihrer Öffnung ergossen sich die Wassermassen des Indalsälven und des oberhalb liegenden Sees Ragundasjön in einer riesigen Flutwelle. Der Fluss schuf sich einen neuen Lauf, und der Wasserfall ist seitdem ausgetrocknet, doch in dem Naturschutzgebiet kann man auf gut markierten, teilweise künstlich angelegten Wegen herrlich wandern und die Landschaft erkunden oder auf einem der Picknickplätze rasten.

Nach diesem Abstecher in die schwedische Wildnis trauen wir etwas später kaum unseren Augen. Nur 16 km entfernt fühlen wir uns plötzlich nach Thailand versetzt! Wie kann das sein …? Der King Chulalongkorn Pavillon in Utanede ist ein Geschenk Thailands an Schweden und soll an den Besuch des thailändischen Königs im Jahr 1897 erinnern. Der weiß-goldene Pavillon wirkt hier, inmitten der schwedischen Provinz, umso eindrucksvoller und ist den kurzen Abstecher von der eigentlichen Route wert. Auf ihr setzen wir nun unsere Reise fort. Der Campingplatz Sollefteå Camping am Ufer des Ångermanälven ist unser Ziel. In der Nebensaison ist die Rezeption am Abend nicht besetzt, sodass wir am nächsten Morgen die Formalitäten bei der überaus freundlichen Dame an der Rezeption erledigen.

AN DER OSTSEEKÜSTE VON SCHWEDEN UND FINNLAND

Von Sollefteå ist es nun nicht mehr weit bis zur schwedischen Ostseeküste. Wer Zeit und Interesse hat, kann über die Straße 90 zunächst in südwestlicher Richtung einen Umweg fahren, um so die Ostsee in der Umgebung des UNESCO-Weltnaturerbes Höga Kusten zu erreichen. In dieser geologisch besonderen, bergigen Küstenregion findet der Besucher ein gut ausgebautes Netz an Wanderwegen und ein vielfältiges Angebot unterschiedlichster Aktivitäten.

Wir wählen allerdings die kürzere Strecke und fahren über die Straße 335 und im weiteren Verlauf entlang der Küste auf der Europastraße E 4 nach Umeå. Etwas nördlich der schwedischen Hafenstadt finden wir am Jachthafen in Ratan einen dieser unglaublich schön gelegenen Stellplätze am Meer, betrieben von einem lokalen Verein. Einfach und pragmatisch eingerichtet, bietet der Ställplats Ratans Gästhamn aufgrund seiner idyllischen Lage mit der fast privaten Atmosphäre ein unverwechselbares Camperfeeling – und das für einen eher symbolischen Preis.

← Roadtrip-Feeling in einer zauberhaften Umgebung – irgendwo auf der E 14 in Schweden

BERGUDDENS FYR AUF DER OSTSEEINSEL HOLMÖN

↑ Kennt ihr schon Helena Elisabeth? Die kleine gelbe Fähre bringt täglich Passgiere nach Holmön.

Am nächsten Morgen klingelt der Wecker sehr zeitig, denn wir wollen mit der ersten Fähre auf die wildromantische Ostseeinsel Holmön übersetzen. Die kostenlose Überfahrt beginnt im nahen Hafen Norrfjärdens Färjeläge und dauert etwa 45 Minuten. Nachdem wir unser Wohnmobil im Hafen geparkt haben, sitzen wir mit einigen Einheimischen an Bord der leuchtend gelben Fähre. Schon bald ist Holmön am Horizont auszumachen. Wir lieben diese kleinen Inseln, deren Lebensrhythmus hauptsächlich durch das Anlegen der Fähre vom Festland bestimmt wird! Etwa 50 Einwohner gibt es hier, einen *lanthandel* (Tante-Emma-Laden), einige Unterkünfte, ein Bootsmuseum, einen romantischen Leuchtturm und ein Naturschutzgebiet. Hier wachsen uralte Küstengehölze, und ein markierter Weg führt uns mitten hindurch zum Leuchtturm Berguddens Fyr. Seit 1884 weist hier ein Leuchtfeuer Seefahrern den Weg an der schwedischen Ostseeküste, wobei uns der heutige hölzerne Leuchtturm eher an eine Windmühle erinnert, die ihre Flügel verloren hat. Für den Weg zurück zum Hafen wählen wir den Fahrweg entlang der vereinzelten Höfe und typisch roten Häuser. Die alten Windmühlen – dieses Mal sind es tatsächlich welche – und die alte Holzkirche verstärken unseren Eindruck, dass hier auch jeden Moment die »Kinder aus Bullerbü« um die Ecke kommen könnten. Ein schwedisches Idyll – wunderschön!

Die kleine gelbe Fähre tuckert am Nachmittag mit uns zurück zum Festland, wo wir uns noch etwas in Umeå umschauen und in einem Supermarkt die Vorräte auffüllen. Wir entscheiden uns, an diesem Abend noch mit der Fähre nach Vaasa (Finnland) überzusetzen. Die knapp vierstündige Überfahrt muss in der Nebensaison nicht vorab reserviert werden.

In der Nacht erreichen wir die finnische Hafenstadt und verlassen sie auf direktem Weg in Richtung Kvarken-Archipel. Diese einzigartige Küstenlandschaft vereint Abertausende Inseln, Schären und Felsen. Seit der letzten Eiszeit hebt sich unaufhörlich das Land, und so entstehen ständig neue Inseln, sodass Wissenschaftler für die Zukunft sogar die Entstehung einer durchgehenden Landverbindung nach

Schweden prognostizieren! Daher hat man die schwedische Küstenregion Höga Kusten und den finnischen Abschnitt im Kvarken-Archipel gemeinsam in die UNESCO-Weltnaturerbe-Liste aufgenommen.

Nach etwa 20 Minuten Fahrzeit überqueren wir auf Finnlands höchster Hochseilbrücke, der Replot-Brücke, in 82 m Höhe die Ostsee und erreichen die eigentümliche Inselwelt von Kvarken. Wir brauchen noch einen Stellplatz für die restliche Nacht und finden diesen weit draußen, im historischen Fischerhafen Svedjehamn. Hier hat die Gemeinde einen herrlichen Wohnmobil-Stellplatz eingerichtet, den man gegen eine geringe Gebühr nutzen kann. Am nächsten Morgen können wir erstmals die sagenhafte Kulisse im Tageslicht bewundern. Auf einer kurzen Wanderung erreichen wir den 20 m hohen Aussichtsturm Saltkaret, der einen weiten Blick über die bizarr wirkende Küstenlandschaft ermöglicht. Die intensiv goldenen Farben des Herbstes künden davon, dass in Finnland die Zeit der *ruska* begonnen hat – das finnische Gegenstück zum Indian Summer in Nordamerika.

Wir verbringen etwas mehr als einen Tag in dieser Inselwelt, entdecken versteckte Buchten, traumhafte Picknickplätze mit Feuerstellen und immer wieder die roten Holzhäuser der Fischer, die für die Küste so typisch sind.

Gern würden wir noch länger im Archipel bleiben, aber die eisig kalten Nächte geben einen ersten Vorgeschmack auf den bevorstehenden Winter. Also brechen wir auf, um bald die finnische Seenplatte zu erreichen und dann in

↓ Es sind schon Tausende, und es werden immer mehr: Inseln im Kvarken-Archipel.

Richtung Süden beizudrehen. Auf den nächsten Etappen folgen wir zunächst einer der wohl spannendsten und zugleich unbekanntesten Touristenrouten Europas, dem Blå Vägen (»Blaue Straße«). Diese Route verbindet auf der unglaublichen Länge von 1800 km die nordnorwegische Insel Træna mit der russischen Stadt Pudosch und führt dabei durch Schweden und Finnland.

DURCH DIE FINNISCHE SEENPLATTE NACH HELSINKI

Wir erreichen das Dorf Isokyrö mit seiner imposanten Kirche aus dem 14. Jh. Stolze 24 m erhebt sie sich am Flussufer. Was die alten Steine und Balken wohl für Geschichten erzählen könnten …? Das benachbarte Heimatmuseum gibt zumindest einen kleinen Einblick in die Vergangenheit des Ortes, den Kenner aus aller Welt für den erstklassigen Whisky und Gin schätzen, der hier in der Kyrö Distillery Company gebrannt wird. Auf einer Destillerie-Tour kann man einen Blick hinter die Kulissen werfen und mehr über die Geheimnisse der Herstellung erfahren. Einige Windmühlen in der Umgebung zeugen von der langen Tradition des Kornanbaus in der Region und machen das – fast etwas schottische – Bild perfekt.

Hinter Isokyrö wird die Landschaft allmählich weitläufiger, und die Besiedlung nimmt mit jedem Kilometer sichtbar ab. Etappenweise sind wir hier fast alleine auf dem Blå Vägen unterwegs und rollen entspannt durch die schier endlosen Wälder, in deren dunklem Grün die gelb leuchtenden Birken immer wieder strahlende Akzente setzen. Dazwischen

↓ **Blick auf die mittelalterliche Feldsteinkirche von Isokyrö im Westen Finnlands**

funkelt zunehmend diamantengleich das Wasser durch die Bäume, denn wir nähern uns nach einer etwa zweistündigen Fahrt der Finnischen Seenplatte, wo es rund 42 000 Seen geben soll. Wir versuchen gar nicht erst, sie zu zählen!

Unser heutiges Tagesziel ist Kuopio, eine Hafenstadt am Kallavesi-See, dem zehntgrößten See des Landes. Gegen Mittag erreichen wir Viitasaari und gönnen uns im Rasthof neben der Straße eine ausgiebige Pause, ehe wir uns die Tsasouna, eine hölzerne Kapelle auf einer Insel im See neben der Stadt, anschauen. Seit 1989 gibt es dieses Gebetshaus für die kleine russisch-orthodoxe Gemeinde der Region. Wer einen Blick über die weite Landschaft mit ihren unzähligen Seen und riesigen Wäldern werfen möchte, kann dazu auf den Aussichtsturm im Naherholungsgebiet Savivuori steigen.

Und weiter geht's auf dem Blå Vägen in Richtung Kuopio. Bei Pielavesi verlassen wir diese Straße für einen Abstecher in die kleine Stadt, die ebenfalls für ihre wunderschöne Kirche bekannt ist und wo man sich im Freilichtmuseum Lepikorn Torppa einen authentischen karelischen Bauernhof anschauen kann. Die alten Holzhäuser vermitteln einen Eindruck vom Leben in den letzten Jahrhunderten. Im Gegensatz zu den meist falunroten Häusern an der eher schwedisch geprägten Küste scheinen die dunklen Bauten im Landesinneren bereits mehr durch russische Einflüsse geprägt zu sein.

↓ Am Bootshaus bei Viitasaari machen wir Pause und genießen den Herbsttag.

↘ In der Markthalle von Kuopio gibt es finnische Spezialitäten für den kleinen und den großen Hunger.

Zurück auf unserer Hauptroute nach Kuopio biegen wir etwa 60 km vor unserem Ziel ein letztes Mal ab: Das Schild »Korkeakoski« weist den Weg zu einem Parkplatz neben einem kleinen Landschaftsschutzgebiet. Inmitten der eher ebenen Landschaft können wir es zunächst kaum glauben, aber hier führt tatsächlich ein kurzer Weg durch einen dunklen Wald zum höchsten Wasserfall Finnlands. 192 Stufen geht's hinunter in die Schlucht und zu hölzernen Plattformen, von denen man einen Blick auf den 36 m hohen Korkeakoski-Wasserfall hat. Im feuchten Mikroklima des Canyon gedeihen seltene Pflanzen, und die roten Fliegenpilze im dunkelgrünen Moos erinnern uns an einen Märchenwald.

Nur eine knappe Stunde später tauchen wir in das Stadtleben der Metropole Kuopio am Ufer des Kallavesi-See ein. Da es spät geworden ist, suchen wir zunächst den fast luxuriösen und daher recht teuren Campingplatz Rauhalahti am Seeufer auf. Von hier aus erkunden wir am nächsten Tag das charmante Kuopio – für uns eine stadtgewordene Erklärung für die ständigen Top-Platzierungen der Finnen in den Glücksreports der UN. Die Einwohner genießen die Lebensqualität inmitten der landschaftlich schönen Umgebung, am einladend gestalteten Seehafen pulsiert das Leben, und auf dem Marktplatz kann man schon mal Zeuge einer spontanen Tanzeinlage gut gelaunter Mitmenschen werden, die sich dem in Finnland so beliebten Tango hingeben. In der historischen Markthalle kosten wir uns – natürlich rein dienstlich – durch regionale und nationale Spezialitäten wie Karelische Piroggen (dünne Teigtaschen, gefüllt mit Milchreis) und *kalakukko*. *Kalakukko* ist ein dunkles Brot, gefüllt mit kleinen Fischen (*muikkus*, Maränen), und der Geschmack erscheint uns zunächst so fremd wie das Stimmengewirr der Finnen, die in der Markthalle unterwegs sind.

● **TIPP** ***Wer es etwas mondäner mag, dem sei das Drehrestaurant auf dem Aussichtsturm Puijo empfohlen, das sich mit einem Michelin Stern schmücken darf. Die grandiose Aussicht ist da schon fast nebensächlich ...***

An einem Sommerabend würde sich außerdem eine der beliebten Schifffahrten auf der Seenplatte anbieten, aber jetzt, in der Herbstsaison, ist es dafür bereits zu spät. In der Tourismusinformation von Kuopio werden wir stattdessen auf unser nächstes Ziel aufmerksam: Uusi Valamo, das einzige orthodoxe Männerkloster Finnlands, liegt nur 1,5 Std. Fahrzeit entfernt. Die spirituelle Atmosphäre zwischen den Klostermauern nimmt uns sofort gefangen. Andächtig bestaunen wir die prunkvolle orthodoxe Kirche. Ein Hauch von Weihrauch liegt in der Luft, ansonsten: Stille. Im Klosterladen geht es hingegen etwas geschäftiger zu, und man kann hier von den Mönchen selbst hergestellten Honig, Wein und sogar Schnaps kaufen. In der Cafeteria können sich die Besucher gemeinsam mit den Ordensbrüdern Köstlichkeiten aus der Klosterküche schmecken lassen. Die folgende Nacht verbringen wir auf dem offiziellen Wohnmobil-Stellplatz gegenüber dem Kloster, für dessen Nutzung sich die Mönche über einen kleinen Obolus freuen.

Am nächsten Tag setzen wir unsere Reise fort und erreichen nach einer knappen Stunde den Kolovesi-Nationalpark. Er wurde 1990 geschaffen, um die seltenen Saimaa-Ringelrobben zu schützen, die in den kleinen Buchten ihre Jungen aufziehen. Der Nationalpark ist ein Paradies für Wanderer und Wassersportler. Wer kein Kanu oder Kajak dabeihat, kann diese an einigen Stellen ganz unkompliziert online mieten, um das Gebiet auf dem Wasser zu erkunden. Für uns steht fest, dass wir im Sommer noch einmal hierher

← Zwischen den Bäumen liegt die Straße, genauer: die Punkaharju Ridge Road. Sie führt quasi mitten durch die Seen.

↑ Olavinlinna gilt als die am besten erhaltene Mittelalterburg in ganz Nordeuropa.

zurückkehren müssen, um diese Landschaft mit Zelt und Rucksack intensiver zu erkunden. Daher bleibt es bei einer kurzen Herbstwanderung auf den Felsen am Seeufer, bevor wir weiterfahren. In der Dunkelheit erreichen wir den Campingplatz Vuohimäki Camping in Savonlinna.

Die kleine Stadt inmitten der finnischen Seenplatte ist weithin bekannt für die besterhaltene mittelalterliche Burganlage Nordeuropas, Olavinlinna, sowie die schönen Parkanlagen am Seeufer. Olavinlinna wurde 1475 errichtet und war die Keimzelle von Savonlinna, wo heute ca. 34 000 Menschen leben. Zum Glück sind die Tage nun deutlich kürzer, sodass wir nicht ganz so früh aufstehen müssen, um die gewaltige Festungsanlage im Morgenlicht zu fotografieren. Im Sommer finden hier übrigens regelmäßig Konzerte, Märkte und Festivals statt, sodass sich Besucher aus aller Welt hier tummeln. In unmittelbarer Nähe steht ein alter Getreidespeicher, in ihm befinden sich die Touristeninformation, das Regionalmuseum und weitere Ausstellungen. Dort liegt auch der alte Dampfschoner Salama vor Anker, dem man als Museumsschiff ebenfalls einen Besuch abstatten kann.

Wir verlassen die Stadt über die Straße 14 Richtung Punkaharju, denn die Strecke über den gleichnamigen Landrücken gehört zu den spektakulärsten Straßen Finnlands. Die schmalen natürlichen Dämme liegen wie riesige Finger in der umliegenden Seenlandschaft, die inzwischen als Landschaftsschutzgebiet eingestuft wurde. Auf der Fahrt glitzert links und rechts der Straße das Wasser in der Sonne, sodass uns das Gefühl beschleicht, direkt über einen See zu fahren – ein unvergesslicher Abschnitt unserer Route. Es gibt vereinzelt Parkplätze, um auf markierten Wegen die Landschaft zu erkunden oder die Biber zu beobachten, die hier zahlreich an den Seeufern leben.

Nur einige Kilometer weiter erreichen wir die Fernstraße 6, die bald ganz nah an der Grenze zu Russland entlangführt. Auf den Parkplätzen warnen immer wieder bedrohlich wirkende Schilder vor den Gefahren im Grenzgebiet. Parallel zur Grenze fahren wir weiter nach Südosten und erreichen im Gebiet um den Saimaa-See die Stadt Lappeenranta, deren alte Festungsanlagen auf einer Landzunge im See liegen. Der größtenteils renovierte Campingplatz Camping Lappeenranta Oy ist ein guter Ausgangspunkt, um durch die Stadt und das Hafenviertel zu bummeln.

● **TIPP** ***In der Kaffeerösterei Satamatie 6 am Hafen könnt ihr in cooler Atmosphäre aromatischen Kaffee mit gefährlich leckeren Zimtschnecken genießen.***

Apropos genießen: Lappeenranta ist der richtige Ort, um *muikku* zu probieren. Die Kleine Maräne gibt es zwar in ganz Finnland, aber sie ist eine besondere Spezialität aus der Saimaa-Region. Der kleine Fisch wird frittiert, gebraten oder auch geräuchert und im Ganzen verzehrt. Im ersten Moment gewöhnungsbedürftig, aber sehr, sehr lecker!

Vom Saimaa-See ist es nicht mehr weit bis in Finnlands Hauptstadt Helsinki. Wenn man zunächst der Straße 6 und dann der Europastraße E 18 folgt, bietet sich noch ein Zwischenstopp in Porvoo an. Die zweitälteste Stadt Finnlands wurde vor 800 Jahren gegründet und lädt gerade im Sommerhalbjahr zum Verweilen ein. Sie besticht durch eine große Zahl bunter Holzhäuser, alte Lagerhäuser am Wasser sowie eine historische Kirche. Eine gute Gelegenheit, um noch einmal dieses eher provinzielle Idyll zu genießen, bevor man sich auf den Weg in die pulsierende Metropole Helsinki macht.

Wir haben in Porvoo getrödelt und kommen daher erst nach Einbruch der Dunkelheit auf dem Campingplatz Rastila Camping am Stadtrand von Helsinki an. Neben einigen Wohnblöcken finden wir die Zufahrt und sind zunächst wenig angetan, aber es gibt kaum Alternativen. Erst am nächsten Morgen sehen wir, wie großzügig und einladend der Platz tatsächlich angelegt ist – eine riesige grüne Oase mit einem eigenen Badestrand und einer Sauna am See, der an den Platz grenzt. Ein guter Ausgangspunkt, um in das Stadtleben von Helsinki einzutauchen. Im Stadtteil Katajanokka bekommen wir neben dem Fährterminal der Viking Line einen Parkplatz. Von hier aus ist es nicht weit zum Anleger, von dem mehrmals stündlich die Boote zur Festungsinsel Suomenlinna ablegen. Die Festungsanlage aus dem 18. Jh. ist UNESCO-Welterbe, und ein Abstecher auf die miteinander verbundenen Inseln gehört zum Pflichtprogramm in Helsinki. Verschiedene Museen, altertümliche Häuser sowie Schiffe können ebenso wie kleine Handwerksläden und einladende Cafés auf eigene Faust oder während einer Führung besucht werden.

Obwohl es auf der Festungsinsel noch so viel zu entdecken gibt, fahren wir bereits am Nachmittag zurück, um noch ein wenig Hauptstadtluft zu schnuppern. Wir bummeln durch die herrlich unaufgeregte Stadt, bewundern den Dom auf dem Platz Senaatintori, die Uspenski-Kathedrale und die Eisbrecherflotte im Hafen. In der Markthalle herrscht reges Treiben, und wir mischen uns unter die Menge, denn wir wollen einige der typischen Köstlichkeiten mit nach Hause nehmen. Als sich am frühen Abend die Stadt zusehends leert, müssen wir zugeben, dass wir für Helsinki zu wenig Zeit eingeplant haben. Auf dem Weg zurück zum Campingplatz zählen wir auf, was wir uns für einen späteren Besuch vornehmen: eine Fahrt mit dem Riesenrad Sky Wheel, einen Saunabesuch im Schwimmbad inmitten des Hafenbeckens …

> Finnlands Hauptstadt ist herrlich unaufgeregt, in der Markthalle herrscht reges Treiben.

Am nächsten Morgen macht sich Wehmut breit, denn die Fähre »MS Finnstar« der Reederei Finnlines wird heute mit uns in Richtung Deutschland ablegen. Zu schnell ging dieser Roadtrip vorbei – doch wir haben unvergessliche Eindrücke im Gepäck. Besonders stolz sind wir auf unsere ersten finnischen Vokabeln: *kippis* (»Prost«) und *kiitos* (»Danke schön«). So endet auch unsere Reise – mit einem herzlichen *kiitos* und auf ein baldiges Wiedersehen.

→ Der Aufstieg zum Dom lohnt, denn von oben zeigt sich Helsinkis Senatsplatz in seiner ganzen Schönheit.

ROUTENINFO

↑ Mit unserem Kastenwagen unterwegs zwischen 188 000 Seen und noch mehr Bäumen

LÄNGE

2400 km für die reine Fahrstrecke (ohne Fährüberfahrten von Umeå nach Vaasa) – zuzüglich einiger Abstecher und Umwege.

DAUER

Minimum: 3 Wochen, durchschnittlich
1 Woche für jedes Land
Slow Travel: 4 Wochen für intensiven Genuss

REISEZEIT

Diese Route kann fast ganzjährig gefahren werden, wobei im Winter mit witterungsbedingten Beschränkungen zu rechnen ist. Wir empfehlen den Frühsommer oder den Herbst. Dann kann man sich wie wir entspannt treiben lassen … und den im Hochsommer mitunter nervigen Insekten entgehen.

FAHRZEUG

Die empfohlene Route ist für alle herkömmlichen Wohnmobile und Gespanne geeignet. Lediglich der Abstecher zur Burganlage Steinvikholmen ist kleineren bis mittleren Wohnmobilen vorbehalten.

ANREISE

Um den Ausgangspunkt unserer Tour in Mittelnorwegen zu erreichen, haben wir die Fähre der Color Line (www.colorline.de) von Kiel nach Oslo genommen. Von dort sind es noch rund 350 km auf der Europastraße E 6 bis in das Dovrefjell. Am Ende der Reise sind wir von Helsinki mit einer Fähre der Reederei Finnlines (www.finnlines.com/de/) nach Travemünde zurückgekehrt.

FÄHRE UMEÅ – VAASA

Die knapp vierstündige Überfahrt nach Finnland muss zumindest in der Nebensaison nicht vorab reserviert werden.

● **TIPP** *Ihr könnt etwas Urlaubsbudget sparen, wenn ihr die Tickets nicht wie wir im Hafenterminal, sondern online kauft.*

CAMPING- & STELLPLÄTZE

NORWEGEN

1 Furuhaugli Fjellhytter

♥ Der großzügig angelegte Campingplatz liegt unweit der Europastraße und dennoch ruhig inmitten der weitläufigen Natur. Die umfangreichen Einrichtungen sind sauber und gepflegt. Die Betreiber bieten viele Aktivitäten in der Umgebung an und betreiben ein empfehlenswertes Restaurant mit eigener Brauerei auf dem Platz.

▶ Furuhauglie 80, 2660 Dombås
GPS: 62.153618, 9.370279
Tel. +47 61 24 00 00
■ pincamp.de/pin_235984

2 Trondheim bobilparkering

▶ Maskinistgata 2, 7042 Trondheim
GPS: 63.438186, 10.420415
Tel. +47 73 10 98 80
www.trondheimparkering.no/parkering/bobilparkering

Eine Übersicht weiterer Campingplätze in Norwegen findet ihr auf → www.camping.no, → www.campingportalen.no.

SCHWEDEN

3 Ristafallet Camping

▶ Rista 321, 83794 Järpen
GPS: 63.312031, 13.348283
Tel. +46 70 55 78 78
■ pincamp.de/Pin_234732

4 Östersunds Camping

▶ Krondikesvägen 95 C, 83146 Östersund
GPS: 63.159687, 14.673183
Tel. +46 63 14 46 15
■ pincamp.de/sd3800

5 Sollefteå Camping AB

♥ Der perfekt geführte Platz erinnert eher an eine große Erlebniswelt mit Kletterturm, benachbartem Schwimmbad und Gokartstrecke. Dazu liegt das weitläufige Resort zentral und dennoch ruhig am Flussufer, sodass man das Ortszentrum auf einem Spaziergang erreicht.

▶ Risövägen 4, 88130 Sollefteå
GPS: 63.170699, 17.275606
Tel. +46 620 68 25 42
■ pincamp.de/SD_62972

6 Ställplats Ratans Gästhamn

▶ 91597 Robertsfors Ö
GPS: 63.990644, 20.889942
Tel. +46 727 27 21 86
www.ratan.se

Weitere Campingplätze in Schweden findet ihr auf → www.camping.se.

FINNLAND

7 Stellplatz Svedjehamn

▶ Vikarskatvägen 1, 65870, Björköby
GPS: 63.359960, 21.301109
www.svedjehamn.fi

8 Camping Hännilänsalmi ★★☆☆☆

▶ Naurismaantie 80, 44500 Viitasaari
GPS: 63.03567, 25.81169
Tel. +358 14 57 25 50
■ pincamp.de/FW5400

9 Lossisaari Touristcenter

▶ Sininentie 205, 72600 Keitele
GPS: 63.18920, 26.34420
Tel. +358 40 09 30 738
www.lossisaari.fi/caravan.html

10 Rauhalahti Holiday Centre

▶ Rauhankatu 3, 70700 Kuopio
GPS: 62.864074, 27.641895
Tel. +358 17 47 30 00
■ pincamp.de/fo3100

11 Stellplatz am Kloster Uusi Valamo

▶ Valamontie, 79850 Uusi Valamo
GPS: 62.559282, 28.786966
Tel. +358 17 57 01 11
www.valamo.fi

12 Sun Camping

Pärnäläntie 21, 57600 Savonlinna
GPS: 61.863897, 28.806794
Tel. +358 452 55 00 73
■ pincamp.de/pin_235986

13 Camping Lappeenranta Oy

▶ Kuusimäenkatu 16, 53810 Lappeenranta
GPS: 61.053963, 28.152381
Tel. +358 505 55 68 00
■ pincamp.de/Pin_234435

14 Rastila Camping

♥ Das riesige Campingareal liegt wie eine grüne Oase mitten in einem Stadtteil von Helsinki. Die Anlage lässt keine Wünsche offen – ob eigener Badestrand, ein Café in einer alten Villa oder die moderne Sauna: Es ist alles da, was das Camperherz höher schlagen lässt, und das in einem gepflegten Zustand. Das Zentrum von Helsinki ist von hier mit öffentlichen Verkehrsmitteln gut zu erreichen.

▶ Karavaanikatu 4, 00980 Helsinki
Tel. +358 931 07 85 17
GPS: 60.206703, 25.121283
■ pincamp.de/fs1500

Eine Übersicht weitere finnischer Campingplätze findet ihr auf → www.camping.fi.

HILFREICHE WEBSITES

- www.visitdovrefjell.no
- www.visittrondheim.no
- www.jht.se/en/
- www.hogakusten.com/de
- www.visitsaimaa.fi/de/
- www.myhelsinki.fi/de

Weitere Informationen zu Finnland, Norwegen und Schweden → Seite 227–234

»Du verlierst nichts, wenn du mit deiner Kerze die eines anderen entzündest.«

(DÄNISCHES SPRICHWORT)

Winter

DER FEMUNDSEE IM WINTER

DER WINTER – SCHNEE, EIS UND KÄLTE UNTER DEN NORDLICHTERN

Die klirrende Kälte zaubert Eiskristalle, der frische Pulverschnee lässt die Landschaft weiß strahlen und verstärkt die sagenhaften Farben des ewigen Dämmerlichtes der wochenlangen Polarnacht. *Fargetid* (»Farbenzeit«) wird diese Zeit auch genannt, wenn sich die Sonne nördlich des Polarkreises unter dem Horizont versteckt und alles im Zwielicht der unglaublichsten Orange-, Rot-, Lila- und Blautöne schimmert, bevor mit Einbruch der Nacht die magischen Nordlichter am Winterhimmel tanzen. Über dem winterlichen Skandinavien liegt eine besonders friedvolle Ruhe: Man kann im Schein unzähliger Lichter das *»hyggelige«* Lebensgefühl allerorten spüren, wenn die Menschen es sich gemütlich machen und der Wintersonnenwende entgegenfiebern, nach der die Tage wieder länger werden.

Der Winter bringt in **Dänemark** oft eisige Stürme in einer dunklen Zeit – perfekt, um in das Lebensgefühl der dänischen *hygge* einzutauchen. In den kleinen Orten kann man gemütliche Stunden verbringen, sich mit leckerem Essen verwöhnen oder bei einem Stadtbummel kunsthandwerkliche Erzeugnisse mit dem typisch skandinavischen Design erstehen. So rau das Wetter in dieser Zeit auch sein mag, kämpft sich doch immer wieder die Sonne durch und sorgt im Duett mit den dramatischen Wolken für Lichtspiele, die den Himmel oft in kräftigen Farben leuchten lassen. In der reinen klaren Meeresluft wird ein Strandspaziergang zum Wellnesstrip, bei dem man zugleich Bernstein suchen kann. Unerschrockene nutzen die Winterstürme, um in der Brandung die perfekte Welle zu reiten oder sich im Kitesurfen zu versuchen. Einige der etwa 180 ganzjährig geöffneten Campingplätze bieten eine Sauna an, in der man sich nach einem Tag in der Kälte richtig aufwärmen kann.

Je weiter man in **Finnland** und **Schweden** nach Norden reist, umso dunkler und länger werden die Nächte. Während man im Süden der beiden Länder noch etwa 6–7 Stunden Tageslicht hat, dominiert nördlich des Polarkreises in Lappland das Dämmerlicht der Polarnacht. Dennoch sind die Schweden und Finnen in den Tagesstunden sehr aktiv. Einige tauschen ihre Wanderschuhe gegen Ski oder Schneeschuhe, um durch die verschneite Landschaft zu streifen, während andere auf den gefrorenen Seen Schlittschuh laufen. Eisangeln ist in diesen Monaten sehr beliebt. Auf den Eisflächen gefrorener Seen werden oft richtige Lager mit Sitzgelegenheiten und Grill aufgebaut, um den Tag dort zu verbringen. Mitte Dezember endet dann auch die Jagdsaison, sodass sich Menschen und Tiere wieder unbeschwert in der Natur bewegen können. Auf der Suche nach Nahrung in der tief verschneiten Umgebung kommen die Elche und Rentiere jetzt bis in die Dörfer und faszinieren dort die Besucher. In den schneesicheren Regionen – etwa nördlich der jeweiligen Ländermitte – gehören die Fahrten mit einem Schneemobil oder auf einem Rentier- oder Hundeschlitten durch das Winterwunderland sicher zu den unvergesslichen Erlebnissen. Nach den Stunden in der Kälte wärmt man sich am besten in einer heißen Sauna auf, die in Finnland und Schweden an vielen Orten und auch auf einigen Campingplätzen zu finden ist.

Den Bewohnern **Norwegens** sagt man nach, dass sie bereits mit Skiern an den Füßen geboren werden. Spätestens wenn ab Anfang Dezember in den schneesicheren Regionen im Osten und Norden des Landes mit einer geschlossenen Schneedecke zu rechnen ist, geht es daher hinaus auf die Skipisten und in die Loipen oder einfach zu einer Skiwanderung durch die Winterlandschaft. Der Fantasie sowie den Möglichkeiten sind kaum Grenzen gesetzt, und oft beginnen die Lifte oder der Einstieg in die Loipen direkt an einem Campingplatz. Neben weiteren Winteraktivitäten wie Schneeschuh-Wanderungen, Schneemobilfahrten, Husky-Touren und Fahrten mit dem Rentierschlitten sind Walbeobachtungen ein besonderes Highlight in der Wintersaison. Wenn die großen Meeressäuger den Heringsschwärmen in die Fjorde bei Tromsø, Senja und den Vesterålen folgen, kann man sie mitunter sogar vom Land aus beobachten.

Gerade im Winter bietet Norwegen eine Sinfonie der Kontraste, denn entlang der Küsten sorgt der wetterbestimmende Golfstrom bis über den Polarkreis hinaus für ein wechselhaftes Wetter mit milderen Temperaturen und weniger Schnee. Die damit einhergehenden, teilweise

↖ **In der eisigen Kälte hatte unsere Drohne zunächst Startschwierigkeiten.**

dramatischen Wolken- und Lichtspiele sind ein Highlight für Fotografen, sodass gerade im Winter viele Fotokurse angeboten werden – natürlich auch für die Nordlicht-Fotografie.

Wer sich im Winter für einen Roadtrip in **Island** entscheidet, liebt wahrscheinlich das Abenteuer und möchte die Sehenswürdigkeiten im surreal wirkenden Licht der Winterzeit besuchen. Hier ist man um diese Zeit als Reisender fast allein. Dafür muss man sich aber auf extreme Bedingungen einstellen und seine Tour entsprechend planen, denn Dezember und Januar gelten als die unwirtlichsten Monate. Die Zeit ist aber gut geeignet, um mit einem Guide zu einer der spektakulären Eishöhlen unter den Gletschern zu wandern. Ebenfalls sehr beliebt sind Touren mit dem Schneemobil durch eine nicht enden wollende Schneewüste oder geführte Touren mit einem Monstertruck in das bereits für andere Fahrzeuge gesperrte Hochland. Bei den eisigen Außentemperaturen ist ein Bad im heißen Wasser der natürlichen Quellen noch faszinierender – zumal man auch diese Hot Pots jetzt teilweise für sich alleine hat.

In der Region um den Polarkreis in **Island**, **Norwegen**, **Schweden** und **Finnland** lassen sich an einem klaren Winterabend mit etwas Glück auch die Nordlichter beobachten und fotografieren, wenn sie am Sternenhimmel ihren mystischen Tanz aufführen (→ Seite 210).

Die Winterzeit im Norden ist in jedem Fall etwas ganz Besonderes und bietet oft noch die vielfältigen Erlebnisse und Aktivitäten eines »richtigen« Winters – so wie ihn zunehmend mehr Menschen vermissen. Damit gehen aber auch teils extreme Bedingungen einher, eisige Temperaturen und heftige Schneestürme. Daher sind eine gute Planung sowie die wohlüberlegte Vorbereitung einer Winterreise durch Skandinavien die Voraussetzung für wunderschöne Erlebnisse.

↓ Was macht der Kitesurfer im Winter? Genau, er fährt Kiteski – in Skandinavien eine beliebte Sportart.

UNSERE TIPPS FÜR DEN WINTER

DAS WETTER IM WINTER

In **Dänemark** liegen die Höchstwerte um die 3 °C und fallen in der Nacht nur selten unter -5 °C. Gerade an der Nordseeküste nimmt der Golfstrom enormen Einfluss auf das Wetter und sorgt für milde Temperaturen, andererseits aber für die extrem wechselhafte Witterung mit Stürmen, Regenschauern sowie einen ständigen Mix aus Sonne und Wolken.

Relativ mild ist es auch im Süden von **Finnland** und **Schweden**. Von Ende November bis Ende Februar herrschen hier winterliche Bedingungen mit einer Durchschnittstemperatur von etwa -5 °C an den nunmehr sehr kurzen Tagen. In den Küstenregionen **Norwegens** ist es im Winterhalbjahr ab Ende Oktober ungemütlich, nass und stürmisch – nicht umsonst gilt Bergen als regenreichste Stadt Europas. Dagegen geht es mit Temperaturen um -30 °C im Norden von Norwegen, Schweden und Finnland sowie den Gebirgsregionen im Binnenland sehr winterlich zu. Gerade in Lappland beginnt der lange Winter sogar schon im Oktober und dauert meist bis Ende April an. Hier dominiert zugleich von Ende November bis Ende Januar das Dämmerlicht der Polarnacht.

Obwohl **Island** unweit vom Polarkreis liegt, sind die Wintermonate mit einer Durchschnittstemperatur um den Gefrierpunkt recht mild, da die Ausläufer des Golfstroms das Wetter auf der Insel bestimmen. Die Tage sind hier mit rund 5 Stunden Tageslicht im Dezember rund 3 Stunden kürzer als in Deutschland. Im Vergleich zum Süden gilt der kältere und rauere Norden im Winter als relativ niederschlagsarm.

CAMPEN IM WINTER

Viele Campingplätze in **Dänemark** sind ganzjährig geöffnet. Daher findet man auch im Winter eine gute Auswahl (u. a. auf www.dk-camp.dk/de/). Neben den regulär geöffneten Plätzen gibt es etwa 100 Campingplätze, die auf Anfrage für Besucher öffnen. Insbesondere in der Weihnachtszeit sollte aufgrund der Nachfrage vorab reserviert werden.

In **Norwegen**, **Schweden** und **Finnland** sind zumindest im Süden und in den beliebten Winterregionen im Osten und Norden etwa 30–50 % der Campingplätze im Winter geöffnet. Viele einheimische Dauercamper nutzen ihren Wohnwagen, um von dort aus Ski oder Schneemobil zu fahren. Fast alle Ver- und Entsorgungsstationen außerhalb der Campingplätze sind geschlossen, um Frostschäden vorzubeugen. Es ist daher sinnvoll, die Reiseroute vorab zu planen und sich über die vorhandenen Möglichkeiten sowie geöffnete Campingplätze zu informieren oder diese ggf. anzuschreiben. Bei extremen Wetterbedingungen bietet ein Platz mit einer guten Infrastruktur und Landstrom die notwendige Sicherheit.

Eine Übersicht ganzjährig geöffneter Plätze lässt sich auf den Seiten: www.nafcamp.no/de (Norwegen) oder www.camping.se (Schweden) auswählen. In Finnland muss man individuell recherchieren, z. B. auf der Seite www.camping.fi.

Auch in Island haben einige Campingplätze im Winter noch geöffnet. Da freies Campen im Wohnmobil verboten ist, können einige beschränkt geöffnete Plätze dennoch zum Übernachten genutzt werden. Hier zahlt man dann nur einen Teil des regulären Preises, denn die Einrichtungen können nur teilweise oder gar nicht genutzt werden.

Auf der Website www.visiticeland.com lassen sich die Plätze auswählen, die im Winter regulär geöffnet sind.

IM WINTER UNTERWEGS

In **Dänemark** kann es aufgrund der wechselhaften Witterung zu kurzzeitigen Wintereinbrüchen und regional beschränkten Herausforderungen mit überfrierender Nässe u.Ä. kommen. Daher empfiehlt sich die Verwendung von Allwetter- oder Winterreifen.

In **Schweden** und **Finnland** muss man jederzeit auf Straßenglätte und starke Schneefälle eingestellt sein. Besonders gefährlich sind Schneeverwehungen – gerade in höheren Lagen. In Finnland wird in der Regel kein Salz eingesetzt, sodass man auf geschlossener, teilweise abgestumpfter Schneedecke fährt. Ähnlich verhält es sich in Schweden, wo aber zumindest in Ballungsgebieten die Hauptstraßen schneefrei gehalten werden.

In **Norwegen** sollte man auf jeden Fall Winter- bzw. Allwetterreifen nutzen und zusätzlich Schneeketten an Bord mitführen. Bei der Routenplanung muss berücksichtig werden, dass nun einige Pässe bis in den Sommer gesperrt sind. Straßenabschnitte, die durch Lawinen bedroht sind, dürfen oft nur in Kolonne mit einem sogenannten »Ledebil« (Leitfahrzeug) befahren werden. Hier muss unter Umständen mit erheblichen Wartezeiten in eisiger Kälte gerechnet werden. Daher sollte man immer etwas Proviant an Bord und einen ausreichend gefüllten Tank haben. Generell ist jederzeit, auch plötzlich, mit extremen Bedingungen zu rechnen. Daher sollte man sich fortwährend über die Straßensituation, Wetterbedingungen und Lawinenwarnungen informieren (Websites → Seite 232).

● **TIPP** ***Speziell in Schweden, Norwegen, Finnland sollte gleich nach der Einreise der zu dieser Zeit verwendete Polardiesel getankt werden, der besser für extreme Kälte ausgelegt ist.***

Auf der Ringstraße 1 in **Island** sind die Straßenverhältnisse weitestgehend passabel, trotzdem muss man sich auch hier jederzeit auf Straßenglätte einstellen. Zudem kann es zu starken Schneestürmen mit entsprechenden Schneeverwehungen kommen. Nach Möglichkeit sollte man die Hauptverkehrsstraße nur in Ausnahmefällen verlassen. Die Straßen ins Hochland sind jetzt geschlossen.

Die Bestimmungen in den Ländern zur Winterreifenpflicht sind unterschiedlich und auf der Website des ADAC zu finden.

WINTER IM WOHNMOBIL

Grundsätzlich muss man zwischen richtig **winterfesten** oder lediglich **wintertauglichen** Wohnmobilen und Caravans unterscheiden (DIN Normen EN 1646-1 und EN 1645-1). Der Aufwand, den man vor einer Wintertour betreiben muss, hängt daher natürlich auch von der Bauart, Ausstattung und Bauform des jeweiligen Fahrzeuges ab. Insbesondere die Besitzer eines Kastenwagens oder Vans stehen hier vor besonderen Herausforderungen, die sich aber mit unseren folgenden Tipps größtenteils bewältigen lassen:

Die Fenster stellen eine der größten **Kältebrücken** im Wohnmobil dar und sollten deshalb von außen oder innen mit Thermomatten abgedichtet werden. Das schlecht isolierte Fahrerhaus haben wir ebenso wie die seitliche Schiebetür durch einen wärmedämmenden Vorhang abgeteilt. In einigen Fahrzeugen sind die Hecktüren nicht vom Wohnraum abgetrennt. Hier hilft ebenfalls eine Thermomatte oder Decke. Wir haben eine weitere Kältebrücke zwischen Heckgarage und Bett durch eine Thermodecke auf dem Lattenrost beseitigt und es uns mit einem isolierenden Teppich im Sitzbereich fußwarm eingerichtet.

● **TIPP** ***Macht vorab ein winterliches Probecamping bei kälteren Temperaturen in der Nähe eures Wohnortes, um erste Erfahrungen zu sammeln und euer Wohnmobil unter diesen Bedingungen zu testen.***

Kondenswasser stellt die größte Herausforderung dar. Um aus eurem Wohnmobil keine Tropfsteinhöhle zu machen, solltet ihr trotz Kälte mehrmals täglich richtig lüften und so wenig wie möglich kochen. Auf unseren Wintertouren nutzen wir daher regelmäßig die Küchen der Campingplätze.

Wenn das Wohnmobil über keine frostsicheren **Wasser- und Abwassertanks** verfügt oder man nicht den ganzen Tag heizen bzw. einen Frostschaden riskieren will, sollte man auf die Nutzung des Wassersystems verzichten. Stattdessen hantieren wir mit einem Trinkwasser-Kanister im Wohnraum und benutzen ansonsten die Einrichtungen auf den Campingplätzen. Bei einer Wassertoilette mit separatem Spülbehälter kann etwas Frostschutzmittel im Spülwasser das Einfrieren verhindern.

Wer mit Gas heizt, kann davon ausgehen, dass eine 11-kg-Gasflasche etwa 2–3 Tage reicht – wobei dies natürlich von den Außentemperaturen sowie dem jeweiligen Fahrzeug und dem individuellen Heiz- oder Kochverhalten abhängt. In jedem Fall sollte man immer ausreichende Gasreserven an Bord haben und sich vorab über die Gasversorgung im Gastgeberland informieren (→ auch ab Seite 224 unter Länderinfos). Bitte beachten: Butangas ist bei Minusgraden ungeeignet – hier muss auf Propangas zurückgegriffen werden.

Zur Sicherheit nutzen wir – falls unsere Dieselheizung einmal ausfallen sollte – und aufgrund einer besseren Wärmeverteilung zusätzlich einen kleinen elektrischen **Keramikheizlüfter**. Und wenn es mal gar nicht anders geht: einfach in Richtung Küste aufbrechen – dort ist es eben meistens deutlich milder …

Wir empfehlen einen gründlichen Wintercheck des Fahrzeugs vor Beginn der Fahrt und folgende Ausrüstung auf der Tour:

- Starthilfegerät oder -kabel
- Frostschutzmittel
- Schneeschaufel oder Klappspaten
- Schneebesen und Eiskratzer
- Schneeketten
- Isoliermatten für die Scheiben
- Wasserkanister
- zusätzliche Decken zum Isolieren
- Stirnlampen
- gefütterte Arbeitshandschuhe
- Heizlüfter
- Tropfschalen für die Schuhe

↗ Ist das Wohnmobil erst einmal gut ausgerüstet, wird ein Wintertrip nach Skandinavien zu einem tollen Erlebnis.

Norwegen
Trondheim
Selbu
Stugudalen
3 Stugudalen Camping
Røros
1 Båtstø Camping
Elgå
Trysil
Lillehammer
Oslo
Göteborg
Sehenswertes unterwegs
① Femunden See
② Gutulisetra Alm
③ Klettjønna See
④ Husky Point Røros Huskyfarm
⑤ Sylan Gebirge
⑥ Ringebu Stabkirche
⑦ Hunderfossen Freizeitpark
Die eingezeichneten Campingplätze sind unsere Lieblingsplätze. Den Überblick über alle Plätze auf der Route findet ihr auf → Seite 208–209.
8
MIT DEM WOHNMOBIL
DAS WINTERWUNDERLAND
ENTDECKEN

Das Display in unserem Kastenwagen zeigt -10 °C Außentemperatur an. Mit jedem Kilometer, der uns dem Ziel näherbringt, sinkt sie dramatisch weiter. Das Zwielicht an diesem Winternachmittag lässt die verschneite Landschaft in graublauer Düsternis versinken, als plötzlich im Scheinwerferlicht das Schild »Riksgräns Norge« den Grenzübertritt von Schweden nach Norwegen ankündigt. Eine halbe Stunde später erreichen wir mit Einbruch einer eisigen Winternacht den Ort Trysil, wo uns die Tankstelle wie eine Oase in der Schneewüste vorkommt. Frostschutzmittel scheint hier der Renner zu sein, und wir treiben die Verkaufszahlen weiter nach oben, bevor wir den sogenannten Polardiesel tanken, der für extreme Minusgrade ausgelegt ist. Mit einem warmen Kaffee im Thermobecher und einem nun etwas besseren Gefühl setzen wir die Fahrt fort, während es unaufhaltsam kälter wird.

EISESKÄLTE IN DER FEMUNDSMARKA

-20,5 °C sind es schließlich, als wir gegen 20 Uhr auf dem Campingplatz Båtstø Camping in Elgå, einem kleinen Weiler am Ufer des Sees Femunden, ankommen. Das gerade noch gute Gefühl weicht nun ersten Bedenken, ob wir uns das wirklich alles gut überlegt haben, zumal der Platz tief verschneit vor uns liegt … Nur die hell erleuchteten Fenster eines mächtigen Holzhauses zeigen uns: Wir sind nicht ganz allein. Auf unser Klopfen öffnen die Campingplatzbetreiber die Tür und begrüßen uns herzlich – auch wenn sie es anscheinend nicht fassen können, dass tatsächlich zwei Deutsche an diesem Abend einchecken wollen. Die beiden haben für uns aber bereits einen Stellplatz vom Schnee geräumt. Einparken, Landstrom anschließen und die Heizung im Wohnbereich einschalten. Nach einem selbst gekochten Abendessen bereiten wir uns auf eine eisige Nacht vor, dichten die Schiebetür und die Öffnung der Handbremse ab, befestigen die Isomatten an den Fenstern, schließen alle Vorhänge und stellen die Thermostaten der Heizungen auf 8 °C. Nachtruhe!

Am nächsten Morgen lassen sich durch die Fenster die ersten Strahlen der Wintersonne und eine mörderische Kälte erahnen. Dennoch zieht es uns nach dem Frühstück nach draußen. Als wir ins Freie treten, haben wir das Gefühl, tatsächlich im Winterwunderland zu sein. Die tief stehende Sonne strahlt die vom Raureif bedeckten Bäume an, der riesige See liegt zugefroren unter einer endlosen Schneedecke, und die extreme Kälte ist fast zu greifen. Da hilft Bewegung: Wir holen unsere Ski aus der Heckgarage, schnallen sie gleich neben dem Wohnmobil an und starten direkt vom Campingplatz in die Loipen am Seeufer des Femunden, um auf einer Tour die Umgebung zu erkunden.

Es ist ein unglaubliches Gefühl von Freiheit, ganz allein an diesem kalten Wintermorgen durch die frostige Landschaft zu gleiten. Eiskristalle setzen sich an den Wimpern und Augenbrauen fest, der Schnee knirscht unter den Skiern.

↓ **Perfekt gespurte Loipen – da macht das Langlaufen doppelt Spaß.**

↑ Seht ihr die Kälte über dem Femundsee? Der riesige See friert im Winter komplett zu.

Da kommt uns die hölzerne Schutzhütte neben der Loipe gerade recht – es gibt eine Pause mit warmem Kaffee aus unserer Thermoskanne. Der Rundloipe weiter durch den Wald folgend erreichen wir wieder Elgå. Mit dem Schnee scheint sich ein winterlicher Frieden über das kleine Dorf gelegt zu haben. Lediglich der Rauch aus den Schornsteinen der Holzhäuser und ein knatterndes Schneemobil in der Ferne verraten die Anwesenheit von Menschen. Dabei liegt Elgå ohnehin abgeschieden am Ende einer langen Waldstraße zwischen dem See Femunden und dem Nationalpark Femundsmarka. Nur im Sommer wird die Ruhe durch einige Touristen unterbrochen, die mit dem Schiff über den See kommen und im Nationalpark wandern. Im Winter sieht man stattdessen Rentiere durch das Dorf stolzieren.

Der kleine Tante-Emma-Laden im »Zentrum« bietet dennoch alles, was hier wirklich wichtig ist: Angelzubehör, Lebensmittel, Diesel für die Schneemobile und einen Kaffee in der Plauderecke, wo sich die Einheimischen zum Stricken treffen. Wir wärmen uns auf, kaufen ein und fahren mit frischen Lebensmitteln im Rucksack zurück zum Wohnmobil, wo wir den Tag gemütlich ausklingen lassen. Nach den Stunden in der ungewohnten Kälte sind wir todmüde.

Über Nacht hat es sich zugezogen, und eine Wolkenfront kündigt Neuschnee an. Dadurch ist es etwas »wärmer« – ideal für eine Schneeschuh-Tour durch die verschneite, unberührte Landschaft. Viele Schutzhütten bieten sich dabei für einen kurzen Aufenthalt an. Dort kann man sich zumeist ein Feuer machen, sich aufwärmen, Schnee schmelzen und einen Kaffee im Eisenkessel zubereiten. Wir entscheiden uns für eine kurze Tour vom Parkplatz neben der Straße 221 zur Holzhütte Båthussjøbua. Wenig später wärmen wir uns schon am Feuer vor der Hütte und bereiten auf dem Rost Lachs in Alufolie zu, den wir vorab im Wohnmobil mariniert hatten. Dafür geben wir uns anschließend selbst fünf Sterne ...

● WANDERUNG *Wir empfehlen die etwa 3 km lange Wanderung vom Parkplatz am See Gutulisjøen (Wegweiser) in den Gutulia-Nationalpark, den zweitkleinsten in Norwegen. Auf dem Weg am Ufer erreicht man die Alm Gutulisetra.*

Von 1755 bis 1949 trieben die Bauern der umliegenden Höfe ihr Vieh jeden Sommer zum Weiden auf diese fruchtbare Alm. Man konnte hier das Läuten der Kuhglocken und die Rufe der Almmädchen hören. Heute erinnern nur noch die alten Blockhäuser mit ihrem wettergegerbten Holz an diese Zeit. Eines davon steht als Schutzhütte ganzjährig Besuchern offen, um sich aufzuwärmen, etwas zu essen oder um bei Wetterumschwüngen hier zu übernachten. Hinter der Alm beginnt der Nationalpark Gutulia und zugleich einer der letzten Urwälder Skandinaviens. Auf einer Fläche von 19 km² findet man ehrfurchtgebietende Kiefern und Fichten, die bereits viele Menschengenerationen überlebt haben. Einige der Fichten hier sind etwa 300 Jahre alt, und die ältesten Kiefern ragen seit etwa 400 Jahren bis zu 30 m empor. In diesem geschützten Gebiet kann man nicht nur die ursprüngliche Schönheit und die Ruhe in der norwegischen Natur genießen: Mit etwas Glück trifft man hier auch Elche, Luchse und Rentiere. Allerdings muss man sehr leise sein, denn beim kleinsten Geräusch reißen die scheuen Tiere aus.

Wir kehren am frühen Nachmittag im blauen Dämmerlicht der anbrechenden Nacht zurück zum Campingplatz. So bleibt noch genug Zeit, um unsere nächste Etappe nach Røros vorzubereiten. Der Wetterbericht warnt vor starkem Schneefall, Sturm und Schneeverwehungen. Na prima ...! Eigentlich planen wir unsere Touren recht flexibel, um solche Situationen aussitzen zu können, aber in diesem Fall erwartet uns in Røros bereits eine vorab vereinbarte Hundeschlitten-Tour, daher müssen wir weiter. Also bekräftigen wir beim nächsten Campingplatz mit einer E-Mail unsere geplante Ankunft am nächsten Tag. Im Vorfeld dieser Tour hatten wir recherchiert, welche Plätze entlang der Route ganzjährig geöffnet sind, und die Betreiber kontaktiert. Deshalb müssen wir jetzt nur noch den genauen Zeitpunkt unserer Anreise bestätigen und können so sicher sein, bei unserer Ankunft tatsächlich jemanden anzutreffen bzw. einen geräumten Stellplatz vorzufinden.

RØROS – UNESCO-WELTKULTURERBE IM OSTEN NORWEGENS

Von Elgå kann man Røros über einige Pässe auf einer landschaftlich schönen Route durch Schweden erreichen oder alternativ in Norwegen um den See Femunden herumfahren. Aufgrund der angekündigten Schneeverwehungen entscheiden wir uns für die zweite Variante und folgen der Strecke, die größtenteils auf gut ausgebauten Straßen in nahezu gleichbleibender Höhenlage am Westufer des Femunden entlangführt. Extreme Schneefälle und schlechte Sichtverhältnisse lassen uns dennoch nur sehr langsam vorankommen. Die Fahrbahn lässt sich streckenweise nur erahnen, sodass wir uns an den Schneezeichen-Stangen am Straßenrand orientieren müssen. Erst am späten Abend erreichen wir den Campingplatz in Os, knapp 11 km vor Røros, und werden bereits sehnsüchtig erwartet. Astrid, die nette Inhaberin des Platzes, hat einen Stellplatz direkt neben dem Gemeinschaftsgebäude für uns geräumt. Perfekt!

Mit etwas Glück trifft man hier auch Elche, Luchse und Rentiere. Allerdings muss man sehr leise sein ...

Dann kommt es, wie es kommen musste, nachdem wir uns durch den Schneesturm gekämpft haben: Am Ziel angekommen, kontaktiert uns der Veranstalter der Hundeschlitten-Tour, um aufgrund der Wetterlage und des bevorstehenden Hundeschlitten-Rennens einen neuen Termin zu vereinbaren.

Damit gehört der nächste Tag einem Bummel in der benachbarten Stadt Røros. Im Museum in der alten Smelthytte (»Schmelzhütte«) erfährt man mehr über die Region, ihre Geschichte und die Zeit des Kupfererz-Bergbaus, der Røros seit dem 17. Jh. zu einem beachtlichen Wohlstand verholfen hat. Bereits 1769 lebten hier rund 2000 Menschen – fast durchweg in ihren massiven Holzhäusern, die bis heute gut erhalten sind und das besondere Stadtbild ausmachen. Aufgrund dieser einzigartigen und zusammenhängenden Ansiedlung historischer Holzhäuser erhielt Røros bereits 1980 den UNESCO-Weltkulturerbe-Status.

→ Der Lichterzauber endet in Røros nicht mit dem Weihnachtsfest.

Inzwischen ist die Stadt – gerade in den Wintermonaten – ein beliebtes Ziel für zunehmend mehr Besucher, die das anheimelnde, romantische Ambiente sowie die Pflege der historischen und regionalen Traditionen schätzen bzw. kennenlernen wollen. Neben dem historischen Weihnachtsmarkt lockt bereits seit 1854 der alljährlich am vorletzten Dienstag im Februar stattfindende Wintermarkt Rørosmartnan zahlreiche Gäste aus der ganzen Welt in die »Winterhauptstadt« Norwegens.

Als wir durch die verschneiten Gassen schlendern, können wir das nur zu gut verstehen. In den kleinen Fenstern der alten Holzhäuser leuchten unzählige Lichter, deren warmer Schein sich im unaufhörlichen Schneegestöber bricht. Es riecht irgendwie nach Winter, etwas verbranntem Holz und immer wieder nach Kaffee oder Gebäck. Natürlich können wir da nicht widerstehen und sitzen wenig später in der Bäckerei Trygestad. Seit 1906 gibt es dort unglaublich leckere *kanelboller* (Zimtschnecken), die wir mit einem warmen Kaffee genießen, während wir durch die Fenster die Menschen auf der Straße Kjerkgata beobachten. Viele gleiten mit einem eigentümlich konstruierten Tretschlitten über den Schnee. Dabei stehen sie auf einer der besonders langen Kufen und stoßen sich mit dem anderen Fuß ab, während auf dem Schlitten zumeist Einkäufe transportiert werden. Wir erfahren, dass diese coolen Schlitten Spark genannt werden und sich als praktisches Verkehrsmittel bei allen Generationen großer Beliebtheit erfreuen. Inzwischen verleiht sogar die Tourismusinformation im Stadtzentrum Sparks und bietet geführte Spark-Touren an.

↓ In der Pippi-Langstrumpf-Gasse in Røros wurden einzelne Sequenzen des Films gedreht.

Am Nachmittag legt sich der Wind, und die riesigen Schneeflocken schweben jetzt sanft wie Daunenfedern zur Erde. Für den nächsten Tag ist strahlender Sonnenschein angekündigt – perfekt, es geht für uns wieder in die Winterwunderlandschaft.

Gleich nach dem Frühstück schnallen wir auf dem Campingplatz in Os erneut unsere Ski an und folgen der hier beginnenden Loipe durch den Wald zur Høsenfjellhytta oberhalb des Ortes. Die Hütte wird am Wochenende von einem lokalen Verein bewirtschaftet, dann gibt es dort Kaffee und Waffeln. Wir sind aber während der Woche unterwegs und genießen daher am Ziel lediglich das atemberaubende Panorama über Os aus 872 m Höhe. Mit den letzten Strahlen der herrlichen Wintersonne gleiten wir zurück ins Tal.

Am nächsten Morgen fahren wir noch vor dem Frühstück erneut nach Røros, denn hier startet am Vormittag das populäre Hundeschlitten-Rennen Gruvløpet, die offizielle Qualifikation für den international renommierten Femundløpet-Lauf, der jedes Jahr viele Teilnehmer und Gäste aus aller Welt in die Region zieht. Wir reihen uns in die zahlreichen Zuschauer am Ufer des zugefrorenen Sees Gjettjønna ein, die hier bereits dem Start entgegenfiebern. Die ersten Gespanne nehmen inzwischen Aufstellung, bevor sie zu einem harten Wettbewerb über 150 km Streckenlänge aufbrechen und erst am nächsten Tag zurückkehren werden. Die Schlittenhunde können es kaum erwarten und sind fast nicht mehr zu halten. Die Fahrer müssen ihre Schlitten mit Heringen im Eis befestigen, um keinen Fehlstart zu riskieren. Als das Feld

↓ **Und … los geht's! Start zum Hundeschlitten-Rennen Gruvløpet über eine Distanz von 150 km.**

↘ **Deutlich langsamer als ein Hundeschlitten, aber sehr praktisch sind Sparks, Tretschlitten.**

BAUERNHOF AN EINEM WINTERMORGEN

schließlich startet, werden die Fahrer frenetisch angefeuert und jubelnd in die Weite der eisigen Landschaft verabschiedet. Für Mitteleuropäer ist das nur schwer vorstellbar, daher war dieses Erlebnis umso eindrucksvoller für uns.

Ebenso beliebt wie die Hundeschlitten-Rennen ist bei den Einheimischen das Eisangeln auf den Hunderten von Seen der Umgebung. Davon zeugen nicht nur die Auslagen in den Schaufenstern der einschlägigen Geschäfte, sondern auch die vielen Menschen auf dem Eis, die wir zunächst als bunte Punkte in der strahlend weißen Landschaft unweit von Røros ausmachen. Vom Parkplatz an den alten Storwartz Minen fahren wir mit den Skiern zuerst über den zugefrorenen See Klettjønna, um schließlich mitten auf dem Eis auch einmal unser Glück beim Eisangeln zu versuchen. Am Ende zählen jedoch die Stunden in dieser Umgebung, und es reift die Erkenntnis, dass es den Fischen ganz sicher zu kalt war, um zu beißen … Ein guter Grund, im abendlichen Lichterglanz erneut durch Røros zu bummeln und in einem der Gasthäuser einzukehren. In den Abendstunden wirkt die Stadt noch romantischer, und der einsetzende Flockenwirbel macht die idyllische Stimmung perfekt.

Den nächsten Tag nutzen wir für einen Ausflug zum nördlichen Ufer des Femunden, wo uns am Nachmittag die schlechte Nachricht erreicht, dass unsere Hundeschlitten-Tour leider ausfallen muss. Die Hunde sind nach ihrer Teilnahme am Gruvløpet zu geschafft und brauchen Ruhe! Wir sind so enttäuscht, dass Freunde, die aus Deutschland nach Røros ausgewandert sind, alle Hebel in Bewegung setzen.

↓ **Roadtrip-Feeling, Winter-Edition – auf der Straße 31 zwischen Røros und Stugudalen.**

Und tatsächlich: Sie schaffen es, kurzfristig eine Alternative zu organisieren. Am nächsten Morgen stehen wir unweit von unserem Campingplatz auf der Huskyfarm von Husky Point Røros. Matthieu, unser Schlittenführer, bereitet unseren Schlitten vor, wählt die Hunde aus, spannt sie ein, und wenig später sitzen wir das erste Mal in unserem Leben auf einem Hundeschlitten. Vor uns liegen etwa 15 km durch die grandiose und endlose Winterlandschaft. Die zehn Schlittenhunde haben einen unglaublichen Drang, durch den Schnee zu laufen, und sind offensichtlich nur schwer zu bändigen. Der Schnee knirscht unter den Kufen, während wir durch dieses Winterwunderland schweben. Wir könnten ewig so weiterfahren, doch nach 1,5 Std. erreichen wir wieder die Farm. Dort wärmen wir uns in einem Blockhaus am Feuer auf und trinken noch einen traditionellen samischen Kochkaffee aus dem verrußten Kessel.

Mit einer Vielzahl unvergesslicher Eindrücke verlassen wir am nächsten Morgen die Umgebung von Røros und erreichen nach einer dreistündigen Fahrt unser nächstes Etappenziel Stugudalen. Auf dem Campingplatz Stugudal Camping hatten wir uns ebenfalls angekündigt und werden daher bereits erwartet. Nach einer herzlichen Begrüßung begleitet uns Jomar, der Ehemann der Platzbetreiberin, zu unserem Stellplatz und erzählt gleich, dass er jetzt mit seiner Frau über Nacht nach Røros fährt. Schnell zeigt er uns noch die Toiletten, Duschen und die Küche. Anschließend gibt er uns einen großen Schlüsselbund und verabschiedet sich mit den Worten: »Ihr seid jetzt die Chefs hier, bis morgen dann.« Typisch Norwegisch!

↓ Es sieht nicht so aus, aber unter dem Eis ist Wasser. Trotzdem: Fische beißen heute leider nicht an.

↘ Noch einmal ein Hundeschlitten, dieses Mal in der gemütlichen Version für Touristen.

Wir schauen uns noch etwas im Dorf um, kaufen einige Lebensmittel im kleinen Supermarkt und richten uns für den restlichen sowie den nächsten Tag im Wohnmobil ein, denn laut Wetterbericht soll es einen heftigen Schneesturm geben. Und wieder einmal lernen wir zwangsläufig die Gemütlichkeit eines Kastenwagens neu zu schätzen, während er wie ein Schiff auf hoher See schaukelt und ein eisiger Wintersturm Schneefälle durch das Tal treibt. Auch das gehört zum Winterwunderland! Während dieser Wetterkapriolen recherchieren wir einige Aktivitäten für die nächsten Tage und entdecken die Website eines Schneemobilverleihs in Stugudalen. Perfekt – so gehen Träume in Erfüllung. Wir buchen online für den nächsten Tag unsere erste Tour mit dem Schneemobil. Um 11 Uhr soll es losgehen.

Der Schneesturm hat die Wolken weggeblasen. Nach einer klaren Nacht ist es am nächsten Morgen wieder eisig kalt: -20 °C. In dem Moment erreicht uns auch schon die Nachricht, dass sich unsere Tour etwas verzögert, bis es »wärmer« wird. Einige Stunden später geht es im Licht der Mittagssonne endlich los, und wir begreifen erst jetzt, dass Jomar vom Campingplatz zugleich den Schneemobilverleih betreibt! Wir bekommen warme Overalls, eine kurze Einweisung und müssen erst einmal auf einer Teststrecke üben. Einige Einheimische vollführen hier wahre Kunststücke mit den Scootern, während wir froh sind, überhaupt mit dem Gefährt zurechtzukommen. Jomar amüsiert sich. Wir wissen nicht, ob aus Sympathie oder aus Angst um seinen Scooter – er bietet an, uns in die Berge zu begleiten und uns eine sensationelle Schneemobil-Loipe zu zeigen.

So folgen wir Jomar, der auf seinem Schneemobil vorausfährt, und lassen Häuser, Autos sowie Straßen hinter uns. Der Motor unseres Schneescooters summt, und mit jedem Meter genießen wir diese Fahrt über den frischen Schnee ein wenig mehr, bis wir im Naturschutzgebiet Sylan oberhalb von Stugudalen unterwegs sind. Der Sylan ist ein mächtiges, 1762 m hohes Bergmassiv, das Norwegen von Schweden trennt. Die Loipe führt einige Kilometer über den zugefrorenen Bergsee Nesjøen, und uns erfasst ein kaum zu beschreibendes Gefühl von Freiheit, Unendlichkeit und Glück in dieser leuchtend weißen, weiten Landschaft.

Am anderen Seeufer erreichen wir ein paar hölzerne Fischerhütten, die man für eine Übernachtung inmitten der Berglandschaft mieten kann. Jomar schließt uns eine Hütte auf, damit wir uns aufwärmen können. Zugleich verabschiedet er sich mit den Worten: »Ihr kennt ja nun den Weg und auch das Schneemobil. Bitte seid zum Sonnenuntergang zurück.« Wir machen uns erstmal in der Hütte den Holzofen an, trinken einen warmen Kaffee und verspeisen in Gedanken versunken unseren Proviant. Schon bald verraten nur noch die bizarren Eisblumen am Fenster, wie kalt es draußen ist. Was für ein Erlebnis, was für eine winterliche Landschaft …

Die Loipe führt über den zugefrorenen Bergsee Nesjøen, und uns erfasst ein Gefühl von Freiheit, Unendlichkeit und Glück.

Im Licht der tief stehenden Sonne fahren wir zurück. Die schneebedeckten Berggipfel strahlen in den schönsten Farben, während sich in den Tälern bereits wieder die Kälte ausbreitet. Nur das Surren unseres Schneemobils durchbricht die Stille dieser surreal schönen Landschaft. Trotz der Kälte wird uns warm ums Herz, denn wir wissen jetzt ziemlich sicher, wo sich das Winterwunderland befindet.

Den letzten Tag in Stugudalen nutzen wir erneut für eine Skitour, denn es ist klirrend kalt, sonnig und windstill, einfach perfekt. Wieder beginnen die Loipen quasi direkt am Campingplatz und führen unter anderem durch den Winterwald in das Zentrum des kleinen Ortes oder in das umliegende Naturschutzgebiet Sylan. Wir folgen der markierten Route zum Hotel Væktarstua, um dort einzukehren und uns eine Ausstellung über den Forscher, Abenteurer und Schriftsteller Thor Heyerdahl anzuschauen. Vielen ist er als Autor des Buches »Kon-Tiki« bekannt, in dem er von seiner Floßfahrt über den Pazifik erzählt. Einige Kapitel des Buches, das inzwischen auch mit weltweitem Erfolg verfilmt wurde, hat Heyerdahl im Hotel Væktarstua geschrieben.

Im Hotel bestellen wir uns zunächst eine »Kon-Tiki«-Fischsuppe – die Spezialität des Hauses. Anschließend gönnt sich Sirko noch einige traditionelle norwegische Gerichte vom Büfett (z. B. *pinekjøtt*, *bacalao* und *raspebøller*) und Conny eine hausgemachte Fjellpizza mit Rentierfleisch. Ein

→ Um ein Schneemobil zu beherrschen, braucht man etwas Übung, aber es sieht cool aus.

ski-doo
ROTAX
NW 1681

krönender Abschluss einer unvergesslich schönen Zeit im Stugudalen, und wir nehmen uns fest vor, die Region auch einmal im Sommerhalbjahr zu besuchen.

Die Amerikaner haben die Road 66 – die Norweger hier im Osten ihre Route 705. Entlang dieser offiziellen Touristenroute geht es für uns von Stugudalen nach Selbu durch eine faszinierende Winterlandschaft im bewaldeten, tief eingeschnittenen Tal des Flusses Nea. So erreichen wir die Kommune Selbu am größten See der Provinz, dem Selbusjøen. Hier entstand 1857 ein inzwischen weltweit bekanntes Strickmuster, das nahezu jeder schon einmal gesehen hat. Damals probierte die junge Ziegenhirtin Marit Emstad beim Stricken mit schwarzer und weißer Wolle etwas Neues aus, und so entstanden die ersten Fäustlinge mit dem heute so typisch nordischen Design des Selbu-Sterns. Er brachte einigen Generationen in der Region einen bescheidenen Wohlstand, denn die Strickwaren waren und sind bis heute gefragt. Und natürlich ist das Stricken in Selbu noch immer ein Thema. In Geschäften findet man zahlreiche Utensilien, und in einer kleinen Ausstellung erfährt man mehr über den populären Stern.

Für eine Zwischenübernachtung erreichen wir Trondheim. Das nasskalte Wetter in der Stadt ist um diese Zeit typisch für die Küstenregionen, deren Klima vom Golfstrom bestimmt wird. Hier liegt kaum Schnee, und wir sind froh, als wir auf unserer nächsten Etappe entlang der E6 wieder die tief verschneiten Landschaften im Binnenland erreichen. Wir kommen gut voran und gönnen uns noch eine Pause an der Stabkirche von Ringebu. Bei unserer Ankunft auf dem Campingplatz Hunderfossen unweit von Lillehammer erfahren wir, dass Campinggäste die Sauna im nahen Hotel ebenfalls nutzen können. Perfekt – wir freuen uns wie kleine Kinder. So viel Wärme tut nach den letzten Tagen einfach gut ...

Alljährlich im Februar wird der nebenan gelegene Freizeitpark Hunderfossen in den Hunderfossen Vinterpark verwandelt. Dann steht den Besuchern eine Märchenwelt aus Schnee und Eis offen. Im Licht von Fackeln und Scheinwerfern kann man durch den Park schlendern, die Eiskathedrale

↓ Ein perfekter Wintertag unterhalb des Sylan Massivs an der norwegisch-schwedischen Grenze

↑ Die Stabkirche von Ringebu nahe Lillehammer

besuchen, der singenden Eisprinzessin vor ihrem Schloss zuhören, mit dem Pferdeschlitten fahren oder sich einfach beim Snow Rafting versuchen – ein Spektakel, das Jung und Alt begeistert und zugleich einen krönenden Abschluss unserer Reise durch das winterliche Norwegen darstellt. Wir sind besonders fasziniert von den Skulpturen aus Eis, die wir so vorher noch nie gesehen haben.

● **TIPP** ***Wer sich hier nicht sattsehen kann, hat die Möglichkeit, die Nacht im südlichsten Schneehotel von Skandinavien zu verbringen – in einer Welt aus Eis und Schnee.***

Als wir den Winterpark an diesem Abend nach dem abschließenden Feuerwerk verlassen, hat es wieder angefangen zu schneien – es ist einfach herrlich.

Am nächsten Tag halten wir noch in Lillehammer. Spätestens seit hier 1994 die Olympischen Winterspiele ausgetragen wurden, bietet die Stadt die optimale Infrastruktur für alle wintersportlichen Aktivitäten. In den Bergen der Umgebung gibt es fünf Skigebiete mit zahlreichen Pisten unterschiedlicher Schwierigkeit, die wir aber den Profis überlassen.

● **TIPP** ***Wir besuchen das Factory Outlet der angesagten norwegischen Wintersportmarke SWIX in unmittelbarer Nähe zur Europastraße E 6.***

Vor uns liegen die letzten Kilometer auf der E 6 bis nach Oslo, die einheimische Band D.D.E. mit ihrem Song »E 6« liefert den Sound dazu. Wie immer in diesen Momenten schauen wir eher wehmütig zurück. Die anfängliche Frage, ob wir uns das alles gut überlegt haben, stellt sich längst nicht mehr. Stattdessen heißt es nun: Wann kommen wir zurück in das Winterwunderland Norwegen?

ROUTENINFO

↑ Teilweise sind wir fast alleine in dieser endlosen Weite unterwegs.

LÄNGE

Ziemlich genau 1500 km für die Rundreise vom Fährhafen in Göteborg zum Hafen in Oslo. Sie kann durch Abstecher oder Umwege beliebig erweitert oder mit Elementen unserer Suche nach dem Weihnachtsmann (→ Seite 212) ergänzt werden.

DAUER

Minimum: 1–2 Wochen, abhängig vom individuellen Reisetempo

Slow Travel: 2–3 Wochen mit zusätzlichen Aufenthalten z. B. in Göteborg oder am See Vännern (Schweden) bzw. in Trondheim, dem Dovrefjell oder Oslo (Norwegen)

REISEZEIT

Wir waren Ende Januar und Anfang Februar unterwegs, um in der besonders schneesicheren Region südlich des Polarkreises die ganze Schönheit des nordischen Winters zu genießen und saisonale Highlights zu erleben. Natürlich könnt ihr diese Route auch zu jeder anderen Reisezeit fahren.

FAHRZEUG

Prinzipiell kann diese Route von allen Wohnmobilen und Gespannen genutzt werden. In jedem Fall muss man sich auf teilweise extreme winterliche Bedingungen einstellen. Daher sind Allwetterreifen oder noch besser Winterreifen eine elementare Voraussetzung, wobei zusätzlich Schneeketten mitgeführt werden sollten. Mehr zum Thema Camping im Winter → Seite 189

ANREISE

Angereist sind wir mit der Nachtfähre der Reederei Stena Line von Kiel nach Göteborg, um am nächsten Tag die Fahrt ausgeruht und bei Tageslicht fortsetzen zu können. Weitere Fährverbindungen findet ihr in den Länderinformationen zu Norwegen und Schweden (→ Seite 230 bzw. Seite 232).

Es empfiehlt sich, eine Teilstrecke dieser Rundreise durch Schweden zu planen, da man dort in der Regel – insbesondere auf der Europastraße E 45 (Inlandsvägen) – besser vorankommt.

CAMPING- & STELLPLÄTZE

Es gibt eine Vielzahl an Camping- und Stellplätzen im Land, von denen aber nicht alle ganzjährig geöffnet sind. Um sicherzugehen, ist es ratsam, die entsprechenden Plätze entlang der Route im Vorfeld anzuschreiben. In der Regel befreien die Betreiber den Stellplatz vor der Ankunft vom Schnee.

1 Båtstø Camping

♥ Der ganzjährig geöffnete und familiär geführte Campingplatz liegt idyllisch neben dem Nationalpark Femundsmarka am Ufer des Sees Femunden. Im Sommer wie im Winter ist der Patz ein perfekter Ausgangspunkt zum Angeln und Wandern oder für Ausflüge in die ursprüngliche Natur der Umgebung. Im Winter kann man hier öfter die Rentiere direkt vom Wohnmobil aus beobachten.

▶ Båtstøa 12, 2446 Elgå
GPS: 62.171013, 11.939077
Tel. +47 95 78 75 77
■ pincamp.de/Pin_234669

2 Røste Hyttetun & Camping

Rørosveien 4025, 2550 Os i Østerdalen
GPS: 62.503925, 11.259951
Tel. +47 62 49 70 55
■ pincamp.de/pin_236000

3 Stugudalen Camping

♥ Von einem netten Ehepaar geführter, ganzjährig geöffneter Campingplatz am Ufer des Sees Stuggusjøen. Idealer Ausgangspunkt für Touren in das benachbarte Naturschutzgebiet nahe der schwedischen Grenze. Die Einrichtungen auf dem Platz sind gepflegt, sauber und lassen keine Wünsche offen. Im Winter kann man mit dem Schneemobil oder Skiern auf den zahlreichen Loipen die Umgebung erkunden.

▶ Stugudalsvegen 2274, 7590 Tydal
GPS: 62.896136, 11.884425
Tel. +47 98 49 88 46
■ pincamp.de/pin_236634

4 Bobilparkering Trondheim

▶ Maskinistgata 2, 7042 Trondheim
GPS: 63.438225, 10.420443
Tel. +47 73 10 98 80
www.trondheimparkering.no

5 Hunderfossen Camping

▶ Fossekrovegen 90, 2625 Fåberg
GPS: 61.222248, 10.439089
Tel. + 47 61 27 73 00
■ pincamp.de/og1800

HILFREICHE WEBSITES

- Infos zur Touristenroute 705: www.705.no
- Alaskan Husky Tours Kontakt: frode@huskytour.no
- Pferdeschlittenfahrt in Røros: www.roros.no/de
- Schneemobil-Verleih: www.stugudalsnoscooterutleie.no
- Vinterpark Hundefossen: www.hunderfossen.no/attraksjoner/vinterparken
- Aktueller Loipenstatus in Norwegen: www.skisporet.no, www.loyper.net

VIELE WEITERE TOLLE PLÄTZE FINDET IHR AUF PINCAMP.DE!

↓ Unwirkliches Licht an einem Wintermorgen auf dem Campingplatz Stugudalen

Warten auf das Nordlicht

Mit Einbruch der Dunkelheit erscheint zunächst ein leichtes Glimmen am Horizont. Anfänglich kaum wahrnehmbar, wächst es zu einer gigantischen Lichtshow am Himmel, leuchtet in den unterschiedlichsten Farben und projiziert mystische Formen aus Licht an das Firmament. Ein ganz leichtes Knistern ist zu vernehmen, wenn Lady Aurora wieder für uns tanzt.

Seit jeher beflügeln die Nordlichter die Fantasie der Menschen, lange Zeit wurden sie als mythische Zeichen gedeutet. Inzwischen weiß man, dass etwa 24–36 Std. nach einer Sonneneruption die dabei freigesetzten elektrisch geladenen Teilchen vom Magnetfeld der Erde zu den Polen gelenkt werden. Dort bringen sie die Moleküle unserer Atmosphäre zum Leuchten. Daher ist die Aurora Borealis – so der wissenschaftliche Name – hauptsächlich in der Polarregion zu sehen. Besonders gute Chancen auf das Naturschauspiel hat man im sogenannten Polarlichtoval, einem etwa 400 km breiten Gürtel nördlich des 64. Breitengrades. Dort kann man im Winterhalbjahr die Nordlichter selbst bei geringer Intensität regelmäßig bestaunen.

↓ Wir nennen diese Formation den »Vorhang«.

PRAKTISCHE TIPPS

Grundsätzlich hat man die Wahl, an einer der angebotenen Nordlicht-Safaris teilzunehmen oder sein Glück selbst zu versuchen. Dabei sollte man größere Ansiedlungen mit ihrer entsprechenden Lichtverschmutzung meiden und möglichst die dunklen Nächte während des Neumondes nutzen. Im Vorfeld informiert man sich am besten über die Wetterprognosen und die möglichen Nordlicht-Aktivitäten. Deren Intensität wird über den KP-Index bestimmt, der mit einer Skala von 1–9 die Stärke der Sonnenwinde angibt. Im Norden von Skandinavien hat man bereits ab einem KP-Wert von 2 gute Chancen auf Nordlichter, während man bei höheren Werten auch in südlicheren Regionen die Aurora Borealis beobachten kann.

Websites und Apps

- Wetterprognose mit Vorschau auf den Wolkenzug: www.windy.com/de
- Aurora-Vorhersage und Infos zu den Nordlichtern: www.norway-lights.com
- Aurora-Vorhersage mit 30-Minuten-Vorschau: www.swpc.noaa.gov/products/aurora-30-minute-forecast
- Langfristige Aurora-Vorhersage: www.gi.alaska.edu/monitors/aurora-forecast
- Aurora-Vorhersage-App mit Push-Benachrichtigung: My Aurora Forecast (Google Play & App Store)

↑ Vollkommen andere Lichtverhältnisse herrschen in Vollmond-Nächten.

↑ Nordlichter tanzen über einem Fjord bei Tromsø.

Wenn wir Polarlichter fotografieren, suchen wir uns gegen Abend zunächst einen abgelegenen, dunklen Ort mit freiem Blick in nördlicher Richtung. Dabei bieten sich im Binnenland Erhebungen oder auch Seeufer und entlang der Küste offene Abschnitte an, damit nichts die Sicht versperrt. Ein Standort am Wasser hat den Vorteil, dass die Polarlichter sich mit ein wenig Glück auch noch darin spiegeln. In jedem Fall solltet ihr euch warm anziehen, denn in den klaren Nächten wird es selbst im Herbst oft empfindlich kalt. Dazu darf eine Stirnlampe nicht fehlen, sie erleichtert das Hantieren in der Dunkelheit und schützt vor Abstürzen.

NORDLICHT-FOTOSESSION

Sehr intensive, helle Nordlichter kann man auch mit aktuellen Smartphone-Modellen fotografieren. Für Bilder in größerer Auflösung und bei schwierigeren Bedingungen hier ein paar Tipps:

- Am besten nutzt man eine Digitalkamera mit manuellen Einstellmöglichkeiten, Wechselobjektiven und Fern- oder Selbstauslöser in Verbindung mit einem Stativ, um Verwackelungen zu vermeiden.
- Ein Weitwinkelobjektiv mit einer hohen Lichtempfindlichkeit ist am besten geeignet (Blende von f/2.8 oder größer).
- Es empfiehlt sich, das Objektiv auf manuelle Fokussierung und den Schärfepunkt auf unendlich zu stellen.
- Der ISO-Wert der Kamera sollte – abhängig von deren Rauschverhalten – zwischen 800 und 6400 gewählt werden.
- Abhängig von der Nordlicht-Intensität sollte man die Belichtungszeit variieren und Werte zwischen etwa 5 und maximal 12 Sekunden wählen bzw. ausprobieren. Bei längeren Zeiten werden die Sterne nicht mehr als Punkte dargestellt.
- Denkt daran, Automatikeinstellungen und Kamerablitz immer zu deaktivieren.
- Nehmt einen Ersatzakku mit und haltet ihn warm, da er in der Kälte schnell an seine Grenzen kommt.

9

AUF DER SUCHE NACH DEM WEIHNACHTSMANN

Wenn überhaupt, lebt der Weihnachtsmann irgendwo im hohen Norden – da sind sich die meisten Europäer einig. Aber wo genau wohnt der wichtigste Mann der Winterzeit? Das scheint niemand zu wissen. So beschäftigen historisch überlieferte Ansprüche, Mythen und Legenden alljährlich die Menschen zwischen Grönland und Finnland, ebenso wie die Diskussionen über Weihnachtspostfilialen, mehr oder weniger offizielle Weihnachtsmannbüros sowie angebliche Wohnadressen des Weihnachtsmannes.

↖ Der warme Schein der Lichter dringt in die winterliche Kälte.

← Røros im Dezember wäre doch ein idealer Wohnort für den Weihnachtsmann.

Unstrittig ist, dass in den verschneiten Landschaften Nordeuropas eine romantische Weihnachtsatmosphäre herrscht. Im farbigen Dämmerlicht der kurzen Tage streifen Rentiere umher, während in den Dörfern Tausende Lichter in den Fenstern der schneebedeckten Häuser einen gemütlichen Schein verbreiten. Wenn dann am Abend die Nordlichter am Firmament glimmen, ist das Idyll perfekt. Eine herrliche Zeit, um mit dem Wohnmobil in den Norden zu fahren.

> Man trifft sich jetzt mit Freunden zum »julefrokost«, einem festlichen Essen mit den leckersten Spezialitäten des Jahres.

So machen wir uns auf den Weg, um in ausgewählten Regionen den Weihnachtszauber und damit auch den Weihnachtsmann zu suchen. Fernab der klassischen Routen nehmen wir euch mit auf eine Reise durch nordische Weihnachtstraditionen. Unsere Route führt uns zunächst nach Dänemark, ins Örtchen Søndervig – vielleicht ist der Weihnachtsmann ja ganz nah?

WO LEBT DER JULEMAND IN DÄNEMARK?

In der Weihnachtszeit peitschen heftige Winterstürme die Brandung des Meeres stärker denn je über die Strände bei Søndervig. Die Gischt gefriert in der Kälte und lässt skurrile Eisfiguren zurück. Nur selten liegt so richtig meterhoher Schnee – und dennoch spüren wir überall eine urgemütliche Weihnachtsstimmung. In den Häusern wird gebastelt und gebacken, während allerorts Kerzen flackern und gemütliches Licht spenden. Traditionell trifft man sich jetzt in den Betrieben und mit Freunden zum *julefrokost*, einem festlichen Essen mit den leckersten Spezialitäten des Jahres. Oft gibt es dazu speziell gebrautes Weihnachtsbier, das *julebryg*, das ab dem ersten Freitag im November ausgeschenkt wird. Am 13. Dezember wird es dann richtig *hyggelig*, wenn ein ganz in Weiß gekleidetes Mädchen zum Lucia-Fest mit einer Prozession ein helles Licht in die dunkle Zeit bringt – ein Ritual, auf das sich alle Kinder freuen. In Acht nehmen sollte man sich hingegen vor dem *julenisse*, dem dänischen Weihnachtswichtel. Er ist für Glück oder Unglück im Haus verantwortlich, und man besticht ihn deshalb mit einer Schüssel Milchreis, um ihn gnädig zu stimmen.

Dennoch sind sich die Dänen einig, dass der Weihnachtsmann nicht hier, sondern »ganz sicher« in Grönland lebt – einfach weil es dort kälter ist und es ohnehin zu Dänemark gehört. »Er kommt nur zu Weihnachten her«, erfahren wir von Spaziergängern am Nordseestrand. Da wir mit dem Wohnmobil nicht nach Grönland reisen können, entscheiden wir uns, die Suche zunächst in Norwegen fortzusetzen. An Bord der Fähre erklärt man uns dann auch hinter vorgehaltener Hand und mit einem Augenzwinkern, dass der Weihnachtsmann wohl immer die gleiche Passage nutzt … Perfekt, damit sind wir wohl auf der richtigen Spur.

JULEMARKED IM NORWEGISCHEN RØROS

Während der Überfahrt recherchieren wir weiter und erfahren – welch Überraschung –, dass aus Sicht der Norweger der Weihnachtsmann definitiv aus Norwegen kommt. Allerdings gehen die Meinungen weit auseinander, wo er genau zu Hause ist: Er soll in Drøbak (Telemark) zumindest eine Poststelle haben, in Røros oder Lappland in einem Holzhaus leben oder die meiste Zeit auf Spitzbergen verbringen.

Zunächst versuchen wir unser Glück in der alten Bergbaustadt Røros im Osten. Gerade rechtzeitig zu Beginn des traditionellen *julemarked* (Weihnachtsmarkt) Anfang Dezember erreichen wir das winterlich weiße Städtchen und unseren vorab reservierten Stellplatz im Ort. Wir bummeln durch die weihnachtlich geschmückte Stadt. Die ersten Lichter leuchten in den Gassen, und ganz passend beginnt es zu schneien. Dicke Flocken fallen vom Himmel, als wir zwischen den Holzbuden mit lokalem Kunsthandwerk und extrem ausgefallenen Köstlichkeiten, wie Lammrolle, *rakfisk* (eingelegter, fermentierter Fisch), Hirschzunge, *skjørost* (eine Art Sauermilchkäse) und *surpølse* (saure Wurst), entlangschlendern. Zum Aufwärmen gönnen wir uns eine Tasse alkoholfreien *glögg*, Glühwein – das tut gut und wärmt durch. Der viele Schnee, die alten Holzhäuser und die Dekoration wirken wie aus einem Bilderbuch mit Weihnachtsgeschichten. Als uns dann auch noch der *julenisser* mit seinem Rentier über den Weg läuft, ist unser Weihnachtsmärchen perfekt. Kann das tatsächlich schon der echte Weihnachtsmann sein? Am liebsten möchten wir an seinem Bart ziehen, aber das lassen wir lieber …

↑ Der Blick auf Tromsø und den Horizont zeigt, dass es in den Polarnächten viele Farben zu sehen gibt.

Es ist erst früher Nachmittag, und trotzdem wird es bereits dunkel. Auf offenen Feuern wird gebrutzelt und der typische Kochkaffee in metallenen Kesseln zubereitet. Rauchsäulen steigen in den Himmel, überall duftet es verführerisch, und wir merken erst jetzt, wie viel Hunger wir haben. Also kehren wir in eines der Restaurants neben der Kjerkgata ein und bekommen nur mit viel Glück einen freien Platz. Es ist spürbar, dass in den skandinavischen Ländern während der Weihnachtszeit gern geschlemmt und üppig gegessen wird. Man lässt es sich gut gehen, trifft sich mit Freunden und genießt das gesellige Beisammensein. Wir probieren die Fischsuppe mit Zutaten aus der Region und saftige Elchsteaks – ein Hochgenuss. Mit einer Pferdeschlittenfahrt durch den Ort lassen wir den Tag ausklingen. Kaum haben wir uns auf dem hölzernen Schlitten in die wärmenden Rentierfelle gekuschelt, gleitet er schon durch den frischen Schnee. Die Fackeln am Schlitten, das sanfte Läuten der Pferdeglocken und das Knirschen unter den Kufen schaffen eine wildromantische Atmosphäre, während wir durch die mittelalterlichen Gassen gleiten. Mit jedem Meter können wir besser verstehen, warum das Weihnachtsfest in Norwegen eine so große Bedeutung und lange Tradition hat.

Bereits mehrere Wochen vor dem Fest sind die Weihnachtsvorbereitungen in vollem Gang. Ebenso wie in Dänemark wird das beliebte Weihnachtsbier *juleøl* gebraut, man backt Plätzchen und bastelt Baumschmuck. Das ganze Land verwandelt sich in ein einziges Lichtermeer: Gassen, Gebäude, Marktplätze werden mit Lichterketten und Girlanden geschmückt. Am 13. Dezember feiert man auch in Norwegen das beliebte Lichterfest Santa Lucia. Dabei werden *lusskatter* (Hefegebäck mit Safran) verteilt. Am Heiligen Abend bekommen Schafe, Ziegen, Rinder, Schweine und alle anderen Haustiere auf den Höfen ein spezielles Weihnachtsfutter.

Auch die Vögel werden nicht vergessen, für sie wird ein Bund Hafer an Türen oder Zäune gebunden – eine inzwischen beliebte Dekoration aus dem Norden. Sind die Tiere versorgt, muss noch der *julenisse*, der norwegische Weihnachtsmann, gut gestimmt werden, indem man ihm eine Schüssel *rømmegrøt* (Sauerrahmbrei mit Butter, Zucker und Zimt) auf die Fensterbank stellt. Macht man das nicht, spielt er einem jede Menge Streiche. Am Abend tanzt dann die Familie um den Weihnachtsbaum und singt dabei traditionelle Lieder, bevor es die Geschenke gibt.

Trotz der unglaublich schönen Weihnachtsatmosphäre sind wir uns noch nicht sicher, ob der Weihnachtsmann in Røros tatsächlich der echte ist. Daher geht's noch etwas weiter in den hohen Norden, nach Lappland.

TROMSØ – STADT UNTER DEM NORDLICHT

Die weite Landschaft Lapplands erstreckt sich nördlich des Polarkreises über die Landesgrenzen Norwegens, Schwedens und Finnlands hinweg. Die Fahrt durch das winterliche Norwegen ist spektakulär, und je weiter wir in den Norden vordringen, umso kürzer werden die Tage, bis wir im Zwielicht der Polarnacht unterwegs sind. Die Norweger nennen diese Zeit auch *fargetid* (»Farbenzeit«), weil die hinter dem Horizont stehende Sonne so unglaubliche Farben in die Landschaft zaubert. Ein wahres Paradies für Fotografen …

Während wir durch dieses wunderschöne Winterland fahren, entsteht die Idee, den Weihnachtsmann in Tromsø zu suchen. Warum? Immerhin wird die nördlichste Stadt auch »Hauptstadt der Arktis« genannt und besonders oft von den tanzenden Nordlichtern verwöhnt. Außerdem befindet sich dort die nördlichste Brauerei auf dem norwegischen Festland, die ebenfalls das traditionelle und beliebte *juleøl* braut. Vielleicht weiß jemand in den *ølhallen* – einer

↓ Seht ihr das kleine Licht auf dem Berg? Das ist die Bergstation der Fjellheisen-Bahn.

Bierstube unter der Brauerei – wo wir den bärtigen Mann suchen können! Einen Versuch ist es auf jeden Fall wert. Kurz vor Tromsø stoßen wir zumindest immer öfter auf seine Gehilfen, die herrlichen Rentiere. Sie bereiten sich wohl schon auf Weihnachten vor, denn wir sehen immer größere Gruppen.

In den Kellerräumen der *ølhallen* von Tromsø herrscht eine eher ausgelassene Stimmung. Zapfhähne, so weit das Auge reicht – aber keine Spur vom Weihnachtsmann. Daher probieren wir erst einmal das begehrte *juleøl* und vergeben einhellig das Prädikat »Extrem süffig«. Auf die Frage nach dem Weihnachtsmann antwortet man uns: »Na, der lebt doch in Spitzbergen!« Haben wir das also auch geklärt! Doch die norwegische Insel im Polarmeer ist leider mit dem Wohnmobil ebenso wenig zu erreichen wie Grönland.

Also nutzen wir stattdessen noch ein wenig die Vorweihnachtszeit in Tromsø. In der Dunkelheit des frühen Nachmittags bringt uns die Seilbahn Fjellheisen auf den Stadtberg Storsteinen. Im Café der Bergstation genießen wir den fantastischen Blick über die Abertausend Lichter der größten Stadt Nordnorwegens und die violett schimmernden Berge. Ein unwirklich schönes Panorama inmitten der arktischen Umgebung. Einmal mehr haben wir den Eindruck, im Weihnachtswunderland unterwegs zu sein – nur vom Weihnachtsmann fehlt weiterhin jede Spur. Die Fjellheisen-Bahn bringt uns die rund 400 m zurück in die Stadt. Beim Bummel durch die Straßen im Zentrum wirbeln um uns die Schneeflocken wie in einem gefühlvollen Hollywood-Weihnachtsfilm, bevor es am Abend aufklart und über den Bergen grüne Nordlichter tanzen. Gänsehaut!

Auch wenn wir hier den Weihnachtsmann nicht finden, steht für uns fest, dass sich gerade in der Winterzeit ein Trip nach Tromsø lohnt, denn die Hauptstadt der Arktis hat viel zu bieten – von einer Wal-Safari bis hin zu Fahrten mit dem Rentierschlitten oder einem Ausflug in die nördlichste Whisky-Destillerie der Welt.

ROVANIEMI, DAS OFFIZIELLE WEIHNACHTSDORF

Wir folgen unserer Mission und recherchieren weiter … Sollen wir unsere Suche in Finnland fortsetzen? Von Tromsø ist es immerhin nicht mehr ganz so weit bis nach Rovaniemi, seines Zeichens offizielles finnisches Weihnachtsdorf.

Fragt man die Finnen, woher der Weihnachtsmann stammt, antworten diese schon fast beleidigt: »Selbstverständlich aus Finnland.« Um genau zu sein, vom Korvatunturi – das ist ein etwa 500 m hoher Berg, dessen Name »Ohrenberg« bedeutet. Seine Form erinnert tatsächlich an riesige Ohren, mit denen der Weihnachtsmann alles auf der Welt hören kann – so will es die Legende. Da der Weg zum Berg aber nicht verraten werden darf und zudem durch meterhohen Schnee führt, hat der Weihnachtsmann, der in Finnland übrigens *joulupukki* heißt, seit einigen Jahren sein Büro nahe der Stadt Rovaniemi direkt am *napapijri* (Polarkreis). Aber was wäre der Weihnachtsmann ohne seine Gehilfen, die vielen *tonttus*. Diese kleinen elfenartigen Geschöpfe helfen, wo sie nur können. Ein Teil der *tonttus* versorgt die Rentiere, andere wiederum basteln Geschenke oder helfen der Frau des Weihnachtsmannes bei der Zubereitung von Speisen. Einige *tonttus* sind aber auch in geheimer Mission unterwegs: Sie mischen sich nämlich unter die Menschen und berichten anschließend dem Weihnachtsmann, wer auch wirklich artig war.

Vor der Bescherung und dem üppigen Festmahl hat ein reinigender Saunagang in Finnland Tradition.

In Finnland wird die Vorweihnachtszeit mit Konzerten eingeläutet, die im ganzen Land am 1. Advent stattfinden. Nikolaus fällt auf den Tag der Unabhängigkeit und ist in Finnland ein gesetzlicher Feiertag. Das Lucia-Fest feiern die Finnen ebenfalls am 13. Dezember. Am Heiligen Abend wird um 12 Uhr der Weihnachtsfrieden ausgerufen, danach gedenken die Finnen ihrer verstorbenen Angehörigen. Vor der Bescherung und dem üppigen Festmahl ist es in Finnland Tradition – wie könnte es anders sein –, einen reinigenden Saunagang durchzuführen.

Das alles klingt sehr spannend – also auf nach Rovaniemi. Wir folgen von Tromsø zunächst der Northern Lights Route, die den für uns unaussprechlichen samischen Namen

→ Hier soll er also offiziell wohnen … das Haus des Weihnachtsmannes in Rovaniemi.

SANTA CLAUS OFFICE
ARCTIC CIRCLE FINLAND
SANTA CLAUS

Guovssahastitgeaidnu trägt und vom Polarmeer in Nordnorwegen bis an die finnische Ostseeküste führt. Entlang der Route passieren wir immer wieder Rentierzuchtgebiete, und oftmals blockieren ganze Herden die Fahrbahn. Ob die alle dem Weihnachtsmann gehören? Rovaniemi kann nicht mehr weit sein, und tatsächlich biegen wir bald von der Nordlicht-Route zu der finnischen Stadt ab.

In Rovaniemi kann man erlebnisreiche Wintertage verbringen und z. B. im Weihnachtspark Santa Park mit der Magic Bahn fahren, Lebkuchen verzieren, basteln, Eisskulpturen bewundern oder den Elfen bei ihren Tätigkeiten zuschauen. Ebenso empfehlenswert ist ein Besuch in der liebevoll gestalteten und interaktiven Ausstellung über Lappland und die Arktis im Museum Arktikum.

Wir suchen aber das offizielle Weihnachtsdorf und entdecken schon bald in den Wäldern am Ortsrand die riesigen Blockhäuser, in denen der Weihnachtsmann lebt und arbeitet. Nahe dem Weihnachtsdorf gibt es einen kostengünstigen Wohnmobil-Stellplatz, von dem alles bequem zu Fuß erreichbar ist. Zuerst suchen wir natürlich das Büro des Weihnachtsmanns auf, doch leider ist es nicht besetzt. Wir finden auch keinen Hinweis, wo sich der berühmteste Mann der Erde gerade aufhält. Also suchen wir weiter und treffen auf einige umhertrabende Rentiere, die augenscheinlich auch hier nicht durch die Luft fliegen können. Doch alles nur

↓ Zu spät ... Der Weihnachtsmann hat sein Büro eben mal verlassen.

Aberglaube? Ein Weihnachtself klärt uns auf: Die Rentiere fliegen nur mit dem Weihnachtsmann, denn um sie zu lenken, braucht man spezielle Fähigkeiten, die man über Jahrhunderte erlernen muss. Wir hingegen könnten, wenn wir möchten, mit dem Rentierschlitten durch die verschneite Winterlandschaft fahren. Ein verlockendes Angebot – doch erst, wenn wir den Weihnachtsmann gefunden haben.

Vielleicht finden wir den *joulupukki* in seinem Postamt? Hier herrscht reges Treiben, weil unzählige Wunschzettel von Kindern aus der ganzen Welt ankommen, die alle bearbeitet werden müssen. Außerdem kann man in der Post auch eigene Weihnachtsgrüße versenden. Die spezielle Briefmarke und der berühmte Poststempel lassen vor allem Kinderaugen leuchten, wenn dann Post vom Weihnachtsmann im Briefkasten liegt. Ein Elf im Postamt meint, dass wir den Weihnachtsmann jetzt in seinen Privatgemächern finden könnten. Wir folgen den vielen Kindern, die den Bärtigen ebenfalls besuchen wollen. Geduldig warten wir in der Schlange, doch … kurz bevor wir an der Reihe sind, erfahren wir, dass sich der Weihnachtsmann erst einmal ausruhen muss. Es gelingt uns noch, einen Blick auf den *joulupukki* zu werfen. Er ist etwas größer als sein Kollege in Norwegen, und der Bart ist viel länger – eigentlich fast zu perfekt, um echt zu sein.

↓ **Ist er's oder ist er's nicht…? Erinnerungsbild mit dem norwegischen Julenisser.**

Nach einem Abendessen im Weihnachtsdorf machen wir es uns in unserem Kastenwagen gemütlich. Mittlerweile wissen viele Menschen, dass wir den Weihnachtsmann suchen, und so erreichen uns weitere Tipps: In der schwedischen Provinz Dalarna soll er zu Hause sein, und im Hochland von Island, so heißt es, lebten gleich 13 Weihnachtstrolle … Was tun? Wir können es vor Weihnachten einfach nicht mehr schaffen, all diese Orte zu besuchen! Deshalb beschließen wir, lieber die Weihnachtszeit hier im hohen Norden zu genießen und unsere Suche zu einem anderen Zeitpunkt fortzusetzen. Nun haben wir einen guten Grund mehr, irgendwann noch einmal in das Weihnachtswunderland aufzubrechen – und wir hoffen, ihr seid dann wieder mit dabei.

ROUTENINFO

↑ An diesem klirrend kalten Wintermorgen im Norden Norwegens, bei Skibotn, fasziniert uns das Zwielicht.

DAUER

Die Suche nach dem Weihnachtsmann ist keine Tour im klassischen Sinn. Lasst euch inspirieren und verbringt ein paar vorweihnachtliche Tage, zum Beispiel im Anschluss an eine Winterreise, in einer der Weihnachtsstädte.

REISEZEIT

Die Vorweihnachtszeit beginnt in allen Ländern Ende November/Anfang Dezember mit Weihnachtsmärkten und festlichem Lichterschmuck.

FAHRZEUG

Wer mit dem Wohnmobil in der Vorweihnachtszeit unterwegs ist, muss sich auf teilweise extreme winterliche Bedingungen einstellen. Daher sind Allwetterreifen oder noch besser Winterreifen eine elementare Voraussetzung, wobei man zusätzlich Schneeketten und eine Winterausrüstung mitführen sollte. Mehr zum Thema Camping im Winter → Seite 189

CAMPING- & STELLPLÄTZE

DÄNEMARK

1 Camping Søndervig ★★★☆☆

▶ Solvej 2, 6950 Søndervig
Tel. +45 97 33 90 34
GPS: 56.111831, 8.117562
■ pincamp.de/jv6550

NORWEGEN

2 Røros IL Bobilparkering

▶ Øra, 7374 Røros
Tel. +47 40 01 39 75
GPS: 62.571624, 11.378592
bobil.roros-il.no/

3 Tromsø Lodge & Camping
★★★½☆

♥ Ein idealer Ausgangspunkt für Unternehmungen in und um Tromsø! Direkt am Platz führt eine Loipe vorbei. Über eine Agentur kann man hier auch Hunde- und Rentierschlittenfahrten buchen.

▶ Arthur Arntzens Vei 10, 9020 Tromsdalen
Tel. + 47 77 63 80 37
GPS: 69.647392, 19.013174
■ pincamp.de/ng4700

FINNLAND

4 BestPark Arctic Circle

▶ Joulupukintie 1, 96930 Arctic Circle
Tel. +358 103 87 50 01
GPS: 66.54553, 25.85170
www.santaclausvillage.info

VIELE WEITERE TOLLE PLÄTZE FINDET IHR AUF PINCAMP.DE!

WISSENSWERTES ZU DEN BEREISTEN LÄNDERN

»Die wirkliche Entdeckungsreise strebt nicht nach neuem Land, sondern danach, Dinge mit neuen Augen zu sehen.«

(Weisheit aus Norwegen)

LÄNDERINFOS

DÄNEMARK

Offizielle Währung ist die Dänische Krone (DKK). Bezahlt wird meist mit Kreditkarte – PIN nicht vergessen!

Für die Kassen des Vertrauens sollte ihr Bargeld im Wert von umgerechnet etwa 100 € dabeihaben.

Hunde und Katzen müssen gechipt sein und einen EU-Heimtierpass haben. Die Tollwutimpfung darf nicht länger als 3 Wochen zurückliegen.

1. ANREISE

Dänemark ist schnell und einfach über das Europäische Fernstraßennetz erreichbar.

2. UNTERWEGS IM LAND

WICHTIGE VERKEHRSREGELN

- Die Höchstgeschwindigkeit beträgt in Ortschaften 50 km/h, auf Landstraßen 80 km/h und auf Autobahnen 130 km/h. Gespanne dürfen maximal 70 km/h fahren.
- Das Abblendlicht muss auch tagsüber immer eingeschaltet sein.
- Die Alkoholgrenze liegt bei 0,5 ‰.
- Die Gurtpflicht gilt für alle Insassen eines Autos.
- Während der Fahrt darf man nur über eine Freisprecheinrichtung telefonieren.
- An Autobahnauffahrten gilt das Reißverschluss-Verfahren.
- Auf Parkplätzen mit zeitlicher Beschränkung muss immer die Parkscheibe eingestellt werden.

↓ Die Sonne färbt die Wolken rosa, der Strandhafer wiegt sich im Wind – Abendstimmung am dänischen Strand.

MAUT

Die Dänen verzichten bisher auf ein Mautsystem. Für die Nutzung der Øresundbrücke und der Brücke über den Großen Belt (Storebæltsbroen), die häufig für den Transitverkehr genutzt werden, fallen allerdings Gebühren an. Weitere Infos auf www.oresundsbron.com/de bzw. https://storebaelt.dk/de/.
Mautpflichtig ist auch die 2019 errichtete Kronprinzessin-Mary-Brücke über den Roskildefjord. Die benachbarte Kronprinz-Frederik-Brücke kann weiterhin mautfrei überquert werden.

PARKPLÄTZE/RASTPLÄTZE

Es gibt im ganzen Land ein dichtes Netz an Park- und Rastplätzen, die aber zumindest in den Städten oft nur mit Parkscheibe und/oder gegen Gebühr genutzt werden können.

TANKEN

Dänemark verfügt über ein dichtes Tankstellennetz. Weitverbreitet sind Tankautomaten, die man 24/7 mit Kreditkarte und PIN nutzen kann.

3. RUND UMS CAMPEN

In Dänemark ist Camping mit einem Wohnmobil/Wohnanhänger nur auf regulären Campingplätzen und offiziellen Stellplätzen gestattet. Eine umfangreiche Auswahl der rund 500 Plätze findet man auf der offiziellen Website www.stellplatz-danmark.dk. Für kurze Aufenthalte kann man auf vielen Campingplätzen die günstigen »Quick Stop«-Übernachtungen nutzen (Anreise ab 20 Uhr und Weiterreise vor 10 Uhr).

Mit der Camping Key Europe Karte erhält man bis zu 20 % Rabatt bei den teilnehmenden Campingplätzen. Bestellen kann man die für ein Kalenderjahr gültige Vorteilskarte z. B. beim ADAC, wo sie für Mitglieder 12 € kostet

(www.adac-shop.de/camping/camping-key-europe), oder für 18 € beim BVCD (www.bvcd.de/shop/Camping-KeyEurope.html).

EINKAUFEN

Lebensmittel sind meistens nicht wesentlich teurer als in Deutschland. An Straßenständen und in kleinen Hofläden könnt ihr Kartoffeln, Gemüse, Eier und Obst vom Erzeuger kaufen. In vielen Häfen gibt es fangfrischen Fisch direkt vom Kutter – oder ihr nehmt an einer der vielen Fischauktionen entlang der Nordseeküste teil. Das qualitativ sehr gute Leitungswasser kann ohne Weiteres getrunken werden.

FRISCHWASSER UND ENTSORGUNG

Plätze mit mindestens zwei Sternen verfügen in der Regel über eine Trinkwasserversorgung und eine Entsorgungsstation für Grauwasser und Chemietoiletten. Außerdem findet ihr auf vielen Rasthöfen entlang der Fernstraßen eine Möglichkeit für Ent- und Versorgung. Eine entsprechende Übersicht gibt es auf der Website www.stellplatz-danmark.dk.

GASFLASCHEN

Die meisten Campingplätze in Dänemark tauschen leere deutsche graue Flaschen gegen gefüllte Flaschen ein. Kosangas tauscht sie leider nicht mehr. Mit einem Adapter könnt ihr auch dänische Gasflaschen anschließen. Der Nachteil: Dänische Flaschen sind keine Pfandflaschen, bei Rückgabe wird der Kaufpreis nicht erstattet.

STROM/NETZANSCHLUSS

Wie in Deutschland und Österreich beträgt die Netzspannung 220 V/50 Hz. Reisende aus der Schweiz brauchen für einige Geräte einen Reiseadapter.
Auf den Campingplätzen gibt es in der Regel die blauen CEE-Anschlussdosen. Da einige Plätze aber nur die klassischen Schutzkontakt-Anschlüsse (Schuko) anbieten, solltet ihr zur Sicherheit Adapter mitführen.

4. HILFREICHE WEBSITES

- Die Gesamtübersicht für Dänemark: www.visitdenmark.de
- Infos zu Westjütland: www.visitvesterhavet.de
- Tipps zum Norden Jütlands: www.visitnordvestkysten.de, www.toppenafdanmark.dk
- Infos zur Nordsee-Route: www.visitdenmark.de/nordsee
- Infos zu Camping- und Stellplätzen: www.stellplatz-danmark.dk, www.dk-camp.dk/de/
- Aktuelle Wetterprognosen: www.dmi.dk
- Details zu den Nationalparks: www.danmarksnationalparker.dk
- Übersichtskarte mit Schutzhütten, offiziellen Feuerstellen, Wanderrouten und Aussichtspunkten: www.udinaturen.dk

FÄRÖER INSELN

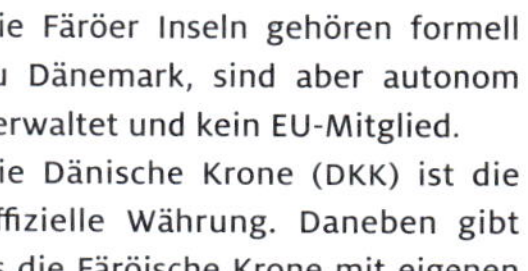

Die Färöer Inseln gehören formell zu Dänemark, sind aber autonom verwaltet und kein EU-Mitglied.
Die Dänische Krone (DKK) ist die offizielle Währung. Daneben gibt es die Färöische Krone mit eigenen

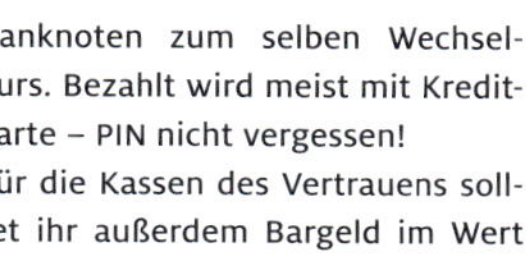

Banknoten zum selben Wechselkurs. Bezahlt wird meist mit Kreditkarte – PIN nicht vergessen!
Für die Kassen des Vertrauens solltet ihr außerdem Bargeld im Wert von etwa 100 € dabeihaben.

1. ANREISE

MIT CAMPER UND FÄHRE

Die Fährgesellschaft Smyril Line bietet vom dänischen Hafen Hirtshals eine direkte Verbindung nach Tórshavn. Alternativ könnt ihr auf einer Fährpassage Dänemark–Island einen Zwischenstopp auf den Färöer Inseln machen. Alle Angebote findet ihr auf der Website der Reederei www.smyrilline.de.

PRAKTISCHE HINWEISE FÜR DIE ÜBERFAHRT

- Mit einem Fahrzeug müsst ihr mindestens 1,5 Std. vor Reisebeginn einchecken.
- Weitere Fahrgäste dürfen nicht mit dem Fahrer und dem Fahrzeug auf die Fähre fahren. Sie werden mit einem Shuttlebus zum Terminal gebracht und checken dort mit ihrer Bordkarte ein. Die Tasche für die Fährüberfahrt sollte also gepackt sein, bevor man den Check-In passiert!
- An Bord der Fähre unbedingt die mobile Datenübermittlung an Handy und Tablet ausschalten. Ansonsten nutzt man auf offener See das extrem teure maritime Netz.

MIT DEM FLUGZEUG

Der Flughafen Vágar wird regelmäßig von der Färöischen Fluggesellschaft Atlantic Airways sowie der Skandinavischen Airline SAS angeflogen, aus Deutschland mit einem Zwischenstopp in Kopenhagen, London, Edinburgh oder Oslo.

Ein Wohnmobil könnt ihr vor Ort bei Faroe Camper mieten (www.faroecamper.com).

2. UNTERWEGS IM LAND

WICHTIGE VERKEHRSREGELN

- Die Höchstgeschwindigkeit beträgt in Ortschaften 50 km/h, auf Landstraßen 80 km/h.
- Das Abblendlicht muss auch tagsüber immer eingeschaltet sein.
- Die Alkoholgrenze liegt bei 0,5 ‰.
- Die Gurtpflicht gilt für alle Insassen eines Autos.
- Während der Fahrt darf man nur über eine Freisprecheinrichtung telefonieren.
- Überholmanöver kündigen die meisten Einheimischen mit der Lichthupe an.

MAUT

Für die Passage der drei Unterwassertunnel ist jeweils eine Nutzungsgebühr zu entrichten:

- Tunnel Eysturoyartunnilin zwischen den Inseln Streymoy und Eysturoy
- Tunnel Vágatunnilin zwischen den Inseln Vágar und Streymoy
- Tunnel Norðoyatunnilin zwischen den Insel Borðoy und Eysturoy

Die Gebühr kann man nach der Durchfahrt entweder online entrichten oder an einer der umliegenden Tankstellen bezahlen. Weitere Informationen zur Tunnelmaut findet ihr auf Informationstafeln an den Tunneln oder auf der Website www.tunnil.fo.

PARKPLÄTZE/RASTPLÄTZE

Auf Parkplätzen mit zeitlicher Beschränkung solltet ihr unbedingt an die Parkscheibe denken. Bei Verstößen wird ein Bußgeld von umgerechnet etwa 30 € fällig.

TANKEN

Tankstellen sind auf den größeren Inseln ausreichend vorhanden.

● **TIPP** ***Ehe ihr die Inseln verlasst, solltet ihr volltanken. Der Kraftstoff ist – im Gegensatz zu anderen nordeuropäischen Ländern – auf den Färöer Inseln günstiger als in Deutschland.***

3. RUND UMS CAMPEN

Generell ist es nicht erlaubt, Raststätten, Parkplätze oder andere Plätze für die Übernachtung zu nutzen. Auf fast jeder Insel gibt es Campingplätze, insgesamt sind es 21, die jedoch nicht alle für Wohnmobile geeignet sind. Die Plätze sind eher nach funktionellen Gesichtspunkten angelegt. Ebene Flächen sind in dieser Landschaft rar, und so wird auch mal ein alter Fußballplatz als Campingplatz genutzt. Das Preis-Leistungs-Verhältnis ist ähnlich wie in Dänemark. Weitere Informationen auf www.camping.fo.

EINKAUFEN

Lebensmittel sind aufgrund der hohen Importkosten um einiges teurer als in Deutschland oder Österreich. Alkoholische Getränke über 2,25 % sind nur in den *Rúsdrekkasølan Landins* (staatlichen Alkoholläden) erhältlich.

FRISCHWASSER UND ENTSORGUNG

Fast alle Campingplätze sind mit einer Frischwasserversorgung ausgestattet. Auf den meisten Campingplätzen findet man auch Entsorgungsstationen. Allerdings kann es vorkommen, dass man nicht direkt über die Entsorgungsstelle für Grauwasser fahren kann. In diesem Fall hat sich ein Falteimer an Bord bewährt.

GASFLASCHEN

In Tórshavn bei AGA kann man bislang deutsche Gasflaschen füllen lassen oder einheimische Propan-Gasflaschen erwerben. Weitere Ansprechpartner und eine Übersicht aller Verkaufsstellen für Propangas findet ihr auf der Website www.aga.fo unter dem Menüpunkt »Sølustøð«.

STROM/NETZANSCHLUSS

Wie in Deutschland und Österreich beträgt die Netzspannung 220 V/50 Hz. Reisende aus der Schweiz brauchen für einige Geräte einen Reiseadapter.
Auf den Campingplätzen gibt es in der Regel die blauen CEE-Anschlussdosen. Da einige Plätze aber nur die klassischen Schutzkontakt-Anschlüsse (Schuko) anbieten, solltet ihr zur Sicherheit CEE-Schuko-Adapter mitführen.

↑ Ein Spiel aus Licht und Schatten auf dem Berg hinter dem Fischerdorf Gjógv (Färöer Inseln)

4. HILFREICHE WEBSITES

- Gesamtübersicht über die Färöer Inseln, zum Teil auch in deutscher Sprache: www.visitfaroeislands.com
- Infos zur Hauptstadt: www.visittorshavn.fo
- Infos zu Wetter und Straßenzustand: www.landsverk.fo
- Infos zur Tunnelmaut: www.tunnil.fo

FINNLAND

EU

UTC +1 H

EUR

Bezahlt wird meist mit Kreditkarte – PIN nicht vergessen! Für die Kassen des Vertrauens solltet ihr außerdem etwa 100 € in bar dabeihaben.

Hunde und Katzen müssen einen EU-Heimtierpass haben, gegen Tollwut geimpft und gegen Fuchsbandwurm behandelt sein. Weitere Infos auf www.ruokavirasto.fi/en/.

1. ANREISE

MIT CAMPER UND FÄHRE

Wer es bequem und entspannt mag, wählt die ganzjährig verfügbare direkte Verbindung von Deutschland (Travemünde) nach Finnland (Helsinki). Die Fähren der Reederei Finnlines pendeln täglich auf dieser 29-stündigen Passage. Ebenso ist die längere Anfahrt über das Baltikum möglich. Von Tallinn (Estland) erreicht man mit den Fährgesellschaften Tallink Silja, Viking Line und Eckerö Line täglich und ebenfalls ganzjährig Helsinki. Die Fahrzeiten liegen zwischen 2 bis 2,5 h.

● **TIPP** *Die Fähre so früh wie möglich buchen, Newsletter der Reederei für Spezialangebote abonnieren und die Sonderangebote der Reedereien am Black Friday beachten.*

● **UNSER EXTRA-TIPP** *Wenn ihr könnt, versucht die Überfahrt für einen Wochentag zu buchen – am Wochenende ist es oft viel teurer.*

PRAKTISCHE HINWEISE FÜR DIE ÜBERFAHRT

- Mit einem Fahrzeug müsst ihr – je nach Strecke – mindestens 2 Std. vor Reisebeginn einchecken.
- Das Autodeck ist während der Überfahrt geschlossen.
- An Bord der Fähre unbedingt die mobile Datenübertragung an Handy und Tablet ausschalten. Ansonsten nutzt man auf offener See das teure maritime Netz.
- Auf der Überfahrt muss das Gas abgedreht sein. Dies wird in der Regel auch kontrolliert, und der Gaskasten wird versiegelt.

MIT DEM FLUGZEUG

Wenn ihr wenig Zeit habt, möchtet ihr vielleicht nach Finnland fliegen und euch dort ein Wohnmobil mieten. Finnair, Lufthansa und EasyJet bieten von den großen Flughäfen Deutschlands, Österreichs und der Schweiz Direktflüge nach Helsinki an. Die reine Flugzeit beträgt, je nach gewähltem Abflughafen, etwa 2 bis 5 Std.

Das Wohnmobil kann man vor Ort über die folgenden Anbieter mieten: www.tuicamper.com, www.touringcars.eu.

2. UNTERWEGS IM LAND

WICHTIGE VERKEHRSREGELN

- Die Höchstgeschwindigkeit beträgt in Ortschaften 50 km/h, außerorts 80–100 km/h. Auf Autobahnen darf man 120 km/h fahren.
- Das Abblendlicht muss auch tagsüber immer eingeschaltet sein.
- Die Alkoholgrenze liegt bei 0,5 ‰.
- Die Gurtpflicht gilt für alle Insassen eines Autos.
- Während der Fahrt darf man nur über eine Freisprecheinrichtung telefonieren.

In Finnland müsst ihr jederzeit mit Elchen oder Rentieren auf den Straßen rechnen.

MAUT

In Finnland gibt es kein Mautsystem und die meisten Fähren im Land sind kostenlos.

PARKPLÄTZE / RASTPLÄTZE

Rast- und Parkplätze sind häufig kostenlos. Selbst an touristischen Hotspots kann man oft ohne Gebühr parken. In den großen Städten sind Parkflächen allerdings rar und daher in Zentrumsnähe teuer.

TANKEN

Finnland verfügt im Prinzip über ein dichtes Tankstellennetz. In den dünner besiedelten Gebieten im Norden und Osten des Landes werden die Entfernungen zwischen den Tankstellen jedoch deutlich größer. Weitverbreitet sind Tankautomaten, an denen man mit seiner Kreditkarte und der PIN zahlen kann.
Viele Tankstellen sind mit einem Imbiss, einem kleinen Laden oder Café ausgestattet und so gleichzeitig Treffpunkt für die Einheimischen. In der Regel haben Tankstellen von 7–21 Uhr geöffnet, in den Städten auch rund um die Uhr.

↓ Abendstimmung in Hanko, der südlichsten Stadt Finnlands

3. RUND UMS CAMPEN

Etwa 350 zumeist preiswerte Campingplätze bieten perfekte Bedingungen für Camper. Viele Plätze haben sogar eine Sauna, befinden sich in unmittelbarer Wassernähe oder haben einen eigenen Badestrand. In Naturschutzgebieten und Nationalparks ist das Campen grundsätzlich nur auf dafür ausgewiesenen Flächen erlaubt und im restlichen Land auf unkultivierten Landflächen zulässig. Eine Übersicht der Campingplätze in Finnland und Infos zu deren Ausstattung findet ihr auf www.camping.fi.

Mit der Camping Key Europe Karte erhält man bis zu 20 % Rabatt bei den teilnehmenden Campingplätzen. Bestellen kann man die für ein Kalenderjahr gültige Vorteilskarte z. B. beim ADAC, wo sie für Mitglieder 12 € kostet (www.adac-shop.de/camping/camping-key-europe), oder für 18 € beim BVCD (www.bvcd.de/shop/Camping-Key-Europe.html).

EINKAUFEN

Lebensmittel sind in den Supermärkten der größeren Orte nur wenig teurer als in Deutschland und Österreich.

Alkoholische Getränke kosten hingegen deutlich mehr und sind nur in den *Alko-Shops* (staatlichen Geschäften) erhältlich. In den Supermärkten werden alkoholische Getränke bis zu 5,5 % verkauft. Das saubere finnische Trinkwasser könnt ihr bedenkenlos aus der Leitung trinken.

FRISCHWASSER UND ENTSORGUNG

Fast alle Campingplätze sind mit einer Frischwasserversorgung ausgestattet. Zudem findet man an vielen Tankstellen sowie größeren ABC-Rasthöfen eine Möglichkeit der Frischwasserversorgung.

Auf den meisten Campingplätzen gibt es auch Entsorgungsstationen für Grauwasser und Toiletten – im Winter teilweise sogar beheizt. Auch auf ausgewählten ABC-Rasthöfen oder -Tankstellen könnt ihr Entsorgungsstationen entweder kostenlos oder gegen einen geringen Obolus nutzen. Eine Übersicht der entsprechenden Stationen findet ihr auf der ABC-Website www.abcasemat.fi/en/services/caravan-parks.

GASFLASCHEN

In Finnland gibt es keine LPG Stationen und auch keine Möglichkeit, deutsche Gasflaschen aufzufüllen. Deshalb muss man bei Bedarf auf die finnischen Gasflaschen von AGA, Linde oder BP zurückgreifen.

● **TIPP** *AGA-Flaschen könnt ihr bis zu 6 Monate nach dem Kauf gegen Vorlage der Quittung sowie die Entrichtung einer Nutzungsgebühr an allen AGA-Stationen zurückgeben. Ihr braucht für diese Flaschen einen GOK Clip-On-Adapter, den ihr am besten vorab in Deutschland kauft.*

STROM/NETZANSCHLUSS

Wie in Deutschland und Österreich beträgt die Netzspannung 220 V/50 Hz. Reisende aus der Schweiz brauchen für einige Geräte einen Reiseadapter.

Auf den Campingplätzen gibt es in der Regel die blauen CEE-Anschlussdosen. Da einige Plätze aber nur die klassischen Schutzkontakt-Anschlüsse (Schuko) anbieten, solltet ihr zur Sicherheit CEE-Schuko-Adapter mitführen.

4. HILFREICHE WEBSITES

- Gesamtübersicht für Finnland: www.visitfinland.com/de/
- Hauptstadt Helsinki: www.myhelsinki.fi/de
- Übersicht über Camping- und Stellplätze: www.camping.fi
- Infos zum Wetter und zur Waldbrandgefahr: www.ilmatieteenlaitos.fi
- Infos zu den Nationalparks und Wandergebieten: www.nationalparks.fi
- Übersichtskarte mit Vogelbeobachtungsstellen, Schutzhütten sowie offiziellen Feuerstellen: www.tulikartta.fi

ISLAND

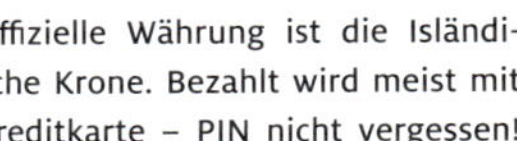

Offizielle Währung ist die Isländische Krone. Bezahlt wird meist mit Kreditkarte – PIN nicht vergessen!

Für die Kassen des Vertrauens solltet ihr außerdem Bargeld im Wert von etwa 100 € dabeihaben.

1. ANREISE

MIT CAMPER UND FÄHRE

Die Fähre Norröna der Reederei Smyril Line verkehrt regelmäßig zwischen Dänemark, den Färöer Inseln und Island. Auf Wunsch kann man auf den Färöer Inseln einen mehrtägigen Zwischenstopp einlegen.

● **TIPP** *Achtet bei der Buchung auf spezielle preisgünstigere Wohnmobil-Pakete. Zudem solltet ihr die Fähre nach Möglichkeit frühzeitig buchen, denn je weniger Plätze verfügbar sind, desto teurer wird die Überfahrt.*

PRAKTISCHE HINWEISE FÜR DIE ÜBERFAHRT

- Mit einem Fahrzeug müsst ihr mindestens 2 Std. vor Reisebeginn einchecken.
- Weitere Fahrgäste dürfen nicht mit dem Fahrer und dem Fahrzeug auf die Fähre fahren. Sie werden mit einem Shuttlebus zum Terminal gebracht und checken dort mit ihrer Bordkarte ein. Die Tasche für die Fährüberfahrt sollte also gepackt sein, bevor man den Check-In passiert!
- Das Autodeck ist während der Überfahrt geschlossen. Beim Zwischenstopp auf den Färöer Inseln wird es noch einmal geöffnet.
- An Bord der Fähre unbedingt die mobile Datenübermittlung an Handy und Tablet ausschalten. Ansonsten nutzt man auf offener See das extrem teure maritime Netz.

MIT DEM FLUGZEUG

Wenn ihr wenig Zeit habt, lohnt es sich, über eine Alternative zur Anreise mit dem eigenen Wohnmobil nachzudenken. Direktflüge zum internationalen Flughafen Keflavik sind aus vielen Städten in Deutschland, Österreich und der Schweiz möglich.

Für das Wohnmobil gibt es zwei Möglichkeiten: Entweder mietet man sich vor Ort ein Wohnmobil, z. B. über www.happycampers.is oder www.camper-iceland.is. Alternativ verschifft ihr euer Wohnmobil vorab als Fracht nach Island. Mehr Informationen und Angebote dazu unter www.kria-tours.de.

2. UNTERWEGS IM LAND

WICHTIGE VERKEHRSREGELN

- Die Höchstgeschwindigkeit beträgt in Ortschaften 50 km/h, auf unbefestigten Straßen 80 km/h und auf asphaltierten Straßen 90 km/h. Gespanne dürfen maximal 80 km/h fahren.
- Das Abblendlicht muss auch tagsüber immer eingeschaltet sein.
- Die Alkoholgrenze liegt bei 0,5 ‰.
- Die Gurtpflicht gilt für alle Insassen eines Autos.
- Während der Fahrt darf man nur über eine Freisprecheinrichtung telefonieren.
- Auf keinen Fall sollte man abseits gekennzeichneter Straßen fahren, da sonst empfindliche Strafen drohen!

Frei laufende Tiere (allen voran: Schafe) haben grundsätzlich Vorrang. Wer ein Tier verletzt, muss Schadenersatz leisten.

MAUT

Derzeit ist nur für die Nutzung des neuen Tunnels Vaplaheipargung zwischen Akureyri und Húsavík eine Gebühr zu entrichten. Allerdings kann man den Tunnel auch auf der alten, deutlich längeren Passstraße umfahren.

PARKPLÄTZE/RASTPLÄTZE

An den Sehenswürdigkeiten sind in der Regel ausreichend und zumeist kostenlose Parkmöglichkeiten vorhanden. Parken in den Nationalparks ist oft kostenpflichtig, die Ein- und Ausfahrten werden mit Videoaufzeichnungen überwacht.

TANKEN

Tankstellen sind entlang der Hauptverkehrsrouten ausreichend vorhanden. Wenn ihr diese verlasst und einen Abstecher in dünn besiedelte Gebiete unternehmt, solltet ihr vorab volltanken. In der Regel tankt man in Island an einem Tankautomaten mit Kreditkarte und PIN.

3. RUND UMS CAMPEN

Wildes Campen ist nur in sehr wenigen Ausnahmen und dann zumeist nur im Zelt in entlegenen Gebieten erlaubt. Mit dem Wohnmobil müsst ihr einen der 80 offiziellen Camping- oder Stellplätze nutzen.

Mit der isländischen Campingcard, die etwa 160 €/Jahr kostet, kann man auf 28 angeschlossenen Plätzen kostenlos übernachten. Eine Übersicht findet ihr auf www.utilegukortid.is. Die Campingcard kann man vor der Reise online bestellen, während der Überfahrt auf der Fähre oder auf einem der teilnehmenden Campingplätze kaufen.

↓ Der Kirkjufell, ein klassisches Island-Motiv, zeigt sich heute in besonders sanftem Abendlicht.

EINKAUFEN

Lebensmittel sind in Island deutlich teurer als in Deutschland. Am preiswertesten könnt ihr eure Vorräte in den größeren Supermärkten der Städte auffüllen, denn die Preise in kleinen Lebensmittelgeschäften abgelegener Regionen sind meist höher.
Alkoholische Getränke sind nur in den *Vínbúðin* (staatlichen Geschäften) erhältlich. In Supermärkten bekommt ihr nur Leichtbier. Statt Mineralwasser zu kaufen, kann man – wie die Einheimischen – das isländische Leitungswasser trinken, das zu den saubersten der Welt gehört.

FRISCHWASSER UND ENTSORGUNG

Fast alle Campingplätze sind mit einer Frischwasserversorgung ausgestattet. Auf den meisten Campingplätzen findet man in der Regel auch Entsorgungsstationen. Allerdings kann es vorkommen, dass man nicht direkt über die Entsorgungsstelle für Grauwasser fahren kann, da z. B. der Sims zu hoch ist. In diesem Fall hat sich ein Falteimer an Bord bewährt.

Auf günstigeren Stellplätzen oder in der Nebensaison gibt es mitunter keine Entsorgungsmöglichkeit. In dem Fall kann man die Stationen anderer Campingplätze gegen eine entsprechende Gebühr nutzen.

GASFLASCHEN

Wir haben keine Station gefunden, an der ausländische Gasflaschen getauscht oder befüllt werden können. Doch mit Gummiring passen die gelben isländischen Gasflaschen für deutsche Systeme. Bei der Ankunft leiht ihr euch am besten eine isländische Gasflasche, die an vielen N1-Tankstellen getauscht werden kann. Gas ist in Island wesentlich teurer als in Mitteleuropa.

STROM/NETZANSCHLUSS

Wie in Deutschland und Österreich beträgt die Netzspannung 220 V/50 Hz. Reisende aus der Schweiz brauchen für einige Geräte einen Reiseadapter. Auf den Campingplätzen gibt es in der Regel die blauen CEE-Anschlussdosen. Da einige Plätze aber nur die klassischen Schutzkontakt-Anschlüsse (Schuko) anbieten, solltet ihr zur Sicherheit Adapter mitnehmen.

4. HILFREICHE WEBSITES

- Die Gesamtübersicht für Island: de.visiticeland.com
- Wissenswertes zum Osten: www.east.is
- Infos über den Süden: www.south.is
- Infos zu Westisland: www.west.is
- Alle Infos zur Hauptstadt: visitreykjavik.is
- Infos zu den Westfjorden: www.westfjords.is
- Infos zum Norden Islands: www.northiceland.is/en
- Ausführliche Wetterinformationen: www.vedur.is
- Infos zum Straßenzustand und zu Sperrungen: www.road.is
- Infos zur Sicherheit auf der Reise: www.safetravel.is

NORWEGEN

Offizielle Währung ist die Norwegische Krone (NOK). Bezahlt wird meist mit Kreditkarte – PIN nicht vergessen! Für die Kassen des Vertrauens solltet ihr außerdem Bargeld im Wert von etwa 100 € dabeihaben.

Hunde und Katzen müssen einen EU-Heimtierpass haben, gegen Tollwut geimpft und gegen Fuchsbandwurm behandelt sein.
Weitere Informationen: www.norway.no

1. ANREISE

MIT CAMPER UND FÄHRE

Viele Wege führen nach Norwegen …Die bequemste und komfortabelste Verbindung ist die Überfahrt mit der Color Line von Deutschland (Kiel) nach Norwegen (Oslo). Mit der Nachtfähre erreicht man ausgeruht sein Reiseziel, und der Roadtrip kann beginnen. Von Hirtshals (Dänemark) kann man mit der Color Line nach Larvik oder Kristiansand übersetzen und mit der Fjordline nach Langesund oder nach Kristiansand. Die Überfahrten dauern zwischen 2,5 und 4 Std. Außerdem kann man von Hirtshals mit der Fjordline direkt an die Westküste nach Stavanger und weiter bis nach Bergen (Fahrzeit 16 h) übersetzen.

● **TIPP** *Die Fähre so früh wie möglich buchen. Die Hauptreisetage (Ferienbeginn und Samstage) solltet ihr möglichst meiden. Am Black Friday gibt es meist Sonderangebote der Reedereien. Außerdem nützlich: Abhängig vom Ziel könnt ihr alternative Anreiserouten, z. B. über Schweden, prüfen.*

PRAKTISCHE HINWEISE FÜR DIE ÜBERFAHRT

- Mit einem Fahrzeug müsst ihr mindestens 2 Std. vor Reisebeginn einchecken.
- Das Autodeck ist während der Überfahrt geschlossen.
- An Bord der Fähre unbedingt die mobile Datenübertragung an Handy und Tablet ausschalten. Ansonsten nutzt man auf offener See das teure maritime Netz.
- Auf der Überfahrt muss das Gas abgedreht sein. Dies wird in der Regel auch kontrolliert, der Gaskasten wird versiegelt.

MIT DEM WOHNMOBIL ÜBER LAND

Natürlich erreicht ihr Norwegen auch auf dem Landweg über Dänemark und Schweden. Dabei nutzt ihr die Storebælt- und Øresundbrücke (beide kostenpflichtig). Wichtige Hinweise für die Überfahrt, Preise und Sparoptionen findet ihr auf den Websites der Brückenbetreiber (https://storebaelt.dk/de/ bzw. www.oresundsbron.com/de).

MIT DEM FLUGZEUG

Direktflüge zum Flughafen Oslo-Gardermoen sind aus vielen Städten in Deutschland, Österreich und der Schweiz möglich. Es werden auch einige Direktflüge aus dem deutschsprachigen Raum nach Stavanger und Bergen angeboten.

Das Wohnmobil kann man vor Ort über die folgenden Anbieter mieten: www.tuicamper.com, www.touringcars.eu.

2. UNTERWEGS IM LAND

WICHTIGE VERKEHRSREGELN

- Die Höchstgeschwindigkeit beträgt in Ortschaften 50 km/h, außerorts 80 km/h. Auf Schnellstraßen und einigen Autobahnen darf man bis 110 km/h fahren. Achtung: Geschwindigkeitsüberschreitungen sind in Norwegen ein teures Vergnügen!
- Das Abblendlicht muss auch tagsüber immer eingeschaltet sein.
- Die Alkoholgrenze liegt bei 0,2 ‰.
- Die Gurtpflicht gilt für alle Autoinsassen.
- Während der Fahrt darf man nur über eine Freisprecheinrichtung telefonieren.

Beim Warnschild »Elche« ist besondere Aufmerksamkeit geboten, denn aufgrund seiner Größe ist eine Kollision mit dem Tier gefährlich.

MAUT

Norwegen verfügt über ein Mautsystem. Dennoch könnt ihr alle Straßen auch ohne Anmeldung oder Vignette nutzen, solange ihr mit dem EIGENEN Wohnmobil in Norwegen unterwegs seid. Wird man von einer automatischen Mautstation erfasst (Nummernschild-Erkennung), bekommt man nach einigen Monaten eine Rechnung zugeschickt. Wer mit einem GEMIETETEN Wohnmobil (> 3,5 t zul. GG) reist, benötigt zwingend einen in Norwegen zugelassenen Transponder zur Erfassung der Maut (z. B. AutoPass, BroBizz).

Grundsätzlich empfehlen wir für alle Wohnmobile – gerade bei längeren Reisen – die Registrierung und Nutzung eines Transponders, da man so günstiger und bequemer reist. Alles zu diesem Thema und zur Frage, wie man einen Transponder bestellt, auf www.nordlandblog.de.

● **TIPP** *Inlandsfähren: Mit der Rabattkarte* Ferjekort *(auch* Fergekort *genannt) könnt ihr auf den meisten norwegischen Inlandsfähren bis zu 50 % der Kosten sparen. Weitere Details und eine Bestellanleitung auf www.nordlandblog.de.*

PARKPLÄTZE / RASTPLÄTZE

Im Land stehen viele kostenlose Rastplätze und Parkplätze zu Verfügung. An den Touristen-Hotspots kann allerdings eine Gebühr fällig werden, genauso wie in den Städten. Oftmals benötigt man die Easy Park App, um die Parkgebühren zu begleichen. Diese gibt es bei den bekannten App-Anbietern.

TANKEN

Norwegen verfügt über ein dichtes Tankstellennetz mit zusätzlichen Tankautomaten. In den dünner besiedelten Gebieten im Norden werden die Abstände zwischen den Tankstellen allerdings deutlich größer. Zum Tanken mit der Kreditkarte braucht ihr in der Regel die PIN.

↓ Traumhafte Farben: die roten Fischerhäuschen in Hamnøy und das smaragdgrüne Wasser vor den grauen Bergen

3. RUND UMS CAMPEN

Das Jedermannsrecht erlaubt unter entsprechenden Voraussetzungen das Zelten in der Natur, aber nicht das Wildcamping mit motorisierten Fahrzeugen. In entlegenen Gebieten wird das freie Campen allerdings toleriert – vorausgesetzt, man tut das verantwortungsvoll und stört niemanden. Norwegen ist ein wahres Paradies für Camper: Neben zahlreichen Campingplätzen findet ihr auch günstige Stellplätze in Marinas oder preiswerte Plätze, die von den Kommunen zur Verfügung gestellt werden. Eine Übersicht der Campingplätze in Norwegen und deren Ausstattung gibt es auf www.campingportalen.no, www.camping.no.

Mit der Camping Key Europe Karte erhält man bis zu 20 % Rabatt bei den teilnehmenden Campingplätzen. Bestellen kann man die für ein Kalenderjahr gültige Vorteilskarte z. B. beim ADAC, wo sie für Mitglieder 12 € kostet (www.adac-shop.de/camping/camping-key-europe), oder für 18 € beim BVCD (www.bvcd.de/shop/Camping-Key-Europe.html).

EINKAUFEN

Lebensmittel, vor allem Obst und Gemüse, sind deutlich teurer als in Deutschland. Supermärkte sind in den größeren Ortschaften zahlreich vorhanden.
Alkoholische Getränke sind ebenfalls deutlich teurer und können nur in den staatlichen Geschäften *(Vinmonoplet)* erworben werden. In den Supermärkten erhält man nur Leichtbier. Auch in Norwegen kann man das Wasser bedenkenlos aus der Leitung trinken.

FRISCHWASSER UND ENTSORGUNG

Fast alle Campingplätze sind mit entsprechenden Stationen für die Versorgung und Entsorgung ausgestattet. Zudem bieten in Norwegen viele Tankstellen und Kommunen Stationen, an denen man sich mit Trinkwasser versorgen oder das Grauwasser bzw. die Chemietoiletten entsorgen kann. Eine stetig wachsende Übersichtskarte mit derzeit etwa 300 Stationen findet ihr auf www.nordlandblog.de/300-entsorgungsstationen.

GASFLASCHEN

In Norwegen könnt ihr im landesweiten Netzwerk der Firma LPG Norge deutsche Gasflaschen befüllen lassen. Dazu braucht ihr einen Adapter, den man vor Ort erhält. Weitere Informationen gibt es auf der Website von LPG Norge www.lpgnorge.no/stasjonsoversikt/german/.
● **TIPP** ***Eine Alternative sind Leihflaschen von AGA. Diese können auch in Schweden und Finnland getauscht oder bis zu 6 Monate nach dem Kauf zurückgegeben werden.***

STROM/NETZANSCHLUSS

Wie in Deutschland und Österreich beträgt die Netzspannung 220 V/50 Hz. Reisende aus der Schweiz brauchen für einige Geräte einen Reiseadapter.

Auf den Campingplätzen gibt es in der Regel die blauen CEE-Anschlussdosen. Da einige Plätze aber nur die klassischen Schutzkontakt-Anschlüsse (Schuko) anbieten, solltet ihr zur Sicherheit Adapter mitnehmen.

4. HILFREICHE WEBSITES

- Gesamtübersicht für Norwegen www.visitnorway.de
- Zollbestimmungen: www.toll.no
- Übersicht über Campingplätze: www.campingportalen.no, www.camping.no
- zum Wetter, zu Lawinengefahr und zu Straßenbedingungen: www.varsom.no/en/
- Straßenbedingungen: www.vegvesen.no
- Details zu den 18 Landschaftsrouten: www.nasjonaleturistveger.no/de/routen
- zum Wetter: www.yr.no

SCHWEDEN

SEK

Bezahlt wird meist mit Kreditkarte – PIN nicht vergessen! Für die Kassen des Vertrauens solltet ihr außerdem Bargeld im Wert von etwa 100 € dabeihaben.

Haustiere müssen gechipt sein, einen EU-Heimtierpass haben und gegen Tollwut geimpft sein. Das Tier muss beim Zoll angemeldet werden; das geht auch online auf https://privattjanster-djuranmalan.tullverket.se/anmalan/de/djur

1. ANREISE

ANREISE MIT CAMPER UND FÄHRE

Für die Anreise mit der Fähre stehen mehrere Verbindungen von Deutschland nach Schweden zur Verfügung: Von Sassnitz nach Ystad fährt die FRS Königslinjen. Nach Trelleborg fährt man von Rostock mit der TT-Line oder Stena Line oder von Travemünde mit der TT-Line. Ebenfalls von Travemünde fährt TT-Line nach Malmö. Weiterhin fährt Stena Line von Kiel nach Göteborg.

Außerdem gibt es weitere Fährverbindungen über Polen, das Baltikum und Dänemark in verschiedene Fährhäfen Schwedens.

PRAKTISCHE HINWEISE FÜR DIE ÜBERFAHRT

- Das Einchecken mit einem Fahrzeug muss je nach Strecke bis zu 1 Stunde vor Reisebeginn erfolgen.
- Das Autodeck ist während der Überfahrt geschlossen.
- An Bord der Fähre unbedingt die mobile Datenübertragung an Handy und Tablet ausschalten. Ansonsten nutzt man auf offener See das teure maritime Netz.
- Auf der Überfahrt muss das Gas abgedreht sein. Dies wird in der Regel auch kontrolliert und der Gaskasten »versiegelt«.

● **TIPP** *Die Fähre so früh wie möglich buchen, Newsletter der Reederei für Spezialangebote abonnieren und die Sonderangebote der Reedereien am Black Friday beachten.*

● **UNSER EXTRA-TIPP** *Wenn ihr könnt, versucht die Überfahrt für einen Wochentag zu buchen – am Wochenende ist es oft viel teurer.*

Natürlich erreicht ihr Schweden auch auf dem Landweg, über die Storebælt- und Øresundbrücke (beide kostenpflichtig). Wichtige Hinweise für die Überfahrt, Preise und Sparoptionen findet ihr auf den Websites der Brückenbetreiber, https://storebaelt.dk/de/ bzw. www.oresundsbron.com/de.

MIT DEM FLUGZEUG

Natürlich könnt ihr auch nach Schweden fliegen, um vor Ort ein Wohnmobil zu mieten. Lufthansa, SAS, EasyJet, Norwegian, Eurowings, Swiss, Witz Air und Austrian Airlines bieten von den großen Flughäfen Deutschlands, Österreichs und der Schweiz Direktflüge nach Stockholm oder Göteborg an. Die reine Flugzeit beträgt, je nach Abflugsort, etwa 2–3 Stunden. Im Winterhalbjahr werden zusätzlich Flüge nach Lappland (Arvidsjaur) von Pro Sky und Fly Car angeboten. Das Wohnmobil kann man über die folgenden Anbieter mieten: www.tuicamper.com, www.touringcars.eu.

2. UNTERWEGS IM LAND

WICHTIGE VERKEHRSREGELN

- Die maximale Höchstgeschwindigkeit beträgt in Ortschaften 50 km/h, auf Landstraßen 90 km/h und auf Autobahnen sowie Schnellstraßen 110–120 km/h.
- Das Abblendlicht muss auch tagsüber immer eingeschaltet sein.
- Die Alkoholgrenze liegt bei 0,2 ‰.
- Die Gurtpflicht gilt für alle Insassen eines Autos.
- Telefonieren mit dem Handy ist nur über eine Freisprecheinrichtung gestattet.

MAUT

In den Städten Stockholm und Göteborg wird eine Citymaut erhoben. Die Gebühr variiert je nach Tageszeit. An den Wochenenden, Feiertagen und im Monat Juli fallen keine Mautgebühren an. Der Halter wird automatisch erfasst und die Rechnung nach Hause geschickt. Außerdem sind die Brücken in Motala und Sundsvall mautpflichtig.

Für die Nutzung der Øresundbrücke und der Brücke über den Großen Belt (Storebæltsbroen), die häufig für den Transitverkehr genutzt werden, fallen ebenfalls Gebühren an. Weitere Informationen auf www.oresundsbron.com/de bzw. https://storebaelt.dk/de/.

PARKPLÄTZE / RASTPLÄTZE

Parkplätze sind in der Regel ausreichend vorhanden und im ländlichen Raum kostenfrei, während in den Innenstädten das Parken meist kostenpflichtig ist. Viele Städte haben mittlerweile speziell für Wohnmobile ausgewiesene Parkmöglichkeiten geschaffen.

Eine Übersichtskarte mit Rastplätzen für das Wohnmobil gibt es auf www.husbilsplats.se/rastplatskartan/.

TANKEN

Schweden verfügt über ein dichtes Tankstellennetz. Nur in Lappland werden die Entfernungen zwischen den Tankstellen größer. Es gibt viele Tankautomaten, an denen man mit seiner Kreditkarte und der PIN zahlen kann. Das Tanken an Automaten ist in der Regel günstiger.

↓ Herbststimmung in Schweden – in der goldenen Färbung der Laubbäume setzen Nadelbäume grüne Akzente.

3. RUND UMS CAMPEN

Im Land gibt es über 600 Campingplätze, wovon etwa 400 dem schwedischen Campingverband angehören. Viele Campingplätze bieten Durchreisenden sogenannte Quick-Stop-Stellplätze, die zeitlich begrenzt von 21 bis 9 Uhr genutzt werden können und dadurch wesentlich günstiger sind.

Außerdem gibt es viele kostengünstige Stellplätze im ganzen Land, für deren Nutzung man oft an einem Parkautomat bezahlt. Freies Übernachten ist in der Regel nicht verboten, wird aber mittlerweile vor allem auf vielen Rast- und Parkplätzen oder kommunal eingeschränkt. Eine Übersicht der Campingplätze und ihrer Ausstattung findet ihr auf: www.camping.se.

Mit der Camping Key Europe Karte erhält man bis zu 20 % Rabatt bei den teilnehmenden Campingplätzen. Bestellen kann man die für ein Kalenderjahr gültige Vorteilskarte z. B. beim ADAC, wo sie für Mitglieder 12 € kostet (www.adac-shop.de/camping/camping-key-europe). Außerdem erhält man die Karte für 18 € beim BVCD (www.bvcd.de/shop/Camping-Key-Europe.html).

EINKAUFEN

Die Lebensmittelpreise liegen etwas über dem Niveau Deutschlands, sind aber deutlich günstiger als in Norwegen. Alkoholische Getränke gibt es in den *Systembolaget* (spezielle Geschäfte), da in den Supermärkten nur alkoholische Getränke bis zu 3,5 % verkauft werden dürfen. Das schwedische Trinkwasser ist sauber und kann bedenkenlos getrunken werden.

FRISCHWASSER UND ENTSORGUNG

Fast alle Campingplätze bieten ihren Gästen Frischwasser und Entsorgungsmöglichkeiten an. Außerdem kann man auf vielen Rastplätzen entlang der Fernstraßen Ver- und Entsorgungsstationen nutzen. Eine entsprechende Übersicht gibt es auf www.husbilsplats.se/husbilsplatser/hitta-tomningsplatser-for-husbilar/.

GASFLASCHEN

In Schweden ist es nicht üblich, deutsche Gasflaschen zu tauschen. Deswegen solltet ihr die Reise in jedem Fall mit vollen Gasflaschen antreten. Falls die Gasvorräte dann doch zur Neige gehen, könnt ihr euch auch eine schwedische Gasflasche von AGA zulegen, für die ihr dann allerdings einen Adapter benötigt. Außerdem gibt es eine Handvoll lokaler Gasanbieter, die auf Nachfrage deutsche Gasflaschen füllen.

STROM/NETZANSCHLUSS

Wie in Deutschland und Österreich beträgt die Netzspannung 220 V/50 Hz. Reisende aus der Schweiz brauchen für einige Geräte einen Reiseadapter.

Auf Campingplätzen werden in der Regel die blauen CEE-Anschlussdosen benutzt. Da einige Campingplätze lediglich die klassischen Schutzkontakt-Anschlüsse (Schuko) anbieten, sollte man zur Sicherheit entsprechende Adapter mitführen.

4. HILFREICHE WEBSITES

- Gesamtübersicht für Schweden: www.visitsweden.de
- Informationen zum Wetter und zur Waldbrandgefahr: www.smhi.se
- Informationen rund um den Verkehr: www.trafikverket.se
- Informationen zu den Nationalparks und Wandergebieten: www.sverigesnationalparker.se/de/

↓ Pause! Für eine Reise durch die Länder des Nordens braucht man Zeit und Muße, um das Schöne zu sehen.

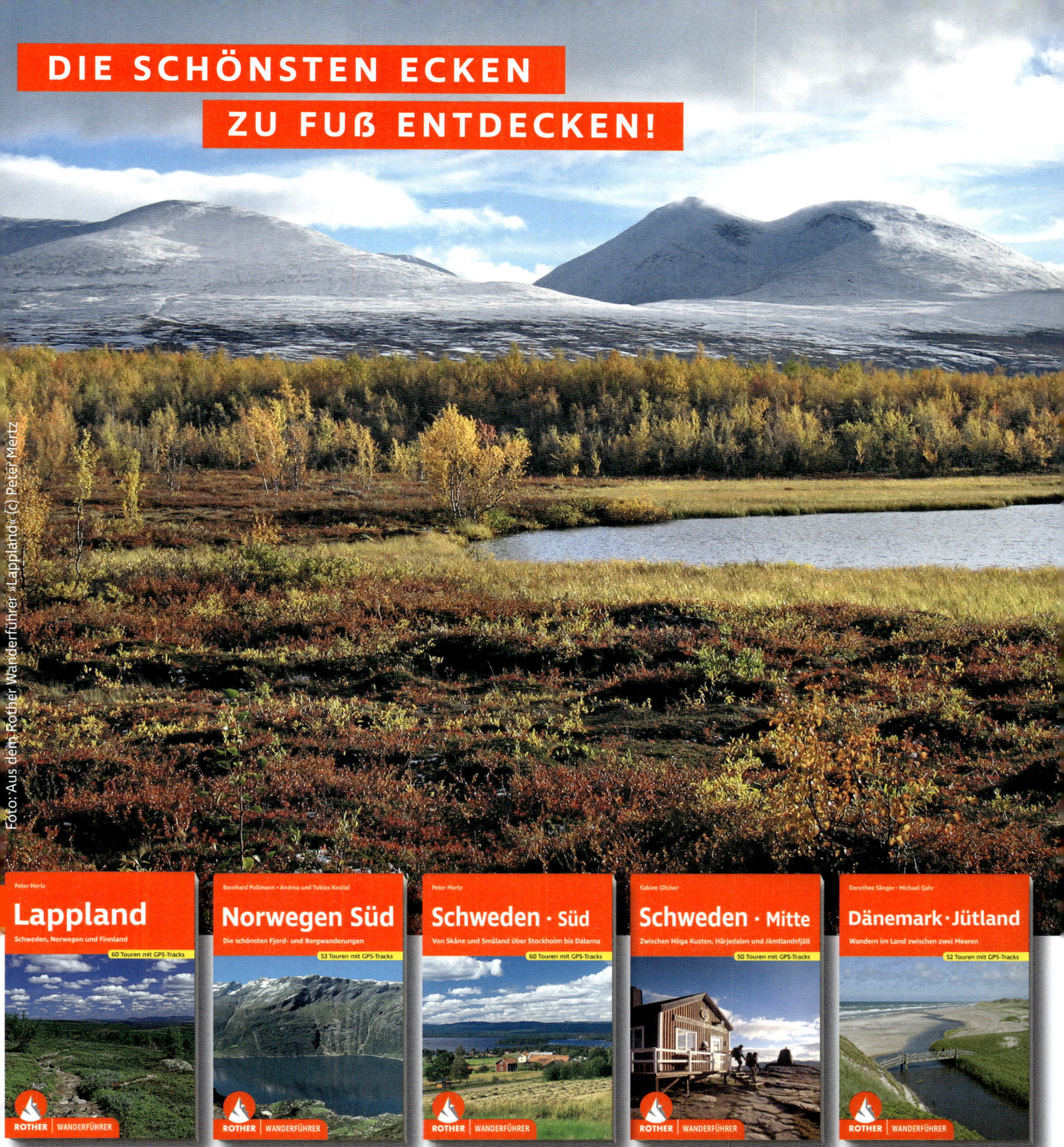
DIE SCHÖNSTEN ECKEN
ZU FUß ENTDECKEN!
Foto: Aus dem Rother Wanderführer »Lappland« (c) Peter Mertz
Peter Mertz
Lappland
Schweden, Norwegen und Finnland
60 Touren mit GPS-Tracks
ROTHER WANDERFÜHRER
Bernhard Pollmann • Andrea und Tobias Kostial
Norwegen Süd
Die schönsten Fjord- und Bergwanderungen
53 Touren mit GPS-Tracks
ROTHER WANDERFÜHRER
Peter Mertz
Schweden · Süd
Von Skåne und Småland über Stockholm bis Dalarna
60 Touren mit GPS-Tracks
ROTHER WANDERFÜHRER
Sabine Gilcher
Schweden · Mitte
Zwischen Höga Kusten, Härjedalen und Jämtlandsfjäll
50 Touren mit GPS-Tracks
ROTHER WANDERFÜHRER
Dorothee Sänger · Michael Gahr
Dänemark · Jütland
Wandern im Land zwischen zwei Meeren
52 Touren mit GPS-Tracks
ROTHER WANDERFÜHRER

REGISTER

ALLGEMEINES

DÄNEMARK

FÄRÖER INSELN

FINNLAND

ISLAND

NORWEGEN

SCHWEDEN

BILDNACHWEIS

Alle Fotos: © Conny & Sirko Trentsch/Nordlandblog
Karten: shutterstock.com
Umschlag vorne: Unterwegs nach Nusfjord (Lofoten, Nordnorwegen)
Umschlag hinten: Hamnøy auf den Lofoten (Nordnorwegen)

IMPRESSUM

Postfach 86 03 66, 81630 München

Markenlizenz der ADAC Camping GmbH, München

ISBN 978-3-95689-942-3
1. Auflage 2021
3. Auflage 2022

Autoren: Conny und Sirko Trentsch
Verlagsredaktion und Projektmanagement: Benjamin Happel, Nadia Terbrack
Lektorat: Elke Sagenschneider Texte und Projekte, München
Bildredaktion: Dr. Nafsika Mylona
Umschlaggestaltung: Independent Medien Design, Horst Moser, München; Birgit Kohlhaas
Layout, Satz und Kartengestaltung: Zebraluchs – Büro für Ausstellungs- und Grafikdesign, www.zebraluchs.de
Herstellung: Mendy Willerich
Druck und Bindung: Druck + Bindung: Firmengruppe APPL, aprinta druck, Wemding

GRÄFE UND UNZER

Ein Unternehmen der
GANSKE VERLAGSGRUPPE

Wichtiger Hinweis
Die Daten und Fakten für dieses Werk wurden mit äußerster Sorgfalt recherchiert und geprüft. Wir weisen jedoch darauf hin, dass diese Angaben häufig Veränderungen unterworfen sind und inhaltliche Fehler oder Auslassungen nicht völlig auszuschließen sind, zumal zum Zeitpunkt der Drucklegung die Auswirkungen von Covid-19 auf das Hotel- und Gastgewerbe vor Ort noch nicht vollständig abzusehen waren. Für eventuelle Fehler oder Auslassungen können Gräfe und Unzer, die ADAC Camping GmbH sowie deren Mitarbeiter und die Autoren keinerlei Verpflichtung und Haftung übernehmen. Aus Gründen der besseren Lesbarkeit wird in diesem Buch bei Personenbezeichnungen das generische Maskulinum verwendet. Es gilt gleichermaßen für alle Geschlechter.

Ansprechpartner für den Anzeigenverkauf:
KV Kommunalverlag GmbH & Co. KG,
MediaCenter München, Tel. 089/928 09 60

Bei Interesse an maßgeschneiderten B2B-Produkten:
roswitha.riedel@graefe-und-unzer.de

Leserservice
GRÄFE UND UNZER Verlag
Grillparzerstraße 12, 81675 München
www.graefe-und-unzer.de

Umwelthinweis
Nachhaltigkeit ist uns sehr wichtig. Der Rohstoff Papier ist in der Buchproduktion hierfür von entscheidender Bedeutung. Daher ist dieses Buch auf PEFC-zertifiziertem Papier gedruckt. PEFC garantiert, dass ökologische, soziale und ökonomische Aspekte in der Verarbeitungskette unabhängig überwacht werden und lückenlos nachvollziehbar sind.